大学の条件

大衆化と市場化の経済分析

矢野眞和

東京大学出版会

THE UNIVERSITY IN
A CHANGING ENVIRONMENT
Economic Analysis of
Educational Expansion and Marketization
Masakazu YANO
University of Tokyo Press, 2015
ISBN 978-4-13-051332-6

はじめに

　日本の大学は,「大衆化」と「市場化」の渦に巻き込まれ,その行先が不透明になっている.この2つの変化は,日本だけでなく,世界で共有されたトレンドである.1980年前後に停滞していた大学進学需要は,今世紀に入って急速に上昇し,世界の大学がその規模を大きくさせた.さらなる大衆化である.OECD統計によれば,大学型高等教育の進学率はすでに平均55％にまで達し,日本の大学の50％を上回っている.その一方で,国際的不況を抜け出す道は見えず,高まる教育費の財政負担が国家財政を脅かしている.財政難を解決する方法として,小さな政府を志向する「市場化」の考え方が有力視され,教育費の公的負担が削減され,私費負担が増えている.新自由主義の考え方である.

　「大衆化」と「市場化」の波は高いが,よりよい大学づくりのために,どのように舵を取るべきか.舵の方向性を見定めることが何よりも大事な時である.不透明な行先の方位を測るためには,次の2つの問いにはっきり答える必要がある.ひとつは,大学の「大衆化」に賛成か,反対か.いまひとつは,「市場化」に賛成か,反対か,である.

　単刀直入にすぎる問いだが,この問いに答えられるだけの「客観的な判断基準」と「証拠」を目に見えるようにしなければいけない.それがいま最も大切な大学政策研究の課題だと私は考えている.ところが,判断基準も証拠も明らかにされていないにもかかわらず,ひとつのはっきりした政治勢力が独り歩きしている.そして,沈黙する世論はこの政治勢力を暗黙に支持しているかのようである.その勢力というのは,「大衆化／反対」「市場化／賛成」の言説である.このペアを支持する言葉を挙げてみよう.

　「誰でも進学できる今のような大衆大学は,もはやいらない」「そんな大学に進学してもムダだ」「そもそも大学をつくりすぎたのが失策だ」「大学の質を担保するためには,大学の数を少なくしなければいけない」「質の低い大学を放置したままに,大学を増やすのはとんでもない.まず質を向上させるべきだ」.

大学の大衆化を批判しつつ，教育改革を語る知識人，メディア，財界人は多いが，「大衆化／反対」に反対する声は小さい．

こうした「大衆化への反対論」は，「市場化への賛成論」と一体になっている．「ムダな大学に税金を投入する必要もないし，非効率だ」「大衆大学に行くか，行かないかは，個人の好みである．自己責任だから，税金の負担ではなく，個人負担，家族負担が望ましい」「大学規模の全体が非効率だけでなく，大学の経営も非効率だ．大学を会社の競争のようにきびしい環境にさらせば，ムダが一掃され，効率化される」「選択と集中の資源配分によって，弱い大学やムダな大学を市場から撤退させれば，強い大学，効率的な大学が生き残る」．つまり，市場化が大学を効率化させ，強くする．市場化賛成論の骨子である．

この20年あまりの大学改革は，この「大衆化／反対」「市場化／賛成」ペアの勢いに巻き込まれている．20年かけて改革しても大学がよくなったという話を耳にしないから，「まだ競争が足らない」「まだムダが多い」とばかりに，同じような改革が堰を切ったようにつづいている．

大衆化と市場化から派生する大学の諸問題を解決しなければならないのは，世界のどこの大学も同じである．しかし，解き方は決して同じではない．大学の市場化をリードしているのは，アメリカ，イギリス，オーストラリアというアングロ・サクソン系諸国であって，ヨーロッパ大陸および北欧は，国家財政による負担を維持する努力を続けている．2つの問いを考えるために不可欠なのは，どう思うかではなく，賛成と反対を判断する客観的基準と証拠である．判断基準が曖昧で，証拠がない議論をいくら重ねても，事態は混乱するばかりである．判断基準と証拠を提供できる有力なひとつの方法が，経済の原理である．教育に経済原理を適用させれば，「大衆化／反対」「市場化／賛成」に一致すると思う読者が多いだろう．そもそも市場化論は，経済原理の帰結だと思い込まれている．経済原理を教育に適用させるから，「市場化／賛成」になると眉をひそめる教育関係者は少なくない．

しかし，それは大きな誤解である．市場化による改革論は，経済の原理ではない．経済原理の一部をはぎ取った商売の原理である．大学が商売をするところであれば，「規制緩和」「選択と集中」「競争」を促進するのがいい．しかし，大学は商売するところではない．最優先して考えなければならない大学政策の

課題は3つある．教育機会の平等性，および学習の効率性と雇用の効率性である．この3つの課題を解決するために苦慮し，工夫しているのが，世界の教育政策である．これらの問題を解決するためには，教育の入口（機会），中身（学習），出口（雇用）を規定している資源配分の現状を経済的に分析し，その政策的含意を導き出さなければならない．機会の平等化と2つの効率化のために，教育に投入する資源をどのように配分・分配・割り当てるのが望ましいか．それを考えるのが教育をめぐる経済の原理である．本書では，第Ⅰ部で機会の平等性問題，第Ⅱ部で効率性問題を取り上げている．その分析結果の政策的含意を第Ⅲ部で議論した．

大学教育を対象に経済原理の分析を重ねると，ひとつの結論が見えてくる．その結論は，意外なことに，「大衆化／賛成」「市場化／反対」である．世間に流布している有力な政治勢力とは真逆のベクトルである．教育をめぐる経済原理の帰結は，2つの意味で逆説的である．

ひとつに，世間で受容されている通念に反する説を逆説という．経済原理に対する世間の通念は，「非効率な大衆化に反対」「市場に委ねるのが効率的だから，市場化に賛成」だろう．だとすれば，教育政策をめぐる経済原理の結論は，通念と真逆だという意味で逆説的である．

もうひとつの意味でも逆説的である．一般に，機会の平等原理は，効率に反する，ないし矛盾すると考えられている．平等化すれば，効率化を損なうし，効率化を推進すれば，不平等になると思い込んでいる．しかしながら，教育の経済原理を突き詰めれば，大学教育の機会平等政策は効率性を犠牲にするわけではない．それどころか，平等化による大学の拡大，つまり大衆化は，雇用効率からみて効率的な投資になる．平等化は効率化に矛盾すると考えられている一般的命題に反して，2つが矛盾なく帰結する．矛盾するようで矛盾しないという意味においても逆説的である．

教育論は肯定からはじめるのが常道だが，改革論はしばしば否定からはじまる．ポジティブシンキングでなければ，人を育てることはできない．教育現場に身を置くなら，他者肯定・自己肯定からはじめるのがよい．それが教育実践の原理である．ところが，教育改革論になると，人は豹変する．教育現場の実践を忘れ，悪いことの列挙，つまり否定から話がはじまる．悪いことを見つけ

なければ,改革する必要がなくなるからだろう.しかも,否定からのはじまりは,しばしば感情的である.加虐的（他者否定）な犯人探しに終始したり,逆に自虐的（自己否定）になったりする.教育現場に身を置く実感からすれば,加虐的な改革論議があまりにも多すぎると思う.

　美しすぎる教育論にも一線を画しつつ,否定からはじまる改革論にも距離を置いて,冷静に現状を読む筋を提供してくれるのは,経済原理の長所のひとつである.この長所をいかすためには,現状を把握するデータの収集と解析を重ねなければならない.迂遠なアプローチだと思われるかもしれないが,感情を抑制し,本書の分析結果を批判的に吟味しながら,日本の大学が大学らしくなる条件は何なのか.みんなで考え直してほしい.

目　次

はじめに　i

序章　それでも大学はみんなのためにある ———————————— 1

公と私のゆらぐ境界線　1／大衆化のはじまり——高等教育100年　3／市場化のはじまり——大学は誰のためにあるのか　7／現状を肯定する保守的世論——利己的家族主義　12／機会の不平等を社会問題にしない世論——国立大学史観　14／それでも大学はみんなのためにある——公と私の長期ダイナミズム　16／教授における経済の原理　20

I　なぜ大学に進学しないのか
「家族資本主義」の限界

1章　「後期大衆化」段階の深い溝 ———————————— 25

「ユニバーサル」段階論の日本的疑問　25／大学本位制の日本的経済構造——なぜ大学に進学しないのか　28／社会的矛盾を孕む50％進学率　32／普及モデルから進学率を考える　34／「後期大衆化」段階への移行期　38

2章 大学に進学しない理由（1） ———————————— 41
顕在的進学需要の経済分析

大学進学率と高等教育機関進学率の落差 41／進学需要の分析枠組と目的 44／分析の対象・変数・データ 47／顕在的進学需要の実証分析——所得・授業料・合格率モデル 50／時代による志願率の構造変容 52／投資収益が有意にならない理由——第2期は雇用不安の時代 60／飽和状態に達した志願率と機会の不平等 63／「高校生調査」にみる機会の不平等 67

3章 大学に進学しない理由（2） ———————————— 71
進学と就職のゆらぎ

進路選択の希望と決定 71／就職率の「就職機会」モデル 72／就職率の「進学機会」モデル 75／就職と進学のゆらぎ——高校1・2年次の進路意識とゆらぎ 76／進路選択の理由とゆらぎの関係 79

4章 大学に進学しない理由（3） ———————————— 83
ゆらぐ専門学校の立ち位置

就職と大学の狭間 83／専門学校への進学——就職機会と大学進学機会モデル 85／大学志願の受け皿から就職不安の受け皿に転換できるか 88／専門学校進学者のゆらぎと進学の理由 91／誰が専門学校を志望するのか 93

5章 学力があるのに，親が大卒なのに，なぜ進学しないのか ———— 97
家族資本主義の形成

数字から浮かび上がる「教育の質」 97／進路選択の社会学 98／男子の大学本位制・女子の高等教育階梯制 100／大学進学の学力分布——すでに高齢世代から大衆化 105／学力がある

のになぜ進学しないのか　108／大卒者の子弟が危険回避しない理由　111／親が大卒なのに，なぜ進学しないのか　114／家族資本主義がつくった日本的大衆大学　116

6章　家族資本主義の帰結 ───────── 121
機会不平等の政策的含意

家族資本モデルと時系列経済モデルの関係──誰が限界人間か　121／「後期大衆化」段階のキャズム　125／「後期大衆化段階」の機会問題──家族資本主義という自己責任　128／新しい「機会理念」の構築と政策──育英主義の終わり　130

II　雇用効率と学習効率の接続
大学教育の経済効果

7章　大衆化しても上昇する大卒プレミアム ───────── 139
平等化のための効率的公共投資

葬られてきた日本のヒューマンキャピタル理論　139／人間資本理論の終焉と復活　141／OECD統計にみる高等教育プレミアム　144／高学歴化しても上昇する相対所得　147／大学収益率のダイナミックな変容──豊かな平等社会から不平等社会へ　149／人間資本革命・スキル偏向的技術進歩・グローバリゼーション　156／平等社会のための効率的投資　160／大衆化批判への反論──誰でも勉強すれば報われる　163／重大な欠落──非正規雇用／専門学校／大学院／女性　168

8章　誰のための大学か ─────────── 173
費用負担の経済分析

公私負担の4類型と日本のポジション　173／負担と受益の不透明な関係──利己・公共・奉仕・詐欺　176／負担と受益の関係──社会的収益率・私的収益率・財政的収益率　178／「奉仕」する私立大学　179／社会的収益率は税収入効果よりも大きい　182／みんなのための大学を考える起点　183／温かい経済の勘定と冷たい世間の感情──日本の収益率は決して小さくない　184

9章　学習効率から雇用効率への接続 ─────── 191
学び習慣仮説の提唱

学習効率の経済効果　191／キャリア調査の意義とその成果　193／教育無効説の検証　195／「学び習慣」は生涯の財産　199

III　ポスト大学改革の課題
経営と政策のシナリオ

10章　日本的家族と日本的雇用の殉教者 ────── 207
幽閉された学生の解放

日本の新人　207／「大学と企業の関係」は変わっていない　208／日本の大学の何が日本的か？　210／日本的大衆大学の病　211／3点セットの日本的大衆大学　214／家族と会社に羽交締めされている大学　215／幽閉された学生を解放する政策　217

11章　制度改革から経営革新への転換 ―――― 221
大学の使命――冒険・時間・仲間

「経営と政策」の協調を求めて　221／新制大学の制度的困難　223／改革は終わった――残ったのは経営とカリキュラム　225／カリキュラムのマネジメント――個人の力を組織の力へ　228／ガバナンス改革の登場　230／脱ビジネスランドの大学――冒険・時間・仲間　231

終章　精神・制度・資源の再構築 ―――― 237
みんなのための大学政策

精神と制度に偏った改革論　237／資源論からの政策――資源配分の原理と学生の行動　240／経営と政策の協調を考える理由　242／平等と効率の政策的含意――教育投資が経済を変える，社会を変える　244／世論の失敗――教育劣位社会日本の病　248／政策から世論を変える　251／教育家族から教育社会へ――費用負担のパラダイムシフト　252／みんなのための大学政策に向けて　256

参考文献　259
あとがき　265
人名索引　269
事項索引　271

序章
それでも大学はみんなのためにある

公と私のゆらぐ境界線

　大学の現在と未来を考えるには，2つの問い方がある．ひとつは，大学がどこから来て，どこに行こうとしているか，という問いである．いまひとつは，学生がどこから来て，どこに行こうとしているか，である．

　専門家や知識人による大学論のほとんどは，前者の歴史的問いを前提に組み立てられている．大学と国家の相関関係を踏まえて，大学の理念の歴史と諸外国の教育制度が比較される．歴史と比較が，大学の現在と行く末を展望するオーソドックスなアプローチである．明治国家の建設が東京帝国大学（東京大学）の誕生とともにあるように，大学の歴史は，国家と社会の歴史をダイナミックに理解する格好の橋頭堡になっている．その大学論では，19世紀ヨーロッパの近代大学の理念が大学の範型とされ，ヨーロッパやアメリカにおける教養教育の理念が抽出されたり，あるいはさらに古い中世の大学類型が掘り起こされたりして，昔の大学のエッセンスを未来の大学に接続させる手立てが提案される．

　いまひとつの問い方の焦点は，学生の文化よりも，キャリアにある．誰が進学し，誰が進学しないのか．学生たちは大学で何を学び，どこに行くのか．理念や制度ではなく学生の行動から，大学教育の役割とその変化を明らかにするアプローチである．誰が大学に進学するかを問えば，教育機会の不平等問題になり，卒業後のキャリアは教育の効率性問題になる．高等教育の社会学，および経済学の主たる研究の焦点は，学生のキャリアにある．シンプルな切り口ではあるが，個人のキャリア時間と大学の歴史時間の2つが重なるとかなり複雑

な話になる.

　大学の歴史・比較研究は人文科学的であり，学生のキャリア研究は社会科学的である．こうした2つの問い方を区別して提起したのには理由がある．ひとつは，人文科学的研究に比べて，学生に焦点をあてた大学の社会科学的研究が必ずしも十分に蓄積されていないからである．キャリアの過去と現在を実証的に分析することによって見える世界は，想像以上に広くて深い．現在の大学問題の所在を明確にするには，社会科学的な実証分析の蓄積がさらに必要なのである．

　いまひとつの理由は，歴史に学ぶ大学論と学生のキャリアの2つがリアルに結びつく研究が少ないからである．大学論は，大学の意味を深く理解する視野を広げてくれる．ところが，その一方で，類型化された大学の理念型，あるいは記憶された理想としての大学像にとらわれすぎているのではないか，としばしば落胆もさせられる．落胆させられるのは，昔のよき大学の話と今の学生のキャリアとの接点が見えないからである．国民の世論調査やメディアの現場報告を読んでいても，「昔の大学はよかった」かのような観念にとらわれ，現在の大学の理解を歪めているように感じられる．

　こうした2つの理由から，本書では，学生のキャリアから大学の実像を組み立てる方法をとることにした．だからといって，大学の歴史を考えなくてもよいというわけではない．2つの問いのどちらからアプローチするにしろ，制度としての大学と学生のキャリアが交叉する接点を探る研究姿勢がなければならない．キャリア・アプローチから大学制度に接近するために，ここでは主として，国（公）立と私立という二元制度に着目する．この日本特殊な高等教育制度の歴史を明示的に視野に入れないと大学の現在を理解する範囲が狭まってしまうからである．それだけでない．この特殊的経験は，高等教育における「公」（政府）と「私」（家計）の役割がどのように錯綜してきたかを露わにしてくれる．公と私の境界線が大きくゆらぎ，新たな線引きに苦慮しているのが，日本だけでなく世界の大学の現在である．

　この普遍的問題を解くためには，外国の経験よりも，日本の歴史に学ぶのが賢明だ．外国の模倣をすることには禁欲的でなければならない．100年ほど前のスペインの哲学者オルテガ・イ・ガセットは，「大学の使命」を語るにあた

って次のように述べた（オルテガ，1996）．「たとえ，イギリスの中等教育やドイツの大学制度がいかに完全であろうとも，それらはより大きい本体の部分にすぎないのであるから，それらをそのまま他国に移すことはできない．教育制度の全現実は，まずもって，それらを創造し，維持している当の国である」．「外国を調査すべきだ，しかし模倣してはならない」．

　外国の大学モデルを模倣したのが日本の大学の歴史だが，公と私の二元制度は日本社会が創造し，維持してきた特殊な高等教育の形である．この経験史の重要性を確認し，公と私の境界線を考える思考枠組を提起することから話をはじめたいと思う．なお，今世紀に入って，国公立大学はともに法人化され，政府の直轄機関ではなくなった．したがって，国立大学や公立大学という名称は厳密には適切ではないが，内容に支障がないかぎり，旧来の通称を用いる．

大衆化のはじまり──高等教育100年

　「歴史的な研究をするとすれば，大学史研究と高等教育史研究とは明らかに出発点が違う」．この2つの差異を明確にしないと現状を的確に理解できないとし，旧制大学史観だけでなく，専門学校を中心とした高等教育史観が必要だと長く強調してきたのは，天野郁夫である．天野によれば，大学史研究というのは，帝国大学の誕生から戦前の旧制大学の歴史的経験を重視し，それを大学の範型とする研究姿勢である．帝国大学史観ないし旧制大学史観になる．この直接延長上に戦後の国立大学史観がある．一方の高等教育史観は，多様な専門学校群の生成と私立大学の登場から大学発展のメカニズムを解明する立場である．専門学校史観であり，私立大学史観になる．

　高等教育といっても，世間一般にはなじみの薄い言葉だろう．高等学校と間違われたりする．高等教育とは，初等教育（小学校）と中等教育（中学校・高校）に続く上の段階の教育である．大学と短大および高等専門学校がこれに含まれるが，それだけではない．1976年から専修学校が制度化され，専修学校のうち主として高等学校卒業者を受け入れる専門課程が，高等教育機関の一種として認められるようになった（この専門課程は，専門学校と称することができる）．しかし，短大および大学院が法令上の「大学」に含まれていること，高等専門学校は数が少ないこと，および，新参の専門学校は学校教育法第一条

の定める「学校の定義」に含まれていないことが重なって，一般には，高等教育と大学はほぼ同じものとして理解されている．

　その一方で，戦前の高等教育機関には，多様な学校種が含まれ，複雑な発展メカニズムをたどってきた．国立教育研究所の編纂による『日本近代教育百年史』(国立教育研究所編，1974) の「高等教育」の章では，4人の執筆者による通史が時代区分に即して詳しく論述されている．第1節で全体の動向が整理され，その後に3つの節が設けられている．この3つが，高等教育の類型になっている．「大学予備教育」の節，「大学」の節，「専門学校」の節である．予備教育は，中等教育を卒業した後に大学に進学するために必要な教育を準備するための機関である．旧制の高等学校や大学の予科がその代表的制度である．大学で学ぶためには，中等教育だけでは不十分だとされていたことを確認しておく必要がある（戦後の大学の教養課程が，この予備教育の役割を担っている）．次の大学の節が，東京大学と帝国大学の成立，そして大学令 (1918年) による新しい大学制度（旧制大学）の歴史になる．これが大学の歴史の主流である．第3の専門学校の群像は複雑怪奇である．大学以外の高等教育機関，つまり専門学校・実業専門学校・教員養成学校などが官立・公立のみならず私立学校を含めて多種多様に生成した．こうした複雑な高等教育制度の中で量的に多数を占めたのは，専門学校，とりわけ私立専門学校だった．

　この専門学校の節を執筆分担したのが，前出の天野である．『百年史』のこの節は，『近代日本高等教育研究』（天野，1989）でまとめて読むことができる．「帝国大学以外の多様な専門教育機関にはられた総括的な，悪くいえば便宜的なラベル——それが専門学校という名称だった」「国家の学校であった帝国大学とは対照的に，専門学校，とくに私立専門学校は民衆の学校であった」という．

　こうした3種類の高等教育機関が，ひとつにまとめられて「大学」に昇格した．戦後の新制大学の発足である．東京帝国大学をはじめとする7つの帝国大学も，旧制大学も，教員養成のための師範学校も，私立専門学校も，同じ大学になった．連合国最高司令官総司令部（GHQ）による教育制度の改革である．GHQによるものでなければ，実現する改革ではなかった．教育関係者のみならず，一括統合に反対する意見は根強かったが，それらの反対意見を吸収し，

解決するという形にはならなかった．さまざまな葛藤を内包したままの発足が，多様な大学イメージを残し続ける理由になっている．

　市川は，世紀の節目に出版した著書において，「大学は死んだ」と宣言した．市川のいう大学は，19世紀はじめのヨーロッパで形成された近代大学の理念であり，その影響を受けた日本の帝国大学ないし旧制大学の理念である．帝国大学史観に立てば，「大学は死んだ」ということになる．2001年の宣言としては遅すぎるかもしれないが，「戦後の学制改革により学校制度は大きく変わったが，大学関係者の意識はそう簡単には制度の変更に対応できなかった」のである．「新制大学の教員たちは自分たちが学生あるいは教員として体験してきた旧制大学に倣う以外に方法はなかった．その結果，近代大学の理念が観念としてはその後も長く維持されることになった」（市川，2001）．

　旧制大学史観の命は，想像以上に長かった．いまでも，「大学は死んだ」と喝破できる人は少ないだろう．市川の著書のタイトルは，『未来形の大学』，副題には，「近代大学の終焉と現代大学の行方」とある．大学が死んだという理解を前提に，あるいは古い観念にとらわれずに，現在の大学と未来を構想することが重要だと思う．

　歴史の研究をしたこともない私が，仰々しく百年史を取り上げたのは，天野の近著『高等教育の時代』（天野，2013）に触れ，改めて強い刺激を受けたからである．この本を手にしたとき，「高等教育の時代」は未来の大学を語るキーワードだと解しても不思議ではないと思った．古い大学の観念にとらわれず，高等教育システムの全体を再設計するのが，日本の教育の未来像ではないかと考えていたからである．専門学校を含む高等教育機関進学率は，すでに79.3％（2012年）に達している．今が高等教育の時代である．

　しかしもちろん，天野の本は現在と未来の話ではない．帝国大学が誕生し，整備された明治時代の後に続く，大正から昭和のはじめ（戦間期）の「大学と高等教育」の発展メカニズムを活写したものである．高等教育史観に立つ天野が，私立大学の果たした役割をバランスよくくみとりながら，そして，現在の大学がどのような道をたどってきたかが分かるように，上下巻にわたって克明に描いている．

　「高等教育の大衆化は，この時代を出発点にしている」という著者の指摘の

意味がよく分かる．大学の大衆化を感情的に毛嫌いする大学人や知識人が少なくないけれども，大衆化の出発点とその背後にある社会経済の変容を理解してから，現在と未来を語る必要がある．伊藤の『戦間期日本の高等教育』を読んだときにも，同じような感想をもった（伊藤，1999）．この時期の高等教育拡大がどのように進行したかを「政治過程」に着目して解明した好著である．高等教育政策の深刻な政治的対立は，大学が「多すぎる」とする勢力と「不足している」という勢力の力学として現れる．大学の数を増やすという問題は，専門学校から大学への「昇格」政治運動でもあった．さらには，私立高等教育と政府の対立でもあった．

　伊藤は，この時代が「大衆化の幕開け」だったという．そしてこの時期に，高等教育の性格と役割をめぐる活発な大学論が展開された経緯も明らかにしている．戦間期は，職業構造が高度化しはじめ，新しい中流階級や都市サラリーマン，さらには主婦や教育ママが誕生した時代である．こうした経済背景が，高等教育の役割を変えることになる．「職業教育機関化しつつある大学」，「就職のための大学」という変貌に帝国大学教授たちから強い批判が投げかけられた．真理を探究する大学の本質にふさわしくないという論理である．

　単純化してしまえば，帝国大学史観と専門学校史観の対立である．この対立が顕著だったのが，戦間期の特徴である．ところが，旧制大学と専門学校が同格の大学になってから60年も過ぎた今になっても，「学生の就職のために教育しているのではない」「真理の探究たる研究が第一で，教育は二の次」と口にする大学教授は少なくない．ゾンビのような大学教師や知識人がまだいる．誤解のないように急いで付け加えておくが，大学の研究が必要ないと言っているわけではない．深く考えなければならないのは，大学の「研究」の性格と役割も時代とともに大きく変わり，多様化したということである．「大学の研究」の研究はとても大事なテーマだが，そこまで触れるゆとりはない．ただ，大衆大学にできる研究は，帝国大学の研究とは確かに異なるが，それに劣らず，あるいはむしろかえって，新鮮で面白い（面白くできる）ものだということを知っておく必要がある．職業や実用とは無関係な純粋科学（ピュア・サイエンス）だけが大学の研究だと考えるのは，あまりにもナイーブにすぎる．むしろ，あらゆる仕事や生活場面の問題解決はすぐれて研究的な営みである．

「大学は死んだ」という市川説に私は同意するが，帝国大学史観・旧制大学史観は，依然として死んでいないように思われる．天野は，「戦前期の高等教育の多様性をつぶさに描いた上巻は，大学のいまを理解し，未来を考える上での，ゆたかな手がかりを与えてくれるだろう」と結んでいる．「高等教育の時代」と「大衆化」がはじまって100年近くになる．この出発点の理解は，「現在の大衆化」と「未来の高等教育」を実証的に分析する枠組の連続性を提供してくれる．

市場化のはじまり——大学は誰のためにあるのか

　「帝国大学は国家のためにあり，私立専門学校は民衆のためにあった」（天野，1989）．今の大学を考える上で示唆的な一文である．民衆のための私立学校は，政府からの資金援助を受けない教育起業家とでもいうべき人たちによって創設された．学びたい人たちの教育需要が公的な高等教育機関の学生数を上回り，また卒業後の就職機会も多様化・高度化する時代に，未来を先取りした起業家が建学の精神を掲げて登場した．民衆のための大学は，政府によって設計されたわけではない．教えたい・学びたい人たちの力が結集し，民間の教育市場が自生的に育まれてきた．学生の学習意欲と教師たちが，新しい教育制度を編み出したことになる．大衆化のはじまりは，高等教育の市場化のはじまりでもあった．

　戦後の急速な大衆化も，私立大学の急増という市場化の拡大によって達成された．政府が大学の拡大をリードした欧米諸国とは全く異なった歴史的経路だった．ところが周知のように，1970年代後半から，政府よりも市場を重視する考え方が世界を席巻するようになった．「大きい政府」による公共サービスは無駄の多い非効率な組織だから，民にできることは民に任せて，「小さい政府」にするのが効率的だという市場主義である．この考え方からすれば，日本の高等教育は，思いもかけないことに，世界の潮流の最先端に立たされたことになる．日本の高等教育に対する政府の支出は先進諸国で最も少なく，「最も小さい（高等教育）政府」なのである．

　市場化という言葉は，公共サービスの資金源を民間（企業や家計）に求めるだけでなく，組織の管理運営を民間に委託したり，政府直轄機関から切り離し

たり（独立行政法人化）することなどを含んで広く用いられる．しかし，ここでは，教育費を家計が負担する私立セクターの拡大傾向に限定して，これを教育の市場化と呼んでおくことにする．

　意図せざる結果として市場主義の優等生になったが，日本の高等教育を素晴らしいと評価する人は，外にも内にもいない．だとすれば，市場化しても教育が改善されないことを一番よく知っているのは，市場化の最先端を経験した日本であるはずだ．大衆化と市場化の100年を視野に入れながら，「日本の大衆化と市場化」の帰結と問題点を明らかにすることは未来の大学を考える糸口になると思う．それが本書の課題であるが，現在の問題点を探る前に，「市場化のはじまり」の時代に学ぶべき事柄を3つ指摘しておきたい．

　第1は，なぜ市場化という考え方が有力な施策として登場したのか，という問いである．一般には，公的組織による官僚的な資源割り当ては非効率であり，それよりも民間による市場取引が無駄のない効率的な資源配分をもたらす，と理解されている．

　それでは，日本の高等教育の市場化は，無駄のない効率的な資源配分を達成させたといえるだろうか．安い費用でたくさんの大学卒業生を輩出したから世界で最も効率的だといえるかもしれない．皮肉だと切って捨ててはいけない説だが，多くの賛同は得られないだろう．日本の私立学校の歴史が語っているのは，効率化のメリットではない．「市場化がイノベーションをもたらす」メリットにある．

　破壊的イノベーションという概念を提唱したクリステンセンが次のようなことを指摘している（クリステンセンほか，2008）．「破壊的イノベーションは，飛躍的な改良とは違う．……既存企業が従来販売していたものには劣る製品やサービスを市場にもたらすことで，従来の軌跡を破壊するのだ．性能面で劣っていても，手軽で使いやすい製品を生み出すことから，……それまで消費できなかった人たち——無消費者と呼ぶ——には役立つ」．破壊的イノベーションとは，新しい市場の発見と開拓である．

　この話を念頭に，私立専門学校の登場を説明した天野の一文を読んでみよう．
「私学の自律的な努力は，より低廉なコストで，多様な（官立校の提供しえない）学科や教育課程を用意し，さらには入学者の選抜基準を緩くして，より

多くの学生をひきつけることに向けられた．貧弱な施設設備，非常勤講師主体の教授陣，事実上の無試験入学，夜間課程をふくむ多様な教育課程——それらが大方の私学が存続と発展のために選んだ（あるいは選ばざるをえなかった）方策であった」．いいかえれば，「私立専門学校は，つねに新しい集団や階層に教育の機会を開放していくことによってはじめて，その総体的な発展が可能だったのである」（天野，1989）．

「性能面で劣っていても，手軽で使いやすい」破壊的イノベーションである私立専門学校が登場したことになる．国家の学校として設立された（いわば既存大企業の）帝国大学が提供するサービスとは異なる民衆による民衆のための新しい教育＝学習市場が開拓された．帝国大学のサービスを消費できなかった「無消費者」には役立った．

同じようなことを感じたのは，日本の昔の話だけではない．最近になってアメリカで急成長している営利大学の報告を読めば，営利大学が既存の大学とは異なるマーケットを開拓していることがわかる．「高校時代の成績や統一試験の成績を問わなかった．転入や大学で取得した単位を卒業必要単位に読みかえることも寛容だった．……実学に資源を集中し，早く卒業できることをウリにした．……」（宮田，2012）．

資源の効率的配分という価格メカニズムの成果に「限定して」市場化を理解したり，評価したりすべきではない．むしろ，未開拓で潜在的な教育ニーズを発見し，掘り起こす力に目を向けるべきだと思う．市場化が有力な施策として期待されるのは，既存の市場の枠組を超えた革新（イノベーション）をもたらすからである．

ところが，ここでめでたしめでたしと終結しないのが，市場化の宿命である．そこで次に学ぶべき第2の事柄は，公（政府）と私（市場）の境界線をダイナミックに理解しなければならないということである．新しい市場開拓のメリットは，市場が広がったことだけにあるわけではない．新たな消費者の登場は，新しい教育問題を露わにする．というか，露わにしてくれる．見えなかった教育問題が見えるようになるのは，市場化による意図せざるメリットだと考えるべきだと思う．

市場化は私学の劣悪な教育環境といった新しい問題をもたらした．劣悪な環

境でも学びたいのは，学習意欲の強さの反映である．学習意欲を顕在化させたのは素晴らしいが，劣悪な環境は，教育を効率的に運営した成果だとはいえない．市場化による新しい教育問題の発生であり，発見である．市場化しなければ分からなかった．しかも，この新しい問題は，市場に委ねて解ける問題ではない．そこで期待されるのが，政府の支援である．はじめから政府が登場し，設計すればよかったのではと考えるのは後知恵である．新しい市場の発見によって，新しい問題が露わになったのであり，事前にその問題を知ることはかなり難しい．

　戦間期の日本の話だけにとどまらない．現在のアメリカでも同じような現象が起きている．アメリカの営利大学による新しい参入者は，恵まれない社会階層であり，授業料が安いわけでもなく，卒業率も低いという劣悪な状況にある．高等教育の新参者が掘り起こされることによって，営利大学に対する政府規制が必要になったり，政策介入の必要性が顕著になったりする．大学が多すぎると議論される背後に，見えない潜在的な学習希望者が存在していた事実を露わにしたのは民営化のメリットである．同時に，政策問題の所在を明確にしてくれるのが，営利大学の新しい発見だと私は解釈する．民営化すれば大学問題が解決し，終結するわけではない．

　ところが，戦間期における日本の市場化のはじまりは，新しい市場を開拓するというイノベーションに成功したが，新しい教育問題の解決に政府が取り組むという姿勢は見られなかった．天野は，次のように述べている．戦前の多数の私立の存在については，「それが国家の意図された政策上の選択の結果とはいいがたい」だけでなく，「政府の高等教育政策はつねに官立中心に展開され，そこでは私学は無視された」からである（天野，1989）．つまり，新しい市場の発見（私の役割）を政府の政策（公の役割）に結びつける視点は希薄だったのである．

　教育における公と私の境界線をどのように定めるのが望ましいか．この問いの答えは，理性によって導き出されるわけでもなく，実証的な論理的分析によって見つかるわけでもない．公と私の往復運動，つまり公→私→公→私→という連鎖の経験的蓄積によって，長い時間をかけて社会に根づくものだと私は考える．公と私の境界を頑なに線引きするのではなく，往復運動のダイナミズム

を視野に入れて，現状を分析する必要がある．

　第3に学ぶべき事柄は，「大学は誰のためにあるのか」という問いである．市場化のはじまりは，この問いに明確な境界線を記した．帝国大学は「国家の須要」に応ずることを第1の目的としてつくられた機関であり，1918年の大学令においても，「大学ハ国家ニ須要ナル学術ノ理論及応用ヲ教授シ並其ノ蘊奥ヲ考究スルヲ以テ目的トシ……」と規定している．旧制大学は，国家のためにあった．天野によれば，それと対照的な位置にあったのが専門学校であり，それは民衆のための教育機関だった．

　この2つの区分に，教育政策の二重性が端的に表現されている．二重性というのは，教育政策には，「社会的必要（Social Needs）」型と「個人需要（Individual Demand）」型の2つが共存しているからである（矢野，1996a）．後者の個人需要型は，顕在化した有効需要をシグナルにして，教育の供給を調整するモデルである．それに対して，社会的必要型は，顕在化した需要だけを考えればいいわけではない．学ぶ必要（社会的ニーズ）のある者がすべて需要者として顕在化するわけではない．ニーズは，現状を改善する必要があるという社会的な価値判断によって支えられ，個人的な欲望や需要ではない．社会的必要型は，教育のみならず，社会政策に共通したモデルである．社会政策は，よりよい社会（better society）の性格についての観察とアイデアから出発している．

　したがって，国家の須要に応ずる大学をつくることが，戦前期の日本に必要な社会的ニーズだと強く意識された．その社会的ニーズの反映が，帝国大学であり，旧制大学である．国家の必要性が前面に出て，庶民の学ぶ必要性に政府はほとんど関心を示していなかった．庶民の学習需要を掘り起こし，個人需要型の高等教育を担ったのが私立の専門学校である．

　この2つの区別は，「誰のために大学があるか」を問うことでもある．社会的必要型は，「社会全体のために」，つまり「みんなのために」大学があるとする考え方であり，個人需要型は，「個人のために」つまり「学ぶ本人のために」大学があることを強調する．この2つのいずれを重視するか，あるいはどのようにして2つを共存させるか，というのが高等教育政策の課題である．旧制大学と私立専門学校の分離は，誰のための大学かを考える素材になっている．

現状を肯定する保守的世論──利己的家族主義

100年前から現在に話を突然に戻して,「今の大学」は「誰のためにあるのか」という問いを考えておきたい.旧制大学と同じように,今の大学が国家のためにあると答える人はおそらくいないだろう.今の学校教育法に,「国家の須要」という言葉は登場しない.「大学は,学術の中心として,広く知識を授けるとともに,深く専門の学芸を教授研究し,知的,道徳的及び応用能力を展開させることを目的とする」とされ,続いて「大学は,その目的を実現するための教育研究を行い,その成果を広く社会に提供することにより,社会の発展に寄与するものとする」と書かれている.後半の一文からすれば,大学は,社会の発展に寄与する,つまり「みんなのためにある」と解釈できる.

しかし,「誰のためにあるか」を意識したことのある人は少ないように思う.意識したことがなくても,その無意識を計測することはできる.「誰が教育費を負担すべきか」という問いに変換すれば分かりやすいからである.家族や学生が授業料を負担するのは,学生本人と一体化した家族のために大学があると考えるからだろう.その一方で,見知らぬ他人から集めたお金を見知らぬ他人のために使う税金が投入されていれば,見知らぬ他人の集合であるみんなのために大学はあると考えられる.

教育費の負担という身近な問題に引きつけて「大学は誰のためにあるか」を実証的に検証してみると,ミステリアスな結果に遭遇する(第8章).後に述べるように,大学教育は,個人の所得を増やす(豊かにする)だけでなく,税金収入の増加によって政府の収入も増加(豊かに)させる.教育投資の効果を計測すれば,「私学助成を増やし」,授業料の「家計負担を軽減する」政策が合理的な判断になる.それが,実証分析の政策的含意である.

ところが,費用負担政策の長い歴史的経路は真逆の動きを重ねてきた.私学助成の実質額は減少し,私立の授業料は上昇の一途を遂げてきた.合理的とはいえない状況が長く続いてきたのは不思議である.授業料の値上げに反対する政治勢力が力をもっていいはずだが,それほど大きな話題にならない.5年ほど前に,教育財政や教育費を考えるためには,経済学と社会学の重層的アプローチが必要だと判断して,「教育費政策の社会学」という共同プロジェクトを立ち上げ,その一環として,「教育と社会保障に関する意識調査」を実施した.

表0-1 大学の教育費は社会が負担すべきか，個人もしくは家族が負担すべきか(%)

	(A)社会が負担	どちらかといえば(A)	どちらかといえば(B)	(B)個人・家族が負担	計
中　卒	2.7	18.7	50.7	28.0	100（75人）
高　卒	4.3	17.8	52.1	25.7	100（303人）
短大（専門）	3.0	14.6	52.0	30.3	100（198人）
大　卒	3.1	16.4	51.9	28.6	100（318人）
学歴計	3.5	16.7	51.9	28.0	100（894人）

教育政策と社会保障政策を視野に入れて，「生涯政策」に対する国民の意識を実証的に描いてみたいと考えたからである（矢野編，2012）．

その調査のひとつに，「大学の教育費は，社会が負担すべきだと思いますか，あるいは個人もしくは家族が負担すべきだと思いますか」という質問項目を設けた．「みんなのためにある」と判断している私は，大学の教育費は，個人や家族ではなく，社会の負担が望ましいと考えている．逆に，「大学は個人のためにある」と考える者は，「個人が費用を負担すべき」だと考えるだろう．

表0-1は，東京都民（選挙人名簿からのランダム・サンプル）調査の結果である．「どちらかといえば」を含めると，「個人もしくは家族が負担すべきだ」を選択した人が80%を占める．富山県でも同様の調査を実施したが，同じような傾向にあり，74%．こうした負担意識は，家計所得や学歴などの社会階層によって異なるのではないかと想像したが，統計的にまったく関係はなかった．表には，学歴別の分布を掲載したが，いずれの学歴階層でも，同じような結果になる．富山調査でも社会階層の影響はみられない．

教育費負担の実証的分析を踏まえて，教育の公的負担を増やすのが経済効率的だと提案してきた私は，自己負担の支持者がこれほど多いことに驚いた．大学は「個人もしくは家族のためにある」と考えている者が多いということである．高い授業料に苦慮しているはずだが，国民の世論は，現状を肯定した保守的な大学観である．子どもの教育には親が責任を持つべきだとする家族主義が根強いといってもよいが，それは，「わが子さえよければいい」という利己主義の反映でもある．

表 0-2 あなたは，次のことについて，どの程度，税金で負担すべきだと思いますか

(%)

	すべて税金	どちらかといえば税金	どちらかといえば個人	すべて個人	分からない・不明
公立高校の授業料	28.8	49.5	13.1	1.7	7.0
国公立大学授業料	17.3	43.5	24.3	4.8	10.1
私立大学授業料	4.8	19.0	47.3	18.1	10.8

出典：Benesse 教育研究開発センター・朝日新聞社 (2013).

機会の不平等を社会問題にしない世論──国立大学史観

そんな驚きの体験をしたところに，もっとびっくりする調査結果に遭遇した．Benesse 教育研究開発センターと朝日新聞社の共同による『学校教育に対する保護者の意識調査』(2013) である．その調査の中に，「あなたは，次のことについて，どの程度，税金で負担すべきだと思いますか」という項目がある．教育にかかわる税負担を私立の中高を含めた 7 項目を質問したものだが，そのうちの公立高校・国公立大学・私立大学の授業料を抜き出して示したのが**表 0-2** である．

公立高校の授業料は，「どちらかといえば」を含めて 8 割近くが，税金で負担すべきだと答える．公立高校の授業料が無償化された現状と整合的である．その一方で，私立大学の授業料はどうだろうか．65％が個人負担を支持している．分からない・不明の回答が 1 割ほどだが，税金負担の支持者は，24％にとどまる．近い将来に大学進学を考えることになるだろう保護者（小中学校の子どもをもつ親）ですら，私立大学の授業料は個人負担だと考えていることに驚かされる．

その一方で，国公立大学の授業料の負担意識はどうだろうか．6 割の保護者は税金負担が望ましいと考えている．**表 0-1** の結果をすでに知っていた私は，私立授業料の結果よりも，国公立大学の結果に驚かされた．どのような理屈を考えて，国公立と私立の授業料負担を区別して意識しているのだろうか．国公私による授業料の差異を追認して，現状肯定的に反応しているものと思われる．

かなり面白い調査結果だが，ぞっとするほどに恐ろしい．保護者の回答は，**表 0-1** と同じように，現状を肯定した保守的な意識だが，その背後にある大学観はかなり利己的である．国民世論の背後意識を深く考える必要があると思う．

国公私によって費用負担が区別されるのは,「国公立大学は社会全体のために役立っているが,私立は個人だけのため役立つ大学だ」という意識の反映だろう．さらに言葉を変えれば,次のようになる．学力のある人は,税金によって授業料が安く抑えられた国立大学に進学すればよい．国公立大学に進学できない学力層は,自分のお金で私立大学に行けばよい．学力もないのに無理をして大学に行くことはないのだから,授業料の高い私立に進学するかしないかは,個人の好みで決めればよい．かなり辛辣になってしまうが,そう考えなければ表 0-2 のようにはならない．

　この結果に重なって,高校生の進路調査を分析した経験が思い出される．これについては,第Ⅰ部で詳しく分析するが,私たちの高校生調査では,親の所得階層によって,大学の進学率が大きく異なっている．低い所得層の進学率は 30％ ほどだが,高所得層になると 80％ を上回る．高い授業料が低所得層の進学機会を奪っているのは間違いない．ところが,こうした進学機会の不平等について,世間の目は冷たく,大きな社会問題にはならない．機会の不平等に対する国民の無関心は,私立の高い授業料が社会問題にならない事実と表裏一体の関係にある．

　なぜ,このような事態になるのか．入試選抜が合理的に機能しているとする学力（メリトクラシー）信仰とエリート大学観の2つが,国民意識の底に深く根ざしているからだと思う．地方の高校や教育委員会を訪問してしばしば痛感するのは,進学機会の不平等にそれほどの関心が注がれていないことである．その気分の背後を推し測れば,家計が貧しくても成績が優秀なら,地元の国公立大学に進学できるし,進学している．大都市の私立にわざわざ進学するか,しないかは,本人および家族の好みだし,これほどに大衆化した大学に無理して進学する必要はないだろうと考えている．社会的に必要のある価値ある大学への進学は,学力のある一部の人に限定されている．地方の高校では「国公立進学率」の向上が合言葉で,その高低が高等学校および教師の評価基準になっている．こうした進路指導の原理も,学力信仰とエリート大学観の反映であり,その裏返しに,大衆化した私立大学は自己負担でいいとする意識がある．

　国民の世論は,現状を肯定しているにすぎないが,肯定された現状とは,一部の高学力層を政策的に優遇する大学観であり,国立を想定した国立大学史観

になっている．世論は国立大学を大学らしい大学の範型にしており，昔の旧制大学史観を受け継いでいる．庶民のための私立専門学校が，政府の政策の枠外にあったのと同じだが，今の私立大学は，庶民のための大学というよりも，個人のための大学というのが適切だろう．

それでも大学はみんなのためにある——公と私の長期ダイナミズム

　現状を肯定する世論が支配的だからといって，はたしてこれでいいのか．多くの人が否定したり，批判したりする出来事や事象を「これでいいのだ！」と肯定するのは，重苦しい気分を解放してくれる秀逸なギャグだが，ここでの問題提起は逆である．多くの人が肯定する事象は，疑ってみるのがいい．世論調査の大勢からすれば，大学は個人のため，本人のためにあるとされている．しかし，それでも大学はみんなのためにある，と私は考える．そのように主張する根拠は，戦後の高等教育の歴史の中に深く埋もれて，隠されている．それを実証的に掘り起こし，そこから導き出される政策的含意を議論するのが本書の目的である．ここでは，20世紀初頭の「市場化のはじまり」に学んだ3つの事柄に戻って，「市場化の現在」の問題点を指摘しておく．

　第1に学んだのは，市場化のイノベーション効果だった．戦前の私立専門学校も，戦後の私立大学も，潜在的な教育市場を開拓してきたのは確かだ．大学進学率が50％を超えるまでに拡大し，OECD諸国の平均水準まで達することができたのは，大学生の75％を占める私立大学のおかげである．

　私立大学の急増は，高度経済成長期（1960-75年）と不況に入ってからの時期（1991年-最近）が際立っている．60年に140校だった私立大学が71年に281校までに倍増．その後にやや増加は鈍るが，不況期に入ると1994年の406校が2012年に600校を超えるまで増加した．その増加ぶりをグラフに示したのが図0-1である．

　大学教育の市場を広く切り開いたのは私立である．高度経済成長期における進学希望者の数（需要）は，国公立大学の供給量（入学定員）をはるかに上回っていた．そして，この時代の急増期は，法・経・商を中心とする文科系学部に偏った拡大であり，1校あたりの学生数が急増するマンモス化経営だった（1校あたり1500人規模から4500人規模に3倍増）．大教室の授業で教育でき

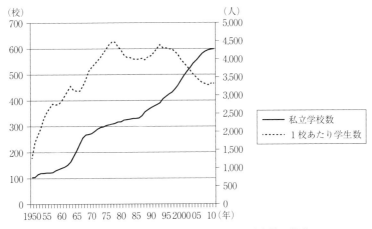

図 0-1　私立大学の学校数と1校あたり学生数の推移

る文系は，学生1人あたりのコストが安い上に，増加するホワイトカラー事務職の供給源としても効率的だった．

　1991年以降になると，経済不況期と18歳人口の減少が重なって，大学の入口は超過需要から超過供給の時代に大きく変わった．定員未充足の私立大学が4割ほどにもなり，生き残りをかけた競争が激しくなった．にもかかわらず，大学設置の規制緩和と進学率の上昇に支えられながら，私立大学の数はさらに増加した．2000年代の増加は，高等教育機関である短大と専門学校の大学昇格によるところが大きい．1校あたりの学生数が減少したのは，規模の小さい短大や専門学校が大学にシフトしたことによる．

　ここで指摘しておきたいのは，私立学校というビジネスモデルの源流は戦前にあり，戦後に新しいビジネスモデルが登場したわけではないということである．本務教員よりも兼務教員の数を増やし，教員1人あたりの学生数を大きくする．教員人件費を節約する経営方針に変わりはない．それだけではない．市場化による大学市場の拡大はすでに飽和点に達している．4年間で500万円の授業料を支払ってでも進学したいという「需要」は，今が最大限に近い（第2章）．潜在的な市場を掘り起こすというメリットからみたイノベーション効果の力は弱まっている．それが市場化の現在の第1の問題点である．

　第2に考えなければならないのは，公と私の境界線をダイナミックに理解す

る視点である．市場化は新規需要を開拓するという利点をもつとともに，新しい問題を露わにしてくれる．「市場化のはじまり」は無消費者にとって福音だったが，新しい市場の発見（私の役割）を政府の政策（公の役割）に結びつける視点は希薄だった．その傾向は戦後にも引き継がれた．しかし，私立に依存しすぎた日本の大学問題を，政府が長く肯定し続けてきたわけではない．1960年代後半には，大学の市場化を是正し，私から公にシフトする大きな動きがみられた．

　政府は，私立の拡大によって発生した問題を解決するためには，市場化に委ねるのではなく，政府による長期教育計画がなければならないと判断した．それが，1971（昭和46）年の中央教育審議会答申（「今後における学校教育の総合的な拡充整備のための基本的施策について」）である．そこでは，「国・公・私立の高等教育機関の財政的な基盤に大きな格差があることから生じる多くの弊害を取り除くことは，国としての重要な任務の1つになっている」と言明している．「私」から「公」へ大きく舵を切ったのである．

　授業料に依存した現状の私立大学を放置すれば，教育水準の低下を招き，教育の機会均等が妨げられると考え，相当大幅な公費の援助が必要だと述べている．国公立大学を法人化することも提案しており，それが実現すれば，私立に対する補助と同じ考え方がすべての大学に適用できるようになると指摘している．政府の私学政策，および高等教育政策全体に新しい転換を求める提案であった．そして，答申の4年後には，私立学校振興助成法が成立し，私立大学への経常費補助が実現した．経常費補助の金額が，1980年には大学経常費の30％にまで達した．0％から30％へのシフトは画期的である．

　ところが，80年代の中ごろになると市場化の政治力学が強まり，公から私へと逆戻りすることになった．助成法では，50％以内を補助できるとしているが，そこまで達成されることはなく，80年をピークに減少．いまでは10％ほどにとどまっている．国際的な市場化論が大きな政治勢力になったからである．これに18歳人口の減少が重なって，入学者の選抜よりも学生の確保が優先されるようになり，学生の学力低下が深刻な問題になっている．入試を厳しくすればいいというのは正論だが，学生を確保できなければ私学は倒産する．学力不問の学生確保が優先されるのは市場化の帰結である．この新しい学力問題は，

さらなる市場化と競争で解決できるとは思えない．新しい問題を解決するためには，新しい公的支援と規制が必要である．私から公へ再び転換する時期に来ているのが，「市場化の現在」である．

第3に学ぶべき事柄として，教育政策の二重性を指摘した．「国家の大学」と「庶民の大学」という戦間期の境界線は，「社会的必要（Social Needs）」型と「個人需要（Individual Demand）」型の教育政策を極端な形で枠づけている．2つの類型は，現在の，そして未来の高等教育政策を考える上でも有効である．「国家の須要」は今の大学の社会的ニーズではない．だとすれば，今の社会的必要型の高等教育とは何なのか，が問われなければならない．一方で，個人需要型の政策は有効需要にすべてを委ねる純粋な市場化方式ではない．学ぶ側の需要をシグナルとして教育供給を調整するのが個人需要型の政策である．

社会的必要型の教育・研究を担っているのが国公立大学，一方の個人需要型は私立大学が担っている，と思われるかもしれない．確かに，この2つが分離し，併存してきたのが日本の高等教育システムの特殊性だといえる．しかしながら，こうした類型がそのまま成立するほどに現在の事態は単純ではない．政策類型の2つと国公私の対応関係は，相互にかなり浸透し，複雑化してきたからである．たとえば教師や医師や医療福祉といった専門家は，公共的に必要な人材である．つまり，社会的必要型の人材育成であり，こうした分野の教育を担うのが国公立大学の役割になっていいはずである．しかし，そのすべてを国公立が担っているわけではない．それどころか，「福祉」分野の人材養成は，その多くを私立大学に依存している．国立大学には「福祉学科」が存在しないのである．逆に，有力国立大学が有力民間企業に集中的に就職している現状は，個人需要型の教育を国立が担っているようにみえる．

学術研究を考えても，国公立大学が社会的必要型の研究を分担しているわけではない．優れた研究をリードしている私立大学の存在を考えれば，学術政策にとって必要なのは，国公立と私立を分離することではない．

「市場化のはじまり」からの100年を振り返ると，「市場化の現在」は，公と私の境界線を再編成する時代の変わり目にあるといえる．新しいイノベーション効果を市場化に期待するのは難しいにもかかわらず，市場化による新しい問題の公的解決が求められている．しかも，国公私という設置形態の意味と妥当

性が根本的に問われ，大衆化した大学の社会的ニーズを再定義しなければならなくなっている．

教授における経済の原理

　市場化に対する批判を言葉のレトリックで過剰に誇張しているわけではない．キャリア・アプローチによる数字の論理的分析からも同じ結論が導き出される．そこに至る分析結果を次章以下で逐次紹介するが，その前にキャリア研究と政策の関係について簡単に説明を加えておきたい．

　国際的に共有されている教育政策の基本的課題は，次の3つにある．ひとつが，教育機会の平等性．第2が，学習の成果ないし学力水準を高める政策．学力を向上させるために資源（ヒト・モノ・カネ）をどのように効率的に配分するのが望ましいかを考える，「学習効率」の政策である．第3が，新規学卒者の雇用政策．恵まれた職に就くことができるかどうかという学生の切実な問題は，教育の「雇用効率」を測る尺度である．入口の平等性，中身の学習効率，出口の雇用効率が，いずれも世界の教育界を悩まし続けている政策課題なのである．個別の多様な教育問題を追いかけて騒ぐ前に，まずこの三大課題を最優先して解決・改善すべきだと私は考えている．

　キャリア・アプローチの有効性は，3つの政策課題と直接的に関係しているところにある．学生たちはどこから来て，どこに行ったのか，どこに行こうとしているのか．彼／彼女らのキャリアはどのように変動してきたか．そして，それらのキャリアは，大学の大衆化，および市場化とどのように連動し，どのような問題を孕んでいるか．学生たちのキャリアは，進学／非進学の進路選択からはじまって，大学時代の学習，そして卒業後の就職と職歴，として描かれる．その行動選択を規定する要因を解明すれば，キャリアと政策がどのように関係しているかが分かる．本書の第Ⅰ部が機会の平等性，第Ⅱ部が学習効率と雇用効率の接続，そして第Ⅲ部が政策的含意の検証になっているのは，そのためである．

　序章では，高等教育の100年という長いスパンを紹介したけれども，実証的な分析の射程は，戦後に限られている．戦前の学生のキャリア・アプローチというべき社会学的研究には，菊池による優れた業績がある．『近代日本の教育

機会と社会階層』である（菊池，2003）．制度を利用した学生の動きからみれば，帝国大学と私立専門学校が分離して併存していたわけではないことが分かる．2つのセクターを利用した学生の出身階層は，断絶しているわけではなく，重層的で，連続的だからである．市場化の主要な指標である授業料についても，家族がそのすべてを負担したわけではなく，団体や個人による奨学援助がかなり行われており，戦前の高等教育の機会は開放的だったという．

　制度の歴史と比較による大学論には，ややもすれば隔靴掻痒の気分にさせられるが，キャリア・アプローチは，学生と制度の接点における教育問題をリアルに描いてくれる．本書では，この長所を活かして，戦後の学生の進路と就職の変化を政策と関連づけながら分析する．この分野の社会学的研究は数多いが，それらと異なっているのは，社会学的分析よりも経済学的分析を重視しているところにある．

　その理由は，2つある．ひとつは，政策との関係を強く意識しているからである．社会学的分析の焦点は，親の職業変数と学歴変数から操作的に定義される「階層」にある．したがって，学生の親の階層が，キャリア選択に与える影響が中心的テーマになる．親の階層が子どもの学歴を左右し，その学歴が本人の階層に影響する．世代間にわたって階層を再生産する構造がどれほど固いか，あるいは流動化しているか．それがオーソドックスな社会学の関心である．

　ところが，親の職業や親の学歴は，子どもにとっては所与であり，変えられない．制御できない変数を政策に結びつけるのは難しい．政策は，資源配分の制御である．教育システムに投入される資源（ヒト，モノ，カネ）の配分を変更するのが教育政策である．制御できる資源変数を特定できなければ政策に結びつかない．特定するだけでなく，投入される資源，つまりインプットとそれによる成果（アウトプット）との関係が分からなければいけない．この関係性が分かってはじめて，インプット資源を制御する政策の意義が議論できる．財政，所得，価格などの経済変数を重視するのは，制御できる変数から政策的含意を導き出すためである．

　いまひとつは，ロマン主義的に誇張されがちな教育論に距離をおいて，冷静に高等教育政策を議論してほしいと願っているからである．最後にもう一度，オルテガを引用しておきたい（オルテガ，1996）．オルテガの「教養と職業と科

学」の議論に学ぶところは多いが，その議論にはいくつかの前提がちりばめられている．次の3つの前提が重要だと思う．第1は，冒頭に述べた「模倣の禁止」．外国の単なるマネはしないのが賢明である．第2は，「平均学生」から議論をはじめなければならないとしていること．「制度は平均人に向けて作られ，平均人が制度の測定単位でなければならない」と述べている．昔のスペインの大学制度と今の日本では違いすぎるけれども，制度はその時代の平均人に向けて作られなければならない．平均学生を念頭に今の大学を考えるのが筋だと私は思う．第3の前提は，「教授における経済の原理」である．オルテガは，ロマン主義的な教育論を批判して，「彼ら（ロマン主義者たち）にあっては，いつでも，事物をその常態からはずして，花づなで飾り立て，メロドラマ風に誇張するのが関心事であった」と皮肉っている．そして，生々しい事実をごまかさないように観察し，見届けるためには，経済活動の原理が重要だと指摘している．経済の原理というのは，資源の希少性である．教授活動も希少性から引き起こされる経済活動と同じである．「人が教育に従事し，教授を大事な仕事としているのは，……確実に，快適に，非難の余地なく生きてゆくためには，非常に多くの知識を必要とするが，青少年は限られた学習能力しかもっていない，というただこれだけの理由」によってである．現存する知識の量が学習者の習得能力を越え出る度合いに比例して，教授活動が人々の関心事になる．

　必要な知識と学習者の習得能力は，100年前とは大きく異なるが，教授の経済原理に変わりはない．なぜ世界の大学が大衆化を受け入れ，必要としたのか．いま世界中で起きているのは，知識・熟練需要の激変であり，知識経済の潮流である．めまぐるしい社会経済環境の変化が，私たちの仕事の現場の変化をもたらし，サラリーマンに求められる日々の勉強の変化となって現れている．教授活動を必要とする人生空間はどんどん広がっている．その広がりが平均的大衆のための高等教育を求めており，公と私の境界線を新しく描くことを求めている．

　こうした経済的理解と観察が，精神論と個人的体験論から自由になりにくい教育を分析する態度として重要だと実感させられている．高等教育の経済分析というアプローチをとることにしたのは，こうした2つの理由からである．

I

なぜ大学に進学しないのか
「家族資本主義」の限界

1章
「後期大衆化」段階の深い溝

「ユニバーサル」段階論の日本的疑問

　日本の高等教育研究は，トロウの「高等教育の構造＝歴史理論」に強い影響を受けている（トロウ，1976）．高等教育の構造は，発展段階の移行期において大きな変革を余儀なくされるとし，「エリート＝マス＝ユニバーサル」という3つの発展段階の概念と分析の枠組みを提示した．発展段階の移行期を示すメルクマールが，同一年齢人口比でみた就学率である．就学率15％が，エリート段階からマス段階への移行期．50％が，マス段階からユニバーサル段階の移行期になる．説明する必要もないほどに普及した理論だが，就学率の数字の分かりやすさが，理論を普及させた大きな理由のひとつだと思われる．

　トロウは，この移行期に発生する諸問題を体系的に考察し，「エリート段階からマス段階への移行の時期に，高等教育制度がさまざまな葛藤や緊張を経験すること，またマス段階からさらに中等以後教育への進学機会のユニバーサル段階へと移行するとともに，再び，葛藤や緊張が生まれるだろう」と指摘した．

　1973年に書かれ，76年に訳出された理論だが，丁度その頃は，世界および日本の高等教育が大きく変わる時代の節目にあった．アメリカ型の高等教育制度を導入した戦後の日本は，ヨーロッパよりも早くマス化し，1975年には，男子進学率が40％を超えた．ヨーロッパ先進諸国の水準（20％ほど）をはるかに上回り，アメリカの水準に近く，ユニバーサル段階に突入するかのような雰囲気だった．60年代後半の国際的な大学紛争を契機に噴出した大学問題群を，エリート型からマス型への移行期に生じる普遍的現象だと理解する思考枠組は，日本の高等教育研究者にとって大きな知的刺激になった．

その一方で，1973年は，石油ショックの年でもあった．このショックを契機にして，世界の高等教育は，成長から停滞，さらに衰退へと突然反転した．高等教育に積極的な投資をしてきたにもかかわらず，その成果は実らず，経済は停滞した．高等教育への財政支出は無駄だったのではないか．そんな気分が世界的に共有され，大学の過剰を裏づける研究も蓄積された．高度経済成長の終わりを体験した日本も，この国際的潮流に乗った．74年に発表された文部省の報告書（「高等教育計画の拡充整備計画について」）は，大学立地の地域間格差の是正を強調しながらも，全体として「拡大抑制策」を掲げた計画である．実際に，その後の進学率は若干の減少を示し，その後の20年間は75年の水準を超えなかった．

国際的な経済不況と大学過剰説のために，当時，いずれの国も大学の拡大が止まった．しかしながら，世界の大学過剰説は，日本のようには長く続かなかった．それどころか，最近の10数年の間に，世界の大学はマス段階からユニバーサル段階に急速に移行した．OECDデータによれば，1995年における「大学型高等教育進学率」のOECD各国平均は37％だった．それが2010年になると62％．15年間に倍増するほどの膨張である．同じ統計書の日本は31％（1995年）から51％（2010年）への増加にとどまっている（OECD, 2012）．日本の大学進学率は，OECDの平均を下回る．しかし，日本の大学進学率が世界平均よりも低水準にあることを知っているのはおそらく専門家ぐらいだろう．そして専門家は，大学だけでなく専門学校を加えれば，高卒者の進学率は70％を超えるから，日本が遅れをとっているわけではないというかもしれない．同報告書は，専門学校などを含む非大学型高等教育の進学率を掲載している．それによると日本は27％．したがって，大学型との合計進学率は78％になる．OECDの大学型高等教育進学率の平均62％を上回る．しかし，OECD各国も，それぞれ独自の非大学型高等教育を保有している．その平均進学率は17％である．したがって，OECD平均の高等教育進学率の合計は79％であり，専門学校を含めても，日本はやっと平均並みである．

ところが，世間一般の認識では，最近になって50％を超えた大学進学率だけが注目され，「もはや，大学は多すぎる．過剰だ」とする判断が支配的だ．その上，「大学全入の時代」といわれ，定員を充足できない私立大学が4割も占

めるようになった．進学率の50％超えと全入報道が重なって，「誰もがなんらかの形で中等以後教育の機会に接近しうる」段階をユニバーサル・アクセスと名づけたトロウモデルが，日本の高等教育の現在を語る枕詞になった．政府の公式文書などにおいても，ユニバーサルの言葉が，しばしば登場する．

　しかしながら，アメリカのユニバーサル段階と日本の現状は，大きく異なっている．アメリカの高等教育の特質は，個人の好みによる選択と社会人学生の就学を前提にした「生涯学習社会」にある．IT技術の浸透によって，学習システムが変容し，誰もがいつでも学習できる機会が拡大したと説明される．とりわけ，トロウの次の指摘に注目すべきだろう．「大学にフルタイムで所属し，コンスタントに通学する人が若い人の40％あるいは50％以上にもなるということが，私はあり得ることとは思いませんし，また望ましいこととは思いません」（トロウ，2000）．

　不本意進学者が多くなっている日本の学生事情を観察すれば，高校生がそのまま大学に直行するのは望ましいことではない，と私も思う．しかし，だからといって，社会人学生が極端に少ない日本の大学が，多くの社会人を迎えるように変身するとは考えられない．そのように変わるためには，家族・教育・雇用の3つのシステムが強く連結した日本社会の大幅な変革を待たなければならない．専門学校を含めれば，高卒者の78％が進学している実情は，アメリカのユニバーサル段階とは大きく異なっている（ちなみに，先の統計報告書では，2010年のアメリカの大学型高等教育進学率は74％と報告されている．ただし，これは18歳の進学率ではない．各年齢の進学率を積み上げた合計である）．

　専門学校を含めて語るなら，すでに日本は，30年も前にユニバーサル段階に入っているのである．今さら，ユニバーサル段階に来たことを強調する方がおかしい．ここでトロウモデルの欠点を指摘したいわけではない．国による違いは，彼自身が十分に承知している事柄である．マス段階の教育内容は国によって異なっているし，ユニバーサル段階は，さらに多様である．大事なのは，日本の特質に照らし合わせて，50％段階の「移行期」に発生している諸問題を理解することである．欠陥は，トロウモデルにあるのではなく，日本の研究者にある．日本の現状を分析しないままに，ユニバーサル段階に入ったと強調するだけの語りがあまりにも多すぎるのである．日本からみたユニバーサル段階

論の疑問を取り上げて，学生のキャリアがはじまる高校生の進路選択を考えることからはじめたいと思う．

大学本位制の日本的経済構造——なぜ大学に進学しないのか

専門学校を含めた高等教育を考えれば，4人に3人の高校生が進学する時代である．マス段階からユニバーサル段階への移行期を過ぎて，さらなる次の段階に移りつつある．しかし，だからといって，「大学進学の機会があらゆる人々に開かれている」というユニバーサルの説明用語が実現しているわけではない．

教育を経済学的に分析してきた私の経験からすれば，日本の高等教育システムも，高校生の進路選択も，経済合理的にかなり説明できる．学歴別の所得を追跡すれば分かることだが，学歴別の所得格差は，長期に安定しており，構造化している．「教育システムの経済的構造」として指摘してきたことだが，この構造は，変化の激しい経済事情下にある今日においても，ほとんど変わらず保たれている．むしろ，最近になって，この構造が強化されている．

とりわけここで確認しておきたいのは，「大学本位制の経済構造」である（矢野，2001）．日本の学歴別労働市場の特質を前提にすると，高校まで進学してしまえば，大学まで走り続けるのが合理的な投資判断になる．男子に限定した話だが，短大および専門学校を含めた短期高等教育卒業生の所得は，大卒よりも高卒に近い．2年間の短期高等教育は，大卒の半分の経済効果をもっていいはずだが，半分の効果を産み出していない．2年間の短大教育を受けるなら，もう少し我慢して，4年の大学を卒業した方が効果的だ．大学を卒業することが生涯のキャリアを豊かにするゆるぎない標準（ゴールド・スタンダード）になっている．そのような意味合いから大学本位制の経済構造だと述べてきた．この構造は，世界に共通した現象ではない．むしろ例外的だといっていい．その根拠になるデータを提起したのは，30年ほど前のことだが，今でも変わりはない．

学歴別労働市場の問題については第II部で扱うが，卒業後に獲得できる生涯の所得を最大にする戦略は，進路を決定する経済モデルの原型である．卒業後のキャリアが，生徒および保護者の進路選択を動機づけるからである．この

表 1-1　男女別・学歴別の生涯所得（割引率 0／単位 100 万円／2011 年）

	(1)中卒	(2)高卒	(3)短期卒	(4)大卒
男　子	187.9	210.3	225.7	283.7
女　子	110.6	131.3	170.2	220.0
女子／男子	0.589	0.625	0.754	0.776

　経済モデルと大学本位制を再確認するために，基礎的な事実のエッセンスを検証しておこう．

　将来のキャリアの決定に直面している 15 歳の中学卒業生を想定する．彼／彼女の選択肢は 4 つある．(1)中学卒業と同時に就職，(2)高校進学後に就職，(3)短期の学校（短大・高専・専門学校）進学後に就職，(4)大学進学後に就職，である．この 4 つのキャリアのうちいずれを選択するのが合理的か．その判断基準のひとつが，生涯所得を最大にするキャリア選択である．

　実際の生涯所得を推計してみれば分かりやすい．2011 年度の「賃金構造基本統計調査」を用いて，学歴別の生涯所得（卒業の年齢から 65 歳まで働き続けた場合に期待できる年収の総計）を推計すると**表 1-1** のようになる．

　15 歳で就職すれば，65 歳までの生涯所得は 1 億 9000 万円だが，大学まで進学して就職すれば，2 億 8000 万円が期待できる．女子も 1 億 1000 万円に対して大卒 2 億 2000 万円になる．男子の大卒は中卒の 5 割増だが，女子の大卒は倍増．女子の所得水準は低いけれども，学歴の間にある格差は女子の方が大きい．したがって，男女の所得格差は，高学歴ほど縮小し，やや平等化する．

　ここで考えたいのは，学歴の効用ではなく，進路選択の経済モデルである．生涯所得を最大化する進路は 4 つのうちどれかを考える．**表 1-1** の最大所得は大卒である．だからといって，大学進学を選択するのが最適だという結論にはならない．4 つのキャリアの将来所得は，中学卒業時の現在価値に割り引いて評価しなければいけない．つまり，現在価値法によって 4 つのキャリアの生涯所得を評価し，その上で最も大きい進路を選択すれば，それが最適化戦略になる．

　先の**表 1-1** は，15 歳時の金額も 20 年後の金額も同じ価値だと想定したときの，つまり割引率がゼロの場合の生涯所得である．これに対して，表 1-2 は，

割引率を0％から逐次大きくするとそれぞれの生涯所得がどのように減少するかを計算したものである．大卒の将来所得は，22歳以降からはじまる．したがって，大卒所得を15歳時の現在価値に換算すると，割引率が大きくなるにつれて，中卒よりも大卒の所得の価値が急速に減少し，大卒の生涯所得が最大にならない場合が生じる．

　中卒の所得は低いけれども，15歳から収入を確保できる．現在の生活維持が困難だったり，すぐ自立しなければならなかったりする生徒にとっては，将来のお金よりも今のお金が貴重であり，切実だ．将来よりも現在のお金が必要な生徒・保護者ほど，割引率の値が大きくなる．逆に，現在の経済生活にゆとりがあり，無理に働きに出るまでもない生徒・保護者ほど，割引率は小さくなる．つまり，貧しい家計は，割引率の大きい家計であり，表の右側の学歴別生涯所得を比較し，そのうち最も大きい学歴を選択するのが合理的だ．逆に，恵まれた家計は割引率が小さく，左側の学歴別生涯所得を比較し，選択すればいい．

　表1-2の男子をみると，割引率が5％より小さい水準から8％の間であれば，大学の生涯所得が最大であり，大学を選択するのが最も有利になる．しかし，9％以上になると中卒が最も有利になる．この表を計算してみて驚くのは，割引率が大きくなるにつれて，生涯所得の最大化戦略は，大学から一挙に中卒に転移することである．短期卒，高卒という選択は，どのような割引率の人にとっても最適な投資機会にならない．中卒か大卒か，の二者択一になっている．

　8％と9％を境に，中卒か大卒か，の分岐点があり，高校，および短大・専門学校は，第2志望・第3志望の学歴選択になる．高校まで進学してしまえば，大学まで走り続けるのが有利になるこの経済構造を大学本位制とよんだが，1980年の計測では分岐点が7％／8％だった．30年前と比べると大卒と中卒の生涯所得格差が大きくなったことを意味している．大衆化によって学歴格差は縮小していない．むしろ逆に拡大した．さらにいえば，1967年の分岐点は今と同じ8％／9％だった．大ざっぱにいえば，67年から80年の間は，格差が縮小する平等化の時代だったことになる．

　学歴別労働市場の分析は第Ⅱ部に譲るとして，ここで重要なのは，女子の生涯所得の最大化である．女子の場合は，短大・専門学校が最適になる割引率

表 1-2　生涯所得の現在価値を最大化する最適進路選択（○印は高卒基準）

%	5	6	7	8	9	10	11	12	13	14	15
男子											
中　卒	58.0	48.5	41.1	35.4	30.8	27.1	24.1	21.7	19.6	17.9	16.4
高　卒	60.6	49.7	41.4	34.9	29.8	25.7	22.4	19.6	17.4	15.5	13.9
短期卒	60.1	48.4	39.5	32.7	27.4	23.2	19.8	17.1	14.8	13.0	11.4
大　卒	70.3	55.6	44.6	36.1	29.6	24.6	20.6	17.4	14.8	12.7	10.9
女子											
中　卒	36.3	30.8	26.5	23.1	20.4	18.2	16.4	14.9	13.7	12.6	11.6
高　卒	40.3	33.4	28.2	24.0	20.7	18.1	15.9	14.1	12.6	11.3	10.2
短期卒	47.4	38.6	31.8	26.6	22.5	19.2	16.5	14.4	12.6	11.1	9.8
大　卒	54.7	43.4	34.9	28.5	23.5	19.5	16.4	13.9	11.9	10.2	8.9

が存在する．11％台では，短期の生涯所得が最大になるからである．

しかしながら，高校進学率は 1975 年に 90％に達し，いまでは 98％である．1960 年代の高度経済成長によって，高校進学率は 60％から 90％に一挙に引き上げられた．中卒は「金の卵」と呼ばれるほどに希少な労働力になったが，高校進学を引きとめるほどの魅力にはならなかった．高校進学を駆り立てる力の方が大きかったことになる．高校進学を前提にして考えると男子では，割引率が 9％より大きい人にとっては，大学進学でもなく，短期でもなく，高校で就職するのが最適になる．一方で，女子の場合は，短期の学校選択を最適にする幅がやや広がっていることが分かる．表の○印は，高校進学を前提にした最適選択を示している．

進路選択のすべてが，経済合理的に説明できるわけではない．ましてや，表のような生涯所得を推計して進路を決める人はいない．しかしながら，世間の大人たちの日常的体験は，こうした学歴別所得の差異から影響を受けながら蓄積される．その体験もさまざまだが，多くの体験談や見聞を集計した平均的な気分は，平均所得の描く世界像（**表 1-2**）に限りなく近づく．もちろん，たとえそうであったとしても，経済的利害だけで進学を決定しているわけではないという人も多い．人間の行動を規定する要因はさまざまだが，ここで重要なことは，私たちは同じ経済的利害をもつ川の流れに浮かぶボートのようなものだということである．同じ経済的磁場を帯びながら生きているといってもいい．

川の流れに沿うにしろ，逆らうにしろ，あるいは川の流れが強かれ，弱かれ，あるいは本人が意識的であれ，無意識的であれ，経済的利害の上に浮かぶボート（私たち）は，多様な行動をとりながらも，川の流れに影響を受けながら動く．子どもの将来を考えれば，無理をしてでも，借金をしてでも，大学まで進学させたい．そういう親の気持ちを支えている川の流れとして，学歴別の所得という経済的事実がある．

　経済理論的にいえば，本人の主観的割引率は教育資金を調達する市場利子率によって決まる．低利の就学ローンが普及している現状からすれば，中学（あるいは高校）で就職するよりも，借金をしてでも大学に進学するのが合理的だ．私が疑問に思うのは，「なぜ，大学に進学するのか」ではない．「なぜ，大学に進学しないのか」という問いである．大学本位制の経済構造からすれば，進学する理由は分かる．分からないのは，進学しない理由だ．トロウのように，「（若者の進学が）40％あるいは50％以上にもなるということが，私はあり得ることとは思いません」とは思えないのだ．

社会的矛盾を孕む50％進学率

　「なぜ大学に進学しないのか」という問いを提起する理由は，進学の経済的動機だけを根拠にしているわけではない．論理的に考えれば，50％という進学率は長期に安定する均衡水準にはならない．そこまで達すれば，進学率はさらに上昇すると考えるのが自然である．もし50％前後で停滞するとすれば，その方が奇妙であり，その背後に不公正な社会的矛盾が潜んでいると考えられる．そのように考える論理を説明しておこう．

　図1-1は，学力が正規分布していると仮定して，学力のバラツキを図示したものである．図では，平均値を0，標準偏差を1としている．学力の高い人（右側）から低い人（左側）までばらついているが，真ん中の平均学力の近くに分布する人が最も多く，平均から離れるほど人数が少なくなる．真ん中の平均値（ゼロ・スコア）までの右半分に含まれる人数割合が全体の50％．もし，学力の順（図の右側から）に進学していれば，右半分が進学者の割合（進学率）になる．したがって，この場合，平均値が進学／非進学を決める線引きになる．

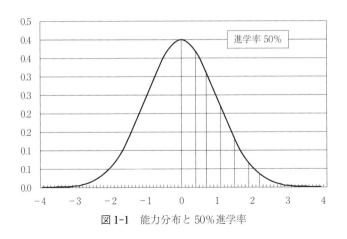

図 1-1　能力分布と 50%進学率

　しかし，そのような線引きによる進学判定を正統化する根拠はない．中央の平均値で進学率が止まるというのは，いかにも不安定な状態だ．なぜなら，平均付近に分布する人数が最も多く，その能力にはほとんど差がないからである．有名な偏差値は，平均が 50 点，標準偏差が 10 点である．図のわずか ±0.2（偏差値 52 と 48）の間に全体の 16% が含まれる．この偏差値のわずかな間に大きな学力差があるとは決して思えない．この程度の偏差値なら，同じ生徒でも，日によって，試験によって，さらにもっと大きくゆらぐ．そのゆらぎを無視して，たとえば偏差値 52 を選抜の基準にすれば，進学率は 42% になる．偏差値 48 までの入学を許可すれば，進学率は 58% になる．

　1975 年の男子大学進学率が 41%．2012 年が 56% である．最近になって進学率が向上したといわれるが，40 年間の進学率の上昇はこの程度の変化にすぎない．学力の順番に進学していれば，進学率が 41% から 56% に上昇しても，入学してくる学生の質に大きな違いはない．にもかかわらず，世間のメディアでは，「進学率が上昇した（原因）ので，学生の質が低下した（結果）」という因果関係を設定して，学生の学力低下を説明する安易な説が流布されている．教師としての私の経験では，±0.5（偏差値 55 と 45 の間）を考えても，学力に大きな差があるとは思えない．この範囲に全体の 38% が集中する．偏差値 55 を選抜の基準とすれば，進学率は 31% になる．偏差値 45 までの入学を許可すれば，69% の進学率だ．偏差値に大差がないことを考えれば，進学率が 31%

にまで上昇するのであれば，そのまま69％にまで達するのが自然のように思える．

男女を含めた現在の50％進学率は，図のように不安定な線引きによる結果ではない．進学／非進学が学力によっては決まっていないのだ．学力が平均よりも低いにもかかわらず，大学に進学しているものがいる．その一方で，学力が平均よりも高いにもかかわらず，進学していないものがいる．だとすれば，学力が平均以上であるにもかかわらず，「なぜ，大学に進学しないのか」を解明すべきだろう．

学力があっても，経済的理由や，家族のために働かなければならない事情から進学を諦めているとすれば，教育機会の平等性が損なわれていることになる．機会の不平等という社会的矛盾が，不安定な50％進学率という状態を持続させている理由だと私は考えるが，その一方で，学力がないにもかかわらず進学しても，大卒の経済メリットは期待できないとつぶやく人もいるだろう．大衆化した大学に進学してもムダだとする説は根強いが，この主張が間違っていることは第II部で説明する．

普及モデルから進学率を考える

日本の大学進学率の50％超えをトロウモデルのユニバーサル段階になぞらえるのはかなり飛躍がある．50％段階を理解する別の思考枠組が必要だと思う．そこで，参考になるのは，ロジャーズの普及モデルである（ロジャーズ，2007）．

ロジャーズの関心は，新しいイノベーションの普及プロセスにある．新しい農業技術開発や新薬品などは，最初は誰もなかなか採用しない．チャレンジャブルな人が，新しいアイデアを採用し，その評価が徐々に浸透し，普及する．このプロセスを普遍的な過程としてモデル化したものである．ロジャーズの初版本は1962年であり，古くて有名なモデルである．トロウもよく知っていたと推測して間違いないだろう．

ロジャーズは，膨大な事例を蓄積し，図1-2のような普及モデルを提示した．そのプロセスは，電気商品などの普及率と同じで，普及率0％が徐々に浸透し，その後急速に増加して50％に達すると普及率が鈍化しはじめて，それからゆっくりと100％までに成長するS字曲線モデルである．このS字型の分布は，

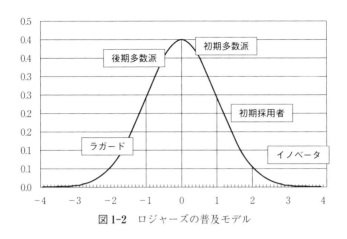

図1-2 ロジャーズの普及モデル

　正規分布に沿った普及として表示できる．新商品を購入した世帯の割合を図1-2の右側から表示すると，はじめの頃の普及％は小さく，徐々にその普及のスピードが大きくなる．正規分布のピークが50％の普及率．その後は，逆にスピードが徐々に遅くなる．

　ロジャーズは，中央の平均値と分布の標準偏差（シグマ）を用いて，イノベーションの採用者を図のように5つに分類した．第1は，平均から2シグマ以上離れたグループで，最初のイノベーション採用者である．ここには全体の2.5％が含まれ，これを「イノベータ」と呼んだ．2シグマと1シグマの間にあるのが，「初期採用者」で，全体の13.5％がここに含まれる．次の34％を「初期多数派」，50％に達した後の34％を「後期多数派」，最後の16％を「ラガード（遅れた者）」と名づけた．

　イノベータと初期採用者の合計が16％．15％就学率をメルクマールとしたトロウの「エリートとマス」の区分も，標準偏差1σ以上の範囲を目安とした発想だと推測できる．早々と大学に進学したイノベータと初期採用者の2グループが，エリート集団であり，それに続く初期多数派がマス（大衆化）段階の学生になる．

　この普及モデルが大学進学率にも直接適用できるとはいえないが，次の3つは進学率の現在を理解する上で示唆的である．第1は，この5分類の間には明確な断絶や不連続は存在しないと指摘していることである．各カテゴリーに重

要な違いはあるが，深い溝があるわけではなく，連続的に推移するという．

　第2は，大学進学の意思決定もイノベーションの普及と同様に，本人の近くにいる人から影響を受けながら移行するプロセスだと理解できることである．大学という存在が社会的に認知されていくプロセスを想像してみよう．ほんの少し前は，「大学なんて，私に関係ない」と思っていた子どもたちも多かった．その一方で，「大学に進学するのは当たり前」と思って育つ子どももいる．大学という存在の身近さが，普及を促す力になっている．大学への「親近性」を持っているか否か，が進学率の要因だと考えられる．親が大学に進学していれば，その子どもの大学に対する親近性は高いだろうし，進学する友達の多い高校に在籍すれば，大学への親近性が高まるはずである．親の学歴変数と在籍する高校の変数を用いて高校生の進路選択を分析するアプローチは社会学の常道だが，普及モデルの理論的含意とも整合的である．具体的な実証分析は，後の章で紹介する．

　第3に，50％前後の普及を「初期多数派」と「後期多数派」に分けているところが興味深い．初期多数派は，「新しいものを試す最初の人間にはならないが，古いものを捨てる最後の人間にもならない」慎重派．一方，後期多数派は，「警戒の念をもちながらイノベーションに接近するので，成員のほとんどが採用するまで採用しない」懐疑派だという．「大学に進学するのは当たり前の雰囲気になってきたから，バスに乗り遅れないようにする」慎重派の登場が，初期多数派であり，大衆化だろう．その後に続くのは，「半分近くが大学に行くようだが，大学なんて行っても意味ないよ」と構えている懐疑派である．懐疑派の重い腰が動きはじめる普及が，後期多数派になる．図の平均値回り（±1σ）に分布する68％の多数派を慎重派と懐疑派の2つに分けて考える思考は，S字曲線の普及モデルとして論理的であり，実践的である．むしろ，初期多数派の登場（50％）で普及が止まると考える方が不自然だろう．

　この3つが示唆的だと考えるが，第1の連続的な推移説については注釈を加えておく必要がある．すべての普及が，図1-2のように連続的に移行するわけではないからである．「2つの市場の間（初期採用者の市場と初期多数派の市場の間─引用者注）に横たわる溝は，これまでまったく問題にされていなかったが，実はハイテク分野のマーケティングを論ずる際にきわめて重要な意味合

いをもっている」とムーアたちは指摘した（ムーア，2002）．彼らはこの溝を「キャズム（深い溝）」と呼んでいる．そして，とりわけ大きいのは，初期採用者と初期多数派の間だという．

エリート段階の大学とマス段階の大学と読みかえれば，この移行がひとつの大きなキャズムになり，大学教育サービスの内容と性質を大きく変容させた分岐点だということになる．トロウの大衆化論が説得的だったのは，エリート段階に卒業した教授陣がこの大きなキャズム的変容を目のあたりにして驚いたからだ．しかし，日本の進学率は，深い溝を前にして，停滞することなく，いとも容易に割れ目を飛び越えた．キャズムにあたる時期（1960年代の前半期）が高度経済成長に促された進学ブームや理工系ブームの時代だったからだろう．この時期に進学した私たちの世代の学生にとっては，深い溝というよりも，連続的な移行でもあった．

初期多数派（＝マス段階）に突入する以前にも，イノベータと初期採用者の間に割れ目がある．普及率2.5％前後の2σ分岐点である．該当人口あたりの就学率でみると，「明治年間を通して1％以下で推移したその比率は，1920年に1.6％，そして40年には3.7％となる」（伊藤，1999）．伊藤は，戦間期を大衆化の幕開けと呼んだが，就学率にみる2σ段階のキャズムが，「帝国大学を中心とした大学像」と「高等教育の専門学校像」の対立をもたらしたといえる．日本の経験では，1σ段階の初期多数派キャズムよりも2σ段階の初期採用者キャズムの方が大きかったように思われる．15％進学率の頃にはすでに大学は十分に大衆化していた，というのが私の実感である．進学率15％までをエリート段階と呼ぶことに違和感をもつ方も多いのではないだろうか．エリートという言葉を使うなら，進学率2.5％ぐらいまでの段階に限定するのがふさわしいのではないかと思ったりする．戦間期は，会社員という俸給生活者が誕生し，同時にテクノクラート的な職業群が増えた時期である．そうした労働需要に応えたのが，官立および私立の専門学校群だった．その直接延長上に，新制大学の急成長がある．2.5％から16％の間の初期採用者は，エリートというよりも，専門学校的テクノクラートの時代というのがふさわしいだろう．

「後期大衆化」段階への移行期

　普及モデルを参照枠組にして面白いのは,「初期採用者」(エリート段階)の後に続く,多数派の動きである.初期採用者の普及を目のあたりにするようになると,多数の慎重派が参入してくる.自分には関係ないと思っていた層も,気になって採用(進学)するようになる.大学の大衆化が起きるのも,同じような気分だろう.しかも,多数派の数は多い.数は多いけれども,大衆化段階に入ってから50％進学に至る時間は短い.Ｓ字曲線が急上昇する時期だからである.

　Ｓ字曲線に沿って普及するモデルは,50％に達すると成長率が鈍化しはじめる.その後に控えているのは,懐疑的な多数派だ.半分まで普及しても,そして,自分のまわりに進学組が溢れてきても,「大学なんて人生に関係ない.大学に行かなくても,ちゃんとやっていける.どうってことはない.行ってもムダだ」と懐疑し続けるだろうか.迷ったり,疑ったりしながらも,遅ればせながらの進学を考えるのではないだろうか.

　ムーアは,初期多数派と後期多数派の間にも割れ目があると述べている.「この段階に達したら,さらに市場で成功し続けるためには,顧客にとってテクノロジーを(つまり製品を),飛躍的に使いやすくする必要がある.それが実現されなければ,後期多数派への移行は停滞してしまうか,あるいは永遠に起こらないだろう」(ムーア,2002).浮き沈みの激しいハイテク製品のマーケティングの話だが,何事も50％を上回って普及するためには,それ以前に増して普及の障壁を低くする必要がある.大学進学もまた同じだろう.学力はもはや進学の障壁になっていない.懐疑派が大学に進学しやすくするためには経済的障壁を低くする必要があると考えられる.「それがなければ,後期多数派への移行は停滞してしまう」だろう.

　ムーアは,この割れ目よりも,初期多数派段階に入る(16％の)キャズムの考察を中心テーマとしている.しかし,日本の進学率の動向からすれば,16％のキャズムよりも50％の溝の方が大きいように思われる.男子の大学進学率が40％を超えたのは1975年のことである.それが50％を初めて超えたのは2005年であり,30年間を要している.深い溝があったかのようにみえる.しかし,専門学校を含む高等教育機関進学率をみれば,1978年に50％越え,

1995年には60％を超えているのである．普及モデルの深い溝から進学率の限界を語るのではなく，普及モデルの移行過程における大学と専門学校の溝を考えることが，今日の大衆化段階の日本的課題である．それは，「なぜ大学に進学しないのか」という問いでもある．

普及モデルにならって，初期多数派が参入する時期を「前期大衆化」段階，後期多数派の参入を「後期大衆化」段階と呼んでみたい．そして，ラガードと呼ばれる最後の16％は，「社会システムのネットワークにおいてほとんど孤立している」という．大学教育などはまったく必要がなく，しかもやりがいのある職業群を想い起こすことができる．大学教育に無関係だからといって孤立するわけではないが，そのような職業が全体の16％ほどを占めるようになる未来は，ありうるひとつのシナリオだろう．

S字曲線の普及カーブは，採用するイノベーションの価格に大きく左右される．4年間の私立大学の授業料は，500万円ほどになる．普通車2台分の買い物だ．全員がこれほど高価な買い物をするとは思えない．テレビの普及が，低価格化とともに100％に達するプロセスとは大違いである．大学という存在の身近さが普及を促す力になるのは確かだが，経済変数の影響も強く受ける．

現在の日本の大学は，誰でも進学できる「全入時代」でも，「ユニバーサル段階」でもない．前期大衆化段階から，後期大衆化段階に移行する時期にあるのではないか．この移行期に何が起きているか．そして，この移行を制約したり，あるいは促進したりする要因は何か．大学進学と専門学校進学の二重構造を視野に入れながら，高等教育発展の移行期（＝なぜ大学に進学しないのか）を理解する現実を描きたいと思う．

2章
大学に進学しない理由（1）
顕在的進学需要の経済分析

大学進学率と高等教育機関進学率の落差

　「なぜ大学に進学しないのか」という問いに答える方法には 2 つある．ひとつは，公表された政府統計から進学需要の時系列変化を追跡し，その動きを規定する要因を解明することである．いまひとつは，高校生の進路選択と保護者の希望および家計状況の関係を把握できる社会調査による分析である．進路選択の社会調査はかなり多いが，保護者の経済事情を信頼できる水準で詳しく調べた調査は，残念ながら皆無に近い．唯一というべき調査が，平成 17-21 年度文部科学省科学研究費補助金（学術創成研究費）「高等教育グランドデザイン策定のための基礎的調査分析」（研究代表者・金子元久東京大学教授）のもとで実施された「高校生調査」（2005 年度からの実施）である．この調査に参加させていただいた経緯から，ここで再分析の結果を報告する．なお，この研究プロジェクトについては，HP（http://ump.p.u-tokyo.ac.jp/crump/cat77/cat81/）を参照していただきたい．第Ⅰ部では，この 2 つの分析を重ねながら，進学しない理由を実証的に解明する．

　はじめに戦後の大学・短大進学率の推移を確認しておこう．進学率だけでなく，大学の志願率と高等教育機関進学率の 3 つを重ねると，なぜ大学に進学しないのかを繰り返し問うてきた意図がここにも鮮明に現れる（1975 年までは大学・短大進学率と高等教育機関進学率はほぼ同じである）．図 2-1 には，この 3 本線に加えて，自動車普及率のグラフを示した．普及モデルの代表として自動車の普及率を重ねると，大学の大衆化は自動車の大衆化とともに世間に浸透したことがよく分かる．

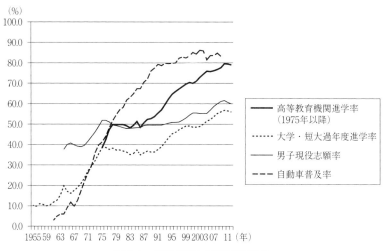

図 2-1　進学需要と自動車普及率

　見知らぬ一部のお金持ちの贅沢品だと思い込んでいた車を近所の家族が購入すれば，その衝撃は大きい．見知らぬ他人の車しか見たことがなかったにもかかわらず，知っている人が車を買ったり，その車に乗せてもらったりするようになる．普及モデルからすれば，それがイノベータ段階から初期採用者段階へのシフトだ．そうなれば，自分も買いたくなる．高級品の車にはそんな魅力があった．1960年代の高度経済成長期に，地方の高校入学から東京の大学卒業までを経験した私の生活実感では，大学の大衆化と自動車の大衆化（モータリゼーション）が同時進行していた．車と同じように，見知らぬ他人が行く大学から，近所の知人が行く大学に変わった時代だった．大学と車は，大衆の夢の実現であり，豊かさの実感だった．この実感を確認するために作成したのが図2-1のグラフである．

　1965年から75年の大学・短大進学率と自動車普及率の動きはほぼ一致している．進学率が15％を超えたのは1963年である．その年の自動車普及率は6.1％．大衆化のスタートは，大学の方が早かった．60年代初頭は，大学よりも車の方が珍しかったが，車の普及は急速で，1972年に進学率30.3％，普及率30.1％とほぼ同じになる．

　ところが，75年を境にして，2つのグラフは大きく異なったカーブを描く．

自動車はその後も順調に普及し，1978年に50％を超え，キャズムを経験することなく，初期多数派から後期多数派の段階へとスムーズに移行．1991年にほぼ80％の世帯に普及した．世帯の80％台が，自動車普及の限界点のようである．その一方で，75年から92年の進学率は39％をピークに水平飛行．不況期に入りはじめた93年以降に動き出し，50％を超えるのが2005年．30％から50％に達するのに，自動車はわずか6年しか要しなかったが，大学は33年もかかっている．大学の大衆化と自動車の普及を同じ次元で議論するのは非常識だとわらわれるかもしれないが，わらう前に着目しておかなければならないのは，75年以降に枝分かれした大学と車の動きの背後にある2つのグラフである．

　ひとつは，高等教育機関進学率．この進学率は，大学学部・短期大学本科の入学者数と高等専門学校4学年在学者数，および専修学校の専門課程（専門学校）入学者の合計を3年前の中学校卒業者で除した比率である．先の進学率の推移と異なるのは，専門学校の入学者を加えているからである．1975年から進学率が止まったのは，73年の石油ショックによる国際的な経済不況のあおりである．止まったというよりも政策的に止められた．この国際不況を境にして世界の大学観が大逆転した．高等教育に投資すれば経済成長が実現するという楽観論から，高等教育に投資してもその効果は期待できないとする悲観論に大きく変わったのである．日本でも，40％進学率の維持を目安に，大学抑制策と地方分散政策による高等教育計画が策定された．大学の数を抑制する一方で，実務に役立つスペシャリスト人材の養成が大事だと判断して専門学校が制度化された．1976年のことである．大学抑制と専門学校人気が重なって，その後の専門学校進学率は順調に上昇した．専門学校の設置規制が緩かったという理由もあって，高卒者の進学需要を敏感に吸収できたといえる．

　このような政策変更による普及が，高等教育機関進学率である．10年ほどのラグはあるが，自動車の普及を追いかけるように着実に上昇した．今では車と同じ80％普及．高等教育機関の普及は自動車とともにあったといえる．

　いまひとつ注意しておかなければならないのは，大学志願率．図の現役志願率は，高校卒業者のうち大学に願書を出した生徒の割合である．志願しても進学できるわけではなかったから，志願率は進学率よりも一貫して高かった．このグラフの際立った特徴は次の2つである．第1に，1960年代の初頭から志

願率は40%を上回り，75年に50%を超えている．志願者からすれば，すでにこの頃から，高校生の2人に1人が大学を目指すほどに大衆化していた．ところが第2に，50%志願率は1997年不況までの20年間ほとんど変わらず，さらにどういうわけか，長い不況の時代に志願率が上昇しはじめた．

　最近になって上昇したといっても60%ほどのことである．大学本位制の経済構造と学力の正規分布を考えると，志願率の上昇はまだ低すぎると私は思う．そこで気になるのは，高等教育機関進学率と志願率の落差である．高等教育機関進学率が80%ほどに達しているのに，なぜ志願率は60%にとどまっているのか．この疑問を解くことから話を進めたいと思う．

進学需要の分析枠組と目的

　志願率の動きを規定する要因の解明は，大学進学需要を分析するひとつのアプローチである．日本の進学率の特徴のひとつは，志願率が進学率をつねに上回ってきたところにある．このことは当たり前のように受けとめられているが，たくさんの私立大学が創設されてきたにもかかわらず，超過需要の時代が長く続いてきた事実は驚くべき出来事である．図2-1の志願率と進学率のギャップが進学需要の強さを示している．この強い需要に引っ張られるように大学供給の増加が促されてきた．進学率の動きは大学定員の供給量によって決まるから，進学率は進学需要を測る指標として適切ではない．長期にわたる進学率の分析として，馬場（2012）がある．需要側の要因である「教育費負担率」だけでなく，供給側の要因である「定員枠」を組み入れた進学率の分析である．供給量（定員枠）を考慮しているのは，進学率の分析として適切なアプローチだと思う．

　第I部の関心は大学進学を希望する人と希望しない人に枝分かれする理由を探索することにあるから，進学率ではなく志願率に着目し，これを顕在化した進学需要だと考える．「顕在化した」という条件をつけるのは，進学を希望しつつも諦めて願書を出さなかった高校生がいるからである．つまり，進学の潜在需要の存在を考慮し，志願率を顕在化需要の測定指標とした．

　この分野の先行研究の多くは，経済理論モデルの適用が一般的である．経済モデルの説明力が高いという理由だけではない．政策の意思決定や政策の介入に適切な知見を提供するためには，制御（変更）可能な経済変数を主軸にした

経済モデルが有力だからである．経済モデルの理論的・実践的メリットを重視して，本書の分析枠組を述べておく．

はじめに，経済モデルの考え方について簡単に説明する．経済モデルでは，大学進学を「投資」として捉える．そして投資の効果（収益率）が大きいほど，つまり費用が小さく，得られる収益が大きいほど進学需要は高まると考える．この因果関係は，投資にかかる費用を負担できる資金調達力がなければ成り立たないから，進学需要に対して，家計所得はプラス，授業料はマイナスの影響を及ぼす．

教育を「投資」とみなすのではなく，「消費」とみることもできる．明日（未来）の収益のために今日の支出を我慢するのは投資だが，今日の楽しみのために今日支出するのは消費である．カルチャーセンターなどの学習を思い起こせば分かりやすいだろう．学ぶ楽しみのために喜んでお金を支払うのは，消費としての教育である．レジャーランドの大学は，投資のための大学ではなく，消費のための大学だといえるかもしれない．教育は投資か，消費か．いくたびも問われてきた提起だが，二者択一の問題ではない．学ぶのが楽しく，しかも将来のためにもなるのが，教育だろう．あれかこれか，よりもここで確認しておきたいのは，消費モデルを想定しても，家計所得は進学需要にプラスの影響を与え，授業料はマイナスになるということである．自動車の需要（販売台数）は，所得が上昇すれば普及（プラス効果）し，価格が高くなれば売れなくなる（マイナス効果）．これと同じである．家計所得と授業料の2変数モデルに限定するかぎり，投資と消費のどちらの理論を検証したことになるのかは判断できない．

他方，非経済変数の特定化も工夫されてきたが，そのなかで注目されるのは，合格可能性（合格率）が進学需要に与える影響である．たとえ投資収益が高くても合格率が低ければ（合格するのが難しければ），進学需要は顕在化しないと考えられる．

投資収益，家計所得，授業料，そして合格率．進学需要の変動を説明するために先行研究が設定してきた主要な変数はこの4つである．日本の男子進学需要の時系列分析を手がけた研究（矢野，1984；藤野，1986；Nakata and Mosk, 1987；荒井，1990；小椋・若井，1991；中村，1992；田中，1994；島，1999）は，こ

れらの4変数，あるいはその一部を用いた分析を行っている．

「すべての研究に共通している結果」は，家計所得と授業料の2つに限られる．家計所得は進学需要にプラス，授業料はマイナスの効果がある．そして，所得の効果が授業料のそれよりも大きいことが指摘されている．けれども，それ以外に共通な結論は見出せない．先行研究の間で見解が分かれるか，あるいは一部を扱った分析による部分的知見にとどまっている．残されている課題として，次の3つに着目しておきたい．

第1に，合格率の影響を再検討する必要がある．合格率については，矢野 (1984) と Nakata and Mosk (1987) が，進学需要に有意なプラスの影響を及ぼしていることを明らかにしている．見解は一致しているが，2つの分析は1980年までの期間に限られている．しかし，80年から90年までの間は，合格率が減少（入学するのが難しくなる）傾向にあったが，その後は，逆に増加（入学しやすくなる）傾向へと大きく変わった．合格率の減少と増加の両局面を視野に入れて，合格率の効果を再検討しておきたい．

第2に，進学需要を規定する構造が変容している可能性を考慮する必要がある．矢野 (1984) は，石油ショック（1973年）後の一時期（1975-78年の4年間）をダミー変数で分離したときに，D.W. 比と決定係数について最良の結果が得られることを指摘している．それ以外の先行研究は，対象期間を一括して，構造変容が生じていないことを暗黙の前提としている．構造変容が生じていれば，共通に確認されてきた所得と授業料の影響についても，改めて検討しなおす必要がある．所得と授業料の効果が時代によって異なる可能性があるからである．

第3は，投資収益の影響が曖昧だということである．これまでも多様な指標から投資収益の影響が検討されてきたが，その結果は大きく異なっている．小椋・若井 (1991) は大卒と高卒の賃金格差に，田中 (1994) と島 (1999) は内部収益率に有意な正の影響があることを指摘している．Nakata and Mosk (1987) は，新規大卒者が大企業に就職する確率が進学需要を高めることを示している．しかしながら他方で，荒井 (1990) は，収益率を含まずに，所得と授業料を用いたモデルのほうが適していると述べ，中村 (1992) は1973年のデータが異常であることを確認して，大卒高卒賃金格差の影響が不安定になることを指摘

している．馬場（2012）の進学率分析では，大卒生涯所得や内部収益率は，投資理論の含意に反して，マイナスの効果になっている．また，矢野（1984）によれば，高卒有効求人倍率，高卒と大卒の初任給格差，機会費用としての高卒初任給に，理論的に期待できる効果が認められない．投資収益を計測する指標の選択とモデルの特定化によって，異なった分析結果になる．ひとつの変数の結果から投資収益の効果を結論づける前に，経済モデルに適合的で，安定的な結果が得られるいくつかの変数を探索するアプローチが現実的な方法だろう．

　本章では，残されたこの3つの課題を順番に検証しながら，大学進学の顕在需要を分析し，その政策的含意を考察する．分析の最終目的を再確認しておく．高等教育機関進学率が80％ほどに達しているのに，なぜ志願率は60％にとどまっているのか，という問いに答えることである．同時に，それに付随する目的が2つある．ひとつは，経済理論モデルの有意性を検証することである．残された3つの課題の解明は，この目的に直接的に関係している．いまひとつは，将来の志願率を予測することである．理論の検証では，説明変数が統計的に有意であれば（無関係でなければ），理論が間違っているとはいえないとして了解される．しかし，将来予測に焦点をあてる場合には，モデルの説明力（＝予測力）が重要な意味をもつ．需要予測は，将来の高等教育を構想する上で欠かせない情報である．この実践的課題を重視し，説明力の大きさをモデルの評価基準に据えておきたい．

　ただし，実証分析の対象は，男子の志願率に限定する．女子については先行研究による成果とその特徴を紹介するにとどめたい．

分析の対象・変数・データ

　ここでの分析は，いままでに発表してきた1984年と2006年の2つの論文に準拠している．時代に応じて，執筆の関心は異なっているが，分析方法としては同じである．

　84年論文の分析対象は，1964-80年までの男女の大学志願率である．専門学校の進学率が上昇する一方で，大学の志願率・進学率ともにやや減少したことを経験し，「大学離れが定着した」「近い将来には学生が確保できなくなるのではないか」とささやかれた時期に執筆した論文である．石油ショックの影響を

指摘し,「この時期(75-78年)の志願率を基準にして,現在の志願率の低さを評価するのは間違いである.大学進学の潜在的需要は現在でも衰えたわけではない.所得の伸び悩みと価格(授業料)の上昇および大学抑制策に伴う合格率の低下,という状況のもとで,志願率が安定的に推移しているのである」(矢野,1984)と結論している.80年以降に大学離れや大学倒産が起きなかった事実と照らし合わせれば,志願率の経済分析モデルはかなり有益だったと思う.

06年論文の分析対象は,1970-2004年までの男子志願率である(矢野・濱中,2006).この論文は,大学の進学率が50%水準を安定的に推移しており,今後も大きな変動はないだろうと暗黙に了解されていた時期に執筆したものである.そこでの問いは「50%進学で止まるのは論理的に奇妙だ.なぜ進学しないのか」である.つまり,本書の問題意識のきっかけになった論文である.この結果を再検討するにあたって,84年論文も考慮しながら,分析の対象期間を広げて考察したいと思う.

時系列分析の対象は,1966年から2012年までの47年間である.分析に先立って,第I部で用いる変数とデータの出所について簡潔に説明しておく.進学/非進学行動を計測する変数として設定したのは,文部(科学)省『学校基本調査報告書』(初等中等教育機関・専修学校・各種学校)の各年度版から算出した次の3つの変数(すべて男子のみの値)である.

第1は,現役進学志願率.現役大学志願者数を高校卒業者数で割った値を用いる.第2は,就職率である.現役就職者数を高校卒業者数で割ることによって求めた.そして第3は,専門学校進学率である.これについては,高校卒業と同時に専修学校専門課程(専門学校)に進学した「現役」進学率と過年度進学を含む入学率の2つについて検討する.後者の入学率は,専門学校入学者数を高校卒業者数で割った値である.

以上の行動指標を説明する変数として,投資収益,家計所得,授業料,合格率の4変数を特定化するが,具体的には次のように算出した.

投資収益に関連する指標として,完全失業率と大卒/高卒賃金比率の2つに着目する.失業率が高くなると,就職することが難しくなるだけでなく,恵まれた会社・職種に就職しにくくなるから,高卒での就職を回避した進学需要が

増えると考えられる．経済学的に説明すると，失業すれば機会費用がゼロになるから，失業率の上昇は大学の機会費用を減少させ，その結果，進学需要にプラスの影響を与える（Foot and Revin, 1983）．完全失業率は総理府統計局「労働力調査」，学歴別賃金は（厚生）労働省「賃金構造基本統計調査」による．ただし，完全失業率については景気変動による年次の増減が激しいため，3年間の移動平均値もあわせて検討した．

家計所得には，勤労者世帯・全国の可処分所得を用いた．総理府統計局『家計調査年報』（1世帯あたり年平均1カ月間の収入と支出—1963年以降）から可処分所得のデータを収集し，消費者物価指数（持家の帰属家賃を除く総合）で実質化した．

価格である授業料は，実質私立大学授業料を設定する．文部省私学振興課調査データであり，消費者物価指数（持家の帰属家賃を除く総合）で実質化した．

合格率については，男女別，現役浪人別に合否が決定されるわけではないので，文部（科学）省『学校基本調査報告書』から，全入学者を全志願者数で割った値を用いることにした．

本書の分析と06年論文とでは，選択する変数の扱いが異なっているので，両者の結果を直接的に比較できなくなっている．大きな違いは，次の2つにある．06年論文の所得では，可処分所得を世帯人員の数で割り，「世帯1人あたりの実質所得」を採用した．少子化による影響を所得に反映させることを考慮したからである．それなりに意味のある結果が得られたが，説明力の大きさから判断して，単純な実質可処分所得よりも優れているわけではない．しかも，実質可処分所得の効果を解釈したり，志願率を予測したりする場合には，実質可処分所得の方が分かりやすくて，便利である．

いまひとつは，採用した説明変数について，すべて2年ラグを設定したことである．進路選択データは当該年3月の卒業生である．つまり，2012年の進路データは，2012年3月の卒業生であり，彼らが3年生になったのは2011年4月である．2012年3月の卒業進路の決定は，2011年の経済事情よりも，高校2年生の年（2010年）の経済事情に影響を受けやすいと想定した．3年生時の経済事情を考慮して1年ラグによる分析も行ったが，2年ラグの説明力が高く，安定的な結果になる．進路の決定に影響を与える経済事情は，高校生が2年生

の時の親の経験が大きいと考えられる．06年論文は1年ラグによる推定である．

顕在的進学需要の実証分析——所得・授業料・合格率モデル

いま一度，図2-1の男子現役志願率の推移を確認しておこう．高度経済成長期（1966-75年）に40％から50％に上昇し，76年に52％を記録．その後の安定経済成長期には，50％をやや下回る停滞状態が23年間も続くことになる．90年代の不況期に入ってから再び上昇しはじめて，60％の現在に至っている．まず，この「上昇・水平飛行・再上昇」という47年間の推移を一貫して説明してくれる要因を探ることからはじめたい．

84年論文の経験によれば，志願率を規定する要因として有力なのは，所得と授業料と合格率の3変数モデルだった．一方，06年論文では，合格率を失業率にかえた3変数モデルが有力だと述べた．分析対象の区間によって，要因の影響力が異なることを示唆しているが，時代による構造変容については，後で検討する．1966年から2012年の47年間を一貫として説明するモデルとしては，84年論文と同様に，合格率を含む3変数モデルが最も安定しており，説明力も高い．実質可処分所得2年ラグ（所得），実質授業料2年ラグ（授業料），総計合格率2年ラグ（合格率）による結果が表2-1である．

3つの説明変数の間には，互いにかなり高い相関関係（0.352から0.838）があり，多重共線性の問題を孕んでいる．多重共線性が存在すると推計される係数の標準誤差が大きくなり，係数のゼロ仮説を棄却しにくくなる．どの程度の共線性を許容するかどうかの基準を定めるのは難しいが，参考として共線性の主な統計量を記載しておいた（VIF（Variance-Inflation Factor 分散増幅因子）が10を超えない範囲をひとつの目安と考える）．

3つの説明変数と志願率の単相関係数はいずれもプラスだが，授業料の偏相関係数はマイナスになる．つまり，所得と合格率を制御変数にすると，志願率と授業料の偏相関係数は−0.549である．したがって，重回帰分析による授業料の偏回帰係数はマイナスになる．

3変数の係数に着目しよう．所得の0.619は，1カ月の可処分所得が1万円増加すると志願率が0.619％上昇するという意味になる．一方，授業料が1万円上昇すると，志願率は，0.092％下がる．1万円あたりの効果からすれば，所

表2-1 所得・授業料・合格率の3変数モデル

	合格率モデル	共線性統計量		ロジット合格率	共線性統計量	
		許容度	VIF		許容度	VIF
実質可処分所得	0.619**	0.217	4.613	0.712**	0.198	5.047
2年ラグ（万円）	(0.051)			(0.038)		
実質授業料	−0.092**	0.136	7.372	−0.132**	0.121	8.280
2年ラグ（万円）	(0.021)			(0.016)		
総計合格率	0.440**	0.399	2.509		0.360	2.781
2年ラグ（％）	(0.025)					
ロジット合格率				8.395**		
2年ラグ				(0.326)		
定　数	0.0752			22.427**		
	(2.225)			(0.950)		
調整済みR^2乗	0.962			0.981		
D.W.比	0.515			0.780		

注：** 1％水準で有意，* 5％水準で有意，（ ）内は標準誤差．

得は授業料よりも6.7倍ほど大きい効果をもつ（所得弾力性が大きい）．さて，1997年不況以来，実質所得は減少を続けている．にもかかわらず，授業料は一貫して上昇している．だとすれば，所得による効果と授業料の効果が二重に作用して，志願率は減少の一途をたどるはずである．ところが，志願率は上昇傾向に転じてきた．経済変数による志願率のマイナス効果を相殺し，上昇する力になっているのが，合格率である．

たとえば，97年の合格率が51％であったのに対して，07年は89％．この10年間に38％の上昇になる．合格率が1％上がると，つまり大学に入りやすくなると，志願率は0.44％上昇するから，10年間で志願率を16.7％引き上げる力になっている．このプラス効果と所得・授業料のマイナス効果が相殺されて，10年間の志願率が7.6％上昇したという結果をもたらした計算になる．

以上のような，プラスとマイナスの効果が作用した結果が，志願率の「上昇・水平飛行・再上昇」である．このモデルの説明力は96.2％．進学需要関数の計測としてはかなり良好な部類に属する結果になっている．

説明力の程度を観察するために，モデルによる志願率の推計値と実際値の誤差を示すと図2-2の点線のようになる．推計の誤差は，±1.5％の範囲でゆれているが，最近の誤差がやや大きくなっており，不均一に分散しているように

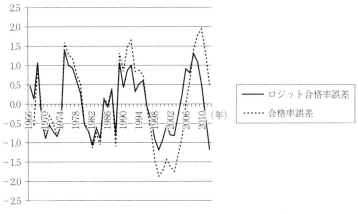

図 2-2 合格率変数の違いによる推計誤差の分布

思われる.そこで気になるのは,合格率という変数の扱い方である.志願率もそうだが,パーセント表示の変数は,0 と 100 の間の数字しかない.そして,下方と上方の変化は緩慢であり,直線的な変化をしない.志願率のような 40%から 60%の変化は,直線として近似してもほとんど問題ないが,90%を超える範囲を含む合格率は,パーセントの数値を線型に変換(ロジット変換)するのが望ましい.そこで,合格率をロジット変換($\mathrm{logit}(p)=\ln(p)-\ln(100-p)$)し,それによる 3 変数モデルの結果を示したのが,**表 2-1** の右側の数値である.決定係数は,98.1%であり,先よりも改善される.この説明力が,多くの試行実験の中で最も大きい結果である.予測モデルとして利用する場合には,こちらの方がベターである.

不均一な傾向にある**図 2-2** の誤差も,ロジット変換で解消される.誤差も,ほぼ 1%の範囲にとどまる.しかしながら,いずれのモデルの誤差も,プラス期とマイナス期に波があり,系列相関が残された問題になっている.**表 2-1** のダービン・ワトソン比(D.W. 比)の値が 1 よりも小さいのはそのためである.次にこの問題を考えてみよう.

時代による志願率の構造変容

誤差に強い系列相関がある原因として 2 つ考えられる.ひとつは,採用した

3つの変数以外に重要な説明変数が抜け落ちているためかもしれない。考えられる変数をいくつか繰り返し検討したが，新しい変数の発見は難しかった。そこで，いまひとつの原因の可能性について検討する。これまで確認した進学行動のモデルは47年間の平均像である。しかし，この47年の間に私たちは，大きな経済変動を体験している。石油ショック（1973年）による高度経済成長の終焉とその後の安定成長，さらに，91年以降は，バブル経済の崩壊による長い不況の時代である。

こうした経済環境の変動が，進路選択のモデルに影響を与えていると考えられる。所得や授業料に経済の影響が反映されているが，それだけでなく，3変数の係数や定数の大きさ（強弱）が変わった（構造変容）かもしれない。もし，構造変容が時代の区分に応じて発生していると，47年間の平均像による推計値は，時代による系列相関が強くなり，D.W.比が悪くなる。

構造変容の時期を特定化するための実証分析に，逐次Chowテストがある。これは，t年分のデータで推定したパラメータ（係数・定数）と，1年追加した$t+1$年分のデータで推定したパラメータが等しいかどうかを，F検定によって検証するものである。簡単に説明すると，下式によって得られる$Chow_t$は自由度$(1, t-1-k)$のF分布に従うことが知られており，$Chow_t >$F値$(1, t-1-k)$となったときに構造が変容したと判断する手法である（蓑谷，1996）。ここでは，この逐次Chowテストを利用し，志願率から検討してみたい。

$$Chow_t = \frac{(SSE_t - SSE_{t-1})}{SSE_{t-1}/(t-1-k)}$$ （SSE：残差平方和，k：定数を含めた変数の数）

志願率に有意な影響を与えていた3変数（所得・授業料・合格率）を用いたテストを行った。**表2-2**がその結果である。自由度1の1970-75年から$Chow_t$とF値（5％水準）を示しているが，同時に$Chow_t$／Fの列を設けた。この値が1以上になったときに，変化が生じたと解釈できる。

表をみると，1975年と2006-10年の2カ所で$Chow_t$／Fが1以上の値を示している。石油ショックの後および06年以降の2つが，志願率の構造変容を示唆する時期になっている。75年から05年の31年間に構造変容がみられなかったのは意外だが，最近の志願率の動きは，かなり特殊な時期に入っているようである。06年から10年の間に，残差平方和の増え方が大きいのは，合格

率モデルによる誤差が大きいという事情（図 2-2）によるものと考えられる．そこで，ロジット合格率を採用したモデルによる逐次 Chow テストの最終結果を表 2-2 の右欄に記載しておいた．75 年と 06 年の構造変容は変わらず，07 年以降の数値は 1 未満になっている．

　1975 年と 2006 年に入って構造パラメータに変化が生じたらしいということが推測されるが，どのパラメータなのかは，わからない．しかも，逐次 Chow テストで「1 を超える期を境にそれ以降構造パラメータが変化したかどうかはわからない．何か突発的な出来事によってその期のみ観測値が変化してパラメータ推定値に大きく影響を与えたのかも知れないし，数期間変化してまた元の値へパラメータは戻るということもあり得る」（蓑谷, 1996, p. 284）．

　どのパラメータにどのような変化が生じたかを特定するのは，かなり厄介だが，まずは，「第 1 期：1966-74 年」「第 2 期：1975-2005 年」「第 3 期：2006-12 年」に分けて考えてみよう．最初に，1 期と 2 期に分けた推定，および 1 期と 2 期を統合したときの推定結果を示すと表 2-3 のようになる．

　第 1 期では，授業料は志願率に有意な影響を与えず，所得と合格率の 2 つで説明できる．系列相関も解消されている．授業料が無関係になるのは，推計期間（2 年ラグなので，1964-72 年）の実質授業料にほとんど変化がなかったからである．この間の授業料（2010 年価格）は，25 万円から 28 万円の間をゆらいでいるにすぎない．その間，所得は 23 万円から 34 万円に増加し，合格率も，57％から 68％の間を動いた．経済的ゆとりと合格のやさしさが，66 年の 41％志願率を 74 年の 49％志願率に押し上げた．

　一方，第 2 期は，3 変数ともに有意なモデルだが，決定係数は小さくなり，D.W. 比が小さく，正の系列相関は解消されない．この期間は，授業料が着実に高騰しつづける時期である．そして，所得は上昇から下降へ，合格率は難化から易化へ，と 3 つの変数はそれぞれ異なった推移をたどった．これらの異なった動きが，志願率の上昇と減少に相反する影響を与え，相殺され，結果的に志願率の長い水平飛行をもたらした．

　もし，第 2 期が一貫して同じような構造変容をもたらしたとすれば，ダミー変数を用いた統一モデルが再定式化できることになる．構造パラメータの変化については，定数項ダミーと係数ダミー，および両方の項を含むダミーが想定

表2-2 逐次Chowテスト結果（所得・授業料・合格率モデル）

期間	残差平方和	Chow	F値（5%）	Chow/F	（ロジット合格率）Chow/F
1966-1970	0.366				
1966-1971	0.852	1.328	161.448	0.008	0.009
1966-1972	0.864	0.028	18.513	0.002	0.002
1966-1973	1.344	1.667	10.128	0.165	0.157
1966-1974	1.565	0.658	7.709	0.085	0.082
1966-1975	3.855	7.316	6.608	1.107	1.177
1966-1976	6.114	3.516	5.987	0.587	0.542
1966-1977	6.119	0.006	5.591	0.001	0.000
1966-1978	6.410	0.380	5.318	0.072	0.063
1966-1979	6.689	0.392	5.117	0.077	0.072
1966-1980	7.946	1.879	4.965	0.378	0.395
1966-1981	8.337	0.541	4.844	0.112	0.116
1966-1982	8.876	0.776	4.747	0.163	0.140
1966-1983	8.776	-0.146	4.667	-0.031	0.000
1966-1984	8.834	0.093	4.600	0.020	0.021
1966-1985	9.784	1.613	4.543	0.355	0.357
1966-1986	10.086	0.494	4.494	0.110	0.110
1966-1987	10.885	1.347	4.451	0.303	0.303
1966-1988	11.026	0.233	4.414	0.053	0.065
1966-1989	13.392	4.077	4.381	0.931	0.917
1966-1990	13.656	0.394	4.351	0.091	0.084
1966-1991	14.240	0.898	4.325	0.208	0.192
1966-1992	14.742	0.776	4.301	0.180	0.165
1966-1993	14.746	0.006	4.279	0.001	0.002
1966-1994	14.823	0.125	4.260	0.029	0.030
1966-1995	15.003	0.304	4.242	0.072	0.075
1966-1996	15.014	0.019	4.225	0.005	0.005
1966-1997	15.073	0.106	4.210	0.025	0.029
1966-1998	15.249	0.327	4.196	0.078	0.100
1966-1999	15.283	0.065	4.183	0.015	0.043
1966-2000	15.648	0.716	4.171	0.172	0.065
1966-2001	17.142	2.960	4.160	0.711	0.353
1966-2002	18.231	2.033	4.149	0.490	0.144
1966-2003	18.806	1.041	4.139	0.251	0.083
1966-2004	19.951	2.070	4.130	0.501	0.334
1966-2005	22.025	3.638	4.121	0.883	0.666
1966-2006	26.308	7.001	4.113	1.702	1.225
1966-2007	31.930	7.907	4.105	1.926	0.675
1966-2008	39.438	8.935	4.098	2.180	0.894
1966-2009	46.594	7.077	4.091	1.730	0.345
1966-2010	52.616	5.170	4.085	1.266	0.020
1966-2011	54.998	1.856	4.079	0.455	0.119
1966-2012	55.210	0.162	4.073	0.040	0.658

表 2-3　第 1 期と第 2 期の志願率

	第 1 期志願率	第 2 期志願率	1・2 期統合志願率	1・2 期統合志願率	1・2 期統合志願率
実質可処分所得	0.571**	0.693**	0.707**	0.625**	0.608**
2 年ラグ（万円）	(0.056)	(0.127)	(0.037)	(0.054)	(0.036)
実質授業料	0.032	-0.131**	-0.126**	-0.114	-0.073**
2 年ラグ（万円）	(0.220)	(0.034)	(0.016)	(0.016)	(0.016)
総計合格率	0.412**	0.360**	0.359**	0.352	0.321**
2 年ラグ（％）	(0.056)	(0.030)	(0.020)	(0.020)	(0.018)
第 2 期ダミー				1.169*	
				(0.576)	
石油ショック					2.126**
ダミー（75-78）					(0.435)
定　数	0.140	4.926	4.075	6.210*	7.577**
	(7.552)	(5.061)	(1.602)	(1.862)	(1.443)
調整済み R^2 乗	0.975	0.899	0.971	0.973	0.982
D.W. 比	2.513	0.680	0.890	0.802	1.282

注：表 2-1 と同じ．

される．係数の変化については，授業料だけでなく，所得と合格率も考えられる．ひとつひとつの変数について，定数項ダミーと係数ダミーを投入して，パラメータの検定を行ったが，良好な結果は得られなかった．係数ダミーの変数が統計的に有意でなかったり，共線性のために，不安定になったりする．第 2 期を定数項ダミーとして，統合志願率を推計した結果だけを**表 2-3** に示しておいた．定数項ダミーの p 値は 0.05 だが，モデルの説明力および D.W. 比は，2 期間の単純な統合志願率よりも改善されるわけではない．

第 2 期に共通した構造変容があったとみるのはかなり無理だといえる．むしろ，先に引用したように，「何か突発的な出来事によってその期のみ観測値が変化してパラメータ推定値に大きく影響を与えたのかもしれないし，数期間変化してまた元の値へパラメータは戻った」とも考えられる．そこで思い出されるのは，84 年論文である．

64 年から 80 年の志願率の分析によれば，石油ショック・ダミー変数（75 年から 78 年の期間のみを 1 とする）を投入することによって，この期間の志願率が 3％ほど異常に高いことが分かり，16 年間の系列相関も解消された．そし

て,次のように指摘した.「この時期(75-78年)の(高い)志願率を基準にして,現在の志願率の低さを評価するのは間違いである.大学進学の潜在的需要は現在でも衰えたわけではない.所得の伸び悩みと価格(授業料)の上昇および大学抑制策に伴う合格率の低下,という状況のもとで,志願率が安定的に推移しているのである」.

この結論を援用し,石油ショック・ダミー変数を加えた統合志願率を推計すると**表2-3**の右欄になる.説明力が最も高く,D.W.比も1.282である.系列相関の検定としてはグレーゾーンになるが,系列相関が解消されているといっても大きな間違いではない.石油ショックという大きな社会不安が一時的に志願率を上方にシフトさせ,その後は,3変数の変化に応じて,水平飛行が長くつづき,安定的な推移を遂げてきたことになる.石油ショックモデルが,75年の逐次Chowテストの結果から考えられる,最も単純だが,最も説明力の高い推定式である.

つづいて,第2期と第3期の構造変容を検討してみよう.第2期の志願率を再掲し,あわせて第3期,および第2期と第3期の統合志願率を検証すると**表2-4**のようになる.

第3期は,所得の効果が反映されないめずらしい期間である.この間,可処分所得は43万円前後で微減している状態で,ほとんど動かない.その一方で,大きく変化したのが合格率.83%から91%までの上昇期である.授業料は,デフレ不況が続いているにもかかわらず,81万円から86万円に上昇している.第3期は,授業料が志願率を引き下げつつ,進学しやすくなった効果が大きく影響して,志願率が5%あまり上昇したことになる.

第2期と第3期の統合志願率は,第2期の小さい説明力と第3期の特殊性が重なって,モデルの適合性が悪い.所得と授業料の相関関係(共線性)のために,係数も不安定で,所得は危険率5%で有意にとどまるが,授業料は有意ではない.第3期の構造変容を探すために,定数項ダミー,およびそれぞれの変数についての係数ダミーを投入したが,係数ダミーは,統計的に有意でないだけでなく,共線性がきわめて高く,元の変数まで不安定になる.定数項ダミーとしての第3期ダミー(以下,全入ダミーという)だけを組み入れた統合志願率(**表2-4**の右欄)は,かなり安定した結果になる.ただし,D.W.比は0.996

表 2-4　第 2 期と第 3 期の志願率

	第 2 期志願率	第 3 期志願率	2・3 期統合志願率	2・3 期統合志願率
実質可処分所得	0.693**	1.108	0.337*	0.685**
2 年ラグ（万円）	(0.127)	(0.499)	(0.159)	(0.128)
実質授業料	-0.131**	-0.657*	-0.034	-0.130**
2 年ラグ（万円）	(0.034)	(0.181)	(0.043)	(0.034)
総計合格率	0.360**	0.872**	0.387**	0.368**
2 年ラグ（％）	(0.030)	(0.105)	(0.042)	(0.030)
第 3 期ダミー				3.742**
（全入ダミー）				(0.640)
定　数	4.926	-10.519	13.026	4.712
	(5.061)	(32.80)	(6.926)	(5.127)
調整済み R^2 乗	0.899	0.946	0.926	0.962
D.W. 比	0.680	2.365	0.363	0.996

注：表 2-1 と同じ．

にとどまる．

　逐次 Chow テストの結果に基づいて，構造変容を検証した結果をまとめると次のようになる．75 年の構造変容は長く続いたわけではない．それよりも，石油ショックによる高度経済成長の終焉という驚きのインパクトが大きかった．トイレットペーパー騒ぎなどにみられるあの頃の将来不安を思い起こせば，不安が一時的に進学希望を押し上げたと解釈しても乱暴ではないと思う．その一時的現象期を除けば，パラメータの構造変容はみられず，元に戻った．

　06 年に構造変容が起きたのは，所得と授業料の効果が小さい状況下で，志願率の上昇トレンドが急に大きくなったからである．18 歳人口の減少によって合格率がさらに上昇し，大学進学がほぼ全入の時代に達した結果だと解釈できる．現在の合格率は 91％だが，これが 100％になるまで上昇するとは考えられない．合格率は，各年度の大学進学者の総計を志願者の総計（現役・浪人・男女合計）で割った比率である．1 割ほどが進学しなかったことになるが，進学者＝入学定員ではない．定員未充足であっても，つまり入学しようと思えば入学できるにもかかわらず，進学を自発的に辞退して浪人する生徒がいる．入学志願者総数のうち十数％は，1 年浪人以上の生徒である．自発的浪人の存在を考えれば，91％という水準は，全入時代の到来だと考えていいだろう．06 年以降を全入ダミー（定数項ダミー）とすれば，この期間に志願率は 3.7％ほ

表 2-5 3 変数モデルの再定式

	合格率モデル	共線性統計量		ロジット合格モデル	共線性統計量	
		許容度	VIF		許容度	VIF
実質可処分所得 2 年ラグ（万円）	0.608** (0.039)	0.130	7.674	0.645** (0.035)	0.125	7.996
実質授業料 2 年ラグ（万円）	-0.075** (0.018)	0.068	14.631	-0.091** (0.016)	0.065	15.381
総計合格率 2 年ラグ（％）	0.330** (0.019)	0.231	4.334			
ロジット合格率 2 年ラグ				6.841** (0.343)	0.171	5.841
石油ショック・ダミー	2.075** (0.479)	0.541	1.847	1.989** (0.415)	0.540	1.852
全入ダミー	3.505** (0.476)	0.336	2.973	1.868** (0.452)	0.280	3.568
定　数	7.064** (1.584)			23.558** (0.756)		
調整済み R^2 乗	0.987			0.990		
D.W. 比	1.405			1.286		

注：表 2-1 と同じ．

ど上にシフトしている．

　この 2 つのまとめを総括すれば，47 年間の志願率は，3 変数モデルに石油ショックと全入のダミーを追加して表 2-5 のように再定式化できる．説明力は 98.7％に改善され，D.W. 比も 1.405 である．D.W. 統計量の限界値によれば，まだグレーゾーンにあるが，系列相関問題もほぼ解消されたといってよい．3 つの係数の標準化係数を比較すると，志願率と最も強い関係にあるのは所得（$\beta = 0.738$）である．ついで，合格率（$\beta = 0.604$）が強く，授業料（$\beta = -0.274$）が最も弱い．授業料は，所得との相関が高いために，共線性の影響を受けやすい．VIF が 10 を上回っているのはそのためだが，だからといって説明変数から排除しなければいけないわけではない．他の 2 つの変数を制御した上で，授業料と志願率の偏残差をプロットすると，両者の間には負の関係がある．マイナスの偏相関が，重回帰平面の当てはめを安定的なものにしている．

　合格率をロジット変換すると説明力は 99％になる．予測として使うなら，このモデルが今のところ最も有効である．志願率もロジット変換するのが望ま

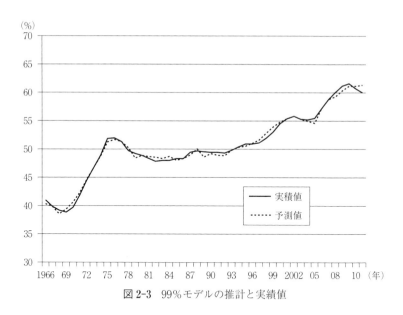

図 2-3　99％モデルの推計と実績値

しいと思われるかもしれないが，50％前後を推移するデータでは，変換する有効性はほとんどない．むしろ，係数の意味解釈を複雑にする欠点の方が大きい．合格率の係数も，ロジット変換の変数を読むよりも，合格率が1％上昇すると志願率が0.3％ほど増加すると解釈する方が便利だろう．

　ちなみに99％説明力の予測値と実績値のグラフを図示すると図2-3のようになる．

投資収益が有意にならない理由――第2期は雇用不安の時代

　第2期は，石油ショックの影響を受けながら，しかも，3変数の説明力が最も低い．構造変容だけでなく，3変数以外の説明変数を追加して検討する必要があると推測される．そこで，参考になるのが，06年論文である．1970年から2004年の期間を扱ったこの論文では，失業率が重要な説明変数であることが明らかにされている．

　そこで，第2期志願率の3変数モデルに20-24歳失業率だけを追加した結果を比較すると，失業率はプラスに有意であり，説明力が89.9％から93.3％に増加する．しかも D.W. 比も改善される（**表2-6**）．「失業率の上昇は大学の機会費

表 2-6 第 2 期（1975-2005 年）の失業率モデル

	第 2 期志願率	第 2 期志願率	第 2 期志願率	第 2 期志願率
実質可処分所得	0.693**	0.973**	0.679**	0.680**
2 年ラグ（万円）	(0.127)	(0.126)	(0.106)	(0.140)
実質授業料	−0.131**	−0.295**	−0.165**	−0.127*
2 年ラグ（万円）	(0.034)	(0.051)	(0.044)	(0.052)
総計合格率	0.360**	0.175**	0.136**	0.216**
2 年ラグ（％）	(0.030)	(0.054)	(0.039)	(0.033)
20・24 歳失業率		1.107**	0.902**	
2 年ラグ（％）		(0.288)	(0.208)	
総数 3 年平均				1.206**
失業率 2 年ラグ				(0.442)
石油ショック			2.243**	2.640**
ダミー（75-78）			(0.433)	(0.495)
定　数	4.926	9.090*	17.536**	11.107*
	(5.061)	(4.260)	(3.431)	(4.286)
調整済み R 2 乗	0.899	0.933	0.966	0.955
D.W. 比	0.680	1.120	1.714	1.608

注：表 2-1 と同じ．

用を減少させ，その結果，進学需要にプラスの影響を与える」というフートらの実証研究と同じ結果が得られる（Foot and Revin, 1983）．さらに，石油ショック・ダミー変数を考慮すると，説明力 96.6％，D.W. 比 1.71 になる．第 2 期（75-05 年）は，雇用不安が進学需要を押し上げるように強く作用した時代だったといえる．全体の失業率（3 年間の平均）を用いた結果によると，表にみるように，係数は有意だが，若年失業率よりは説明力がやや小さくなる．

しかしながら，全期間の志願率に失業率変数を加えると，第 2 期のような結果にはならず，むしろモデルの説明力が下がる．全体的に，失業率と授業料がともに上昇傾向にあるために，両者の相関係数が高くなり，係数の推定値が不安定になる．06 年論文の主な対象区間は，失業が深刻化する時代だったから，雇用不安の影響が強く現れやすかったと考えられる．失業率は 03 年の 5.5％がピークであり，その後はやや減少している．むしろ最近の失業率は志願率と負の相関になっており，長期の志願率を一貫して説明するモデルの変数としては限界がある．

いまひとつの投資収益として，大卒／高卒賃金比率を検討した．これは大学

進学のメリットをシンプルに表現したもので，投資収益の代表的指標である．ただし，元データの連続性から1973年以降に限定した（2年ラグを考慮すると志願率は75年以降の分析になる）．年齢集団に分けて，それぞれの賃金比率が志願率に与える効果を検証した．3変数モデルに相対賃金を追加するという方法で検討したが，系統だった有意味な結果を得ることはできなかった．

ただし，20代後半の大卒／高卒賃金比率は，志願率にプラスの影響を与え，決定係数も大きくなる（この点は06年論文と一致する）．若年層の労働市場が大卒に有利になっており，そのために高校生の進学意欲が駆り立てられると解釈できる．しかし，30代の指標では，曖昧な結果になる．学歴別の相対賃金は，1990年以降，上昇傾向にある．高学歴化が進んでいるにもかかわらず，学歴間格差は縮小するどころか，逆に拡大した．これは，学歴別労働市場の変容を理解する上できわめて重要な現象である．この現象は第II部の重要な課題であり，そこで詳しく検討する．ここでは，失業率や相対賃金などの投資収益変数が進学需要に与える影響は，限定的であり，曖昧な部分が残ることを再確認するにとどめておきたい．

この曖昧性は，教育の投資モデルが成り立たない証拠だと思われるかもしれない．しかし，私たちはそのように結論しない．むしろ，多くの人が大学の投資収益を自覚しているからこそ，投資モデルの有意性が希薄になる．大学本位制の経済構造を思い出してほしい．投資の費用を調達できる力があれば，大学に進学するのが最適である．相対賃金格差が変動しても，この構造にはほとんど影響しない．大卒に有利な賃金格差になっている最近の事情からすれば，なおさら大学志向は高まる．大学進学需要は顕在化した志願率よりも大きいのである．志願率の背後にある高い潜在的進学需要を顕在化させている力が，授業料を調達する資金力（所得）と進学の合格可能性である．3変数モデルが示しているのは，こうした進路選択の定式化である．つまり，大学本位制という固い経済構造が前提になっているために，年ごとに変動する投資収益にはそれほど強く左右されず，資金調達力と合格可能性に還元される3変数モデルに帰着する．

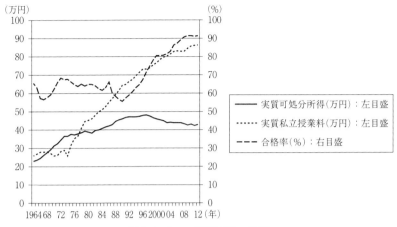

図 2-4　3 つの説明変数の推移

飽和状態に達した志願率と機会の不平等

　志願率の分析結果をまとめておこう．1966 年から 2012 年までの志願率は，所得と授業料と合格率の 3 変数で 96％から 98％が説明できる．しかしながら，この推定式の D.W. 比は小さく，系列相関がある．そこで，時代区分によるパラメータの構造変容を検証し，石油ショックの一時期と 06 年以降の全入ダミー変数を導入して再定式化すると，説明力は 99％になり，系列相関が解消される．志願率の予測モデルとしてはこの再定式が最も有力である．

　志願率が「上昇・水平飛行・再上昇」という動きをしてきたのは，説明変数の変動幅が時代によって異なっていたからである．経済成長期の上昇は，授業料の高騰に歯止めがかかっていた唯一の期間であり，「所得と合格率」で志願率が決まっていた．水平飛行は，「3 つの効果が相殺された」結果であり，最近の再上昇は，所得と授業料に大きな変化がないところで，少子化にともなって，「合格率」だけが上昇したからである．

　以上が，経済モデルの検証と志願率の予測という 2 つの目的に対する回答である．こうした結果に基づいて，なぜ志願率は 60％にとどまっているのか，なぜ大学に進学しないのか，という最終目的を考察しておきたい．

　分析に用いた 3 つの説明変数の推移を確認すると図 2-4 のようになっている．資金調達の要である実質可処分所得は，順調に上昇してきたものの，97 年の

2 章　大学に進学しない理由 (1)——63

48万円がピークであり，その後は43万円まで減少した．一方，進学需要を押し下げる実質私立授業料は，75年の32万円から着実に上昇しはじめて，今では86万円である．実質可処分所得（1カ月）の2倍になる．授業料以外の学生納付金，仕送り金などを加えれば，家計の教育費負担は年々大きくなるばかりである．だとすれば，つまり所得が下がり，授業料（価格）が上がれば，需要は下がるはずである．この2つのマイナス（減少）効果を相殺し，さらにプラス（上昇）に転じさせたのが，急速に上昇した合格率である．

　合格率が最も低かったのは，1990年の55％．第2次ベビーブーマーが進学する頃で，受験浪人をしたり，進学をあきらめたりする生徒が多かった．それ以前の60％台の時代も，受験競争が社会問題化し，入試改革が大学改革の中心的課題になっていた．ところが，ベビーブーマーの後に少子化の時代をむかえ，08年には合格率90％にまで上昇した．行きたい大学を目指して自発的に浪人する現役高校生がいるから，この合格率が100％に達するとは考えられない．定員を充足しない大学が4割ほどあると報告されており，希望すれば誰でも大学に進学できる全入の時代にある．この数年の合格率は91％台に安定している．

　合格率の上昇限界と所得の伸び悩み，および授業料の微増が重なって，最近の志願率は2010年の61.7％がピークである．その後は60.7％，60％とやや減少した．今では，志願率が上昇する要因がなくなっている　近い将来に志願率が再び上昇する可能性は弱い．実質可処分所得の減少が続き，授業料が微増するような将来を予測すれば，志願率は再び60％を切る可能性がある．言い換えれば，家計所得が回復するか，授業料が安くならない限り，志願率が上昇するとは考えられない．志願率という顕在化した進学需要は，すでに飽和状態に達したといえる．男子高校生の60％ほどが，大学進学のために資金を調達できる社会層の上界であり，その最大限度にまで達したのが現在の顕在的進学需要である．100％の普及モデルに歯止めをかけているのは，資金力の壁である．進学できる人はすべて進学し，残りの4割は，進学したくても進学できないか，あるいは進学する意思のないグループである．

　3変数モデルから考えられる政策的含意を3つ指摘しておきたい．ひとつは，将来の進学需要に限界がきたということである．少子化によって大学進学者が

減少し，大学倒産の時代が来ると警鐘が鳴らされて久しいが，進学者の数は進学率の上昇によってなんとか維持されてきた．若干の大学が閉鎖されたけれども，警鐘が鳴らされたほどには深刻ではなかった．しかし，進学率の上昇による学生数の増加はもはや期待できない．さらなる少子化が進行するから，確実に増えるだろう大学倒産に対する政策的・経営的対応が急務になる．

再定式化の最終モデルを用いて（推計モデルの係数を固定し，説明変数を変化させて），志願率の上昇可能性を推計してみた．

ⅰ）1カ月の可処分所得が2012年より1万円増加．授業料と合格率は固定の場合．
志願率の推計値＝62.1％
ⅱ）同じく所得が1万円増加．授業料は固定．合格率が91.6％から93％に上昇の場合．
志願率の推計値＝63.4％
ⅲ）所得が1万円増加．授業料が5万円値下げ．合格率93％の場合
志願率の推計値＝63.9％
ⅳ）所得と合格率は2012年に固定．授業料のみ無償化した場合
志願率の推計値＝69.3％

可処分所得の1万円増加を期待するのは，かなり無理な経済情勢にある．授業料の値下げはありうることだし，デフレ不況を考えれば授業料が高騰し続ける方が奇妙である．奨学金などの政策介入も含めて，授業料の負担軽減に政府も大学経営者も努力すべきだろう．意図的な受験浪人が少なくなる可能性はあるので，合格率の向上によって志願率が上昇する可能性はある．合格率が97％まで上昇するか，あるいは授業料を無償にしない限り，志願率が70％に達するのは難しい．

第2は，志願率が進学需要のすべてではないということである．志願率は60％だが，高等教育機関進学率は80％である．なぜ，大学進学ではなく，専門学校を選択するのか．あるいは，なぜ，進学ではなく，就職なのか．志願率だけを分析しても，進学需要のすべてを理解したことにはならない．大学の倒

産を予測する前に，志願率の背後にある潜在的な需要を探索する必要がある．もし，大学がこの潜在的需要を開拓できれば，大学の倒産を回避できるかもしれない．しかし，そのためには，所得と授業料の制約を小さくするだけでなく，大学の魅力を高めるカリキュラム開発がなければならない．就職および専門学校の選択については，第3章と第4章で詳しく検討する．

　第3は，進学機会の平等化という政策課題である．進学需要が所得と授業料で決まるということは，家計の経済力によって進学が規定されるということである．2つの経済変数が志願率に与える効果は，分析結果の係数に現れる．モデルによって係数の値はやや異なるが，再定式化の最終モデルを用いて考察を加えておきたい．これによれば，実質可処分所得が1万円増加すると志願率は0.65％上昇する．それに対して，授業料が1万円上がると志願率は0.091％下がる．言い換えれば，授業料を10万円下げても志願率は0.91％しか上がらない．国立大学並みにするために30万円下げると2.73％上がる．授業料による機会の平等化は，かなりコストの高い政策である．

　志願率に対する弾力性は，授業料よりも所得の効果が大きい．そのために，所得階層による進学機会に大きな格差が生じることになる．この不平等を確認するために，ひとつの思考実験をしてみよう．授業料は所得階層に関係なく同じだとする．合格率も同じ．つまり，所得条件以外は同じだと仮定して，所得階層別の志願率を推計する．ここでは，2003年の家計所得を用いた．厳密にはさほどの意味はないが，第Ⅰ部で用いる高校生調査の年次にあわせて確認しておきたいからである（高校生調査は，2005年度の3年生を対象にしている）．

　「家計調査」には，「年間収入五分位階級別年平均1か月間の収入と支出」という統計がある．この5分位階級別の可処分所得を用いる（全体平均の可処分所得がここでの分析に用いてきた可処分所得である）．今までの分析と同様に，物価指数で調整した実質可処分所得に変換した所得を表に示した（**表2-7**）．

　時系列データによる推計モデルを単年度のクロス分析に当てはめるのは乱暴だが，可処分所得の影響がどの程度であるかを具体的に理解する上で有効だろう．平均所得による志願率の推計は56.5％だが，第5分位の階層では72.1％の志願率になる．第1分位は44.9％であり，両者の間には27％の格差がある．志願率60％ほどが上界だと述べたが，それは平均像の理解であって，社会階

表 2-7　5分位階級別の志願率推計 (2005年)

	実質所得 (万円)	推計志願率 (%)
第1分位	25.76	44.9 (100)
第2分位	34.11	50.2 (112)
第3分位	41.27	54.9 (122)
第4分位	49.54	60.2 (134)
第5分位	68.02	72.1 (161)
平　均	43.74	56.5

層によって進学機会は大きく異なる．

　志願率が飽和状態に達した背後に教育機会の不平等という社会問題が隠されている．仮に第1分位の授業料だけを無償にするとその志願率は52.2%と推計される．無償化しても平均に届かない．単純なシミュレーションにすぎないが，奨学金や授業料減免などの平等化政策を議論するためには，こうしたモデルの情報を有効に活用する必要があると思う．

「高校生調査」にみる機会の不平等

　志願率の分析から得られる知見は単純だが，教育資金を調達する家計の力が長期にわたって進学需要を規定してきた事実の意味は大きい．合格率が70%を超える1997年までは，「資金力と学力」が進学の要件になっていたが，97年以降になると学力選抜の要素が希薄になり，いまでは「資金力」で進学が決まる世界になっている．「お金さえあれば，学力がなくても，誰でも進学できる」という意味での全入の時代である．その背後には，学力があっても，お金がないために進学をあきらめている生徒がいる．

　もちろん，高校生の進路選択は，それほど単純ではない．進路選択についての研究は，教育社会学者による大量の蓄積がある．ところが，その多くの調査では，家計所得の制約についてあまり言及されていない．経済変数への関心が薄いという理由もあるが，それだけでなく，保護者の家計所得データを収集するのが難しいという調査技術上のネックがある．私たちは，文部科学省科学研究費補助金（学術創成研究費）の支援のお陰で，全国の高校生4000人およびその保護者を対象にしたランダム調査を実施することができた．第Ⅰ部では，

表 2-8　高校生調査の大学希望率と進学率（男子のみ）　　　　(%)

家計所得	生徒の希望率	親の希望率	進学率	浪人率	進学＋浪人
300万未満	50.0	55.4	45.9	3.3	49.2
300-500万	48.0	47.6	41.7	4.9	46.6
500-700万	61.3	60.6	50.9	7.6	58.5
700-900万	73.9	71.9	62.4	10.0	72.4
900-1100万	76.2	80.5	63.7	14.5	78.2
1100-1500万	80.6	84.3	63.8	19.8	83.6
1500万以上	79.5	80.7	63.9	16.7	80.6
合　計	67.4	68.0	56.5	10.6	67.1

既存統計資料による時系列分析にこの高校生調査を重ねて，「なぜ大学に進学しないのか」を考える．その詳しい分析は，第3章以降の内容に即して逐次紹介する．この章では，所得階層による志願率格差のトピックスだけに焦点をあてて，大学進学機会の不平等の実態をみておこう．

　表2-8は，家計所得別の大学希望率と進学率である．家計所得は，年間の税込の収入を質問しているので，5分位の可処分所得とは異なる．2005年の11月に高校生と保護者を対象に，その時点における進路希望を調査し，翌3月に同じ高校生を追跡して，進路決定状況を調べた．大学の希望率は，親子ともに，第1志望の進路として大学を選んだ者の割合である．家計所得の未回答者が9.4％いること，および3月の追跡調査の未回収者が13％いるので，回答分布に歪みがある．ランダムサンプルよりも，恵まれた社会階層の回答割合が多いと推測される．翌3月の大学進学率が実際よりも高くなっているのはそのためである．

　生徒および保護者の大学希望率は，表2-7の志願率推計よりも10％ほど高めになる．しかし，低所得層の希望率を50％，高所得層を80％とまるめて読めば，その格差比率は1.6倍．第1分位と第5分位の格差とかなり似かよっている．進路決定の割合からみると，大学進学と浪人の合計比率が，希望率の傾向にほぼ近い．所得による格差は，浪人比率に顕著に現れている．行きたい大学に再挑戦するために，意図的に受験浪人するには，経済的ゆとりがなければならない．

　時系列分析と同様に，所得は進路選択の大きな制約になっている．全入時代

だからといって，誰でも進学できるようになり，学ぶ機会が誰にも開かれているかのように思うのは錯覚である．しかし，学力があっても，経済的理由によって進学をあきらめた高校生は，どこにどれほどいるのだろうか．進学をあきらめたわけではなく，積極的に就職する生徒も，専門学校に進学する生徒もいる．機会の平等化を議論するためには，所得と大学進学の関係だけでなく，進路選択を多元的に把握しなければいけない．進路選択の多元性を第3章と第4章で詳しく分析しながら，第5章でまとめた考察を行う．

3章
大学に進学しない理由 (2)
進学と就職のゆらぎ

進路選択の希望と決定

　本章では，顕在化した進学需要（志願率）の背後にある高校生の就職を取り上げる．しかし，高卒の就職問題を分析の対象とするわけではない．高卒者の就職先（産業・職業）がどのような変貌を遂げてきたか，どのような経路をたどって就職先が決まるのか，その過程で学業成績や学校生活はどのような役割を果たしているか，そして，学校と企業の雇用関係がどのように制度化され，さらにはどのように変動してきたか．こうした問題について，多くの優れた社会科学的研究が蓄積されている．とりわけ，近年の経済不況にともなって，就職できない若者，あるいは就職しない若者が，深刻かつホットな社会問題になり，研究者および教育・労働行政の中心的政策課題になっている．こうした就職問題の重要性は十分に自覚しているが，ここではそこまで立ち入らない．

　第Ⅰ部の研究関心は，高等教育に対する進学需要にある．就職した生徒の意思決定は多様であり，進学を希望しながら，何らかの理由によって諦めた生徒もいる．やむをえず就職している可能性に着目して，高等教育の「潜在的」需要を考えたい．就職と進学の間にある曖昧な境界線に着目すると，図3-1のような思考枠組を設定できる．

　高校に入学したときから進学と就職の選択を決めている生徒もいれば，決めかねている生徒もいる．希望も決定もともにゆらいでいるが，卒業までには決めなければならないし，希望と決定が一致するわけでもない．希望と決定の関係を表示したのが図3-1である．就職を決定した生徒には，希望通りに決まった就職組と進学を希望していた潜在的進学希望者が混在している．逆に，進学

希望＼決定	進学	就職
進学希望	進学組	潜在的進学希望者
就職希望	潜在的求職者	就職組

図 3-1　進学・就職の希望と決定

決定者にも，進学組と潜在的な求職者がいる．

　この枠組を念頭に，2つの分析を重ねることにする．はじめに，現役男子の就職率の変化を追跡する．次いで，2005年の高校生調査を用いて，進学と就職のゆらぎを考察する．

就職率の「就職機会」モデル

　就職率の時系列分析の前に，志願率の背後にある就職率の大きな変化をみておこう．図 3-2 に示したように，志願率は40％から60％に上昇したにすぎないが，男子就職率は，1964年の61％から2012年の20％にまで減少した．しかし，最近の10年ほどは，20％水準で水平飛行しているのが特徴的である．この2つを足して100％にならないのは，1976年以降に専門学校が発足したことと無業者・不詳者がいるためである．

　志願率と同様に男子のみを分析対象とするが，参考までに女子の就職率を示しておいた．昔の女子の就職率は，男子を上回っていたが，1992年を境にして，男子より5％ほど少なくなった．女子の専門学校と短大が，男子よりも魅力的な進路選択になったからである．

　高卒の就職率が急速に減少してきたことは誰もが知る常識である．常識的にすぎるためか，記述的な指摘はみられても，この時系列データを対象とした分析はそれほど多くはない．例えば，長須（2006）は，高卒新卒者の時系列および都道府県別の求人倍率を検討し，就職率と県外就職が景気変動の影響を強く受けながら変動していることを指摘している．しかし，就職率の経年変化を規定する要因を明らかにしているわけではない．

　就職率の分析が少ないのは，進学率の分析と同じことになるからでもある．

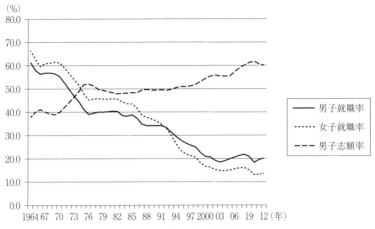

図3-2　志願率と就職率

専門学校を含めた進学率を考えれば，この高等教育機関進学率と就職率の和が1になるから，2つの要因分析は同じ手続きになる．ジョブサーチおよびマッチングの経済理論に基づいて，高卒の就職率を正面から取り上げた周到な研究として有賀（2007）がある．そこでの高卒就職率は（1－高等教育機関進学率）として分析されているが，この論文の貢献は，就職率だけでなく，県外就職比率の変化を明らかにしたところにある．都道府県間の就職移動を視野に入れていることから，1977-2002年のうちの6時点×47都道府県（計282サンプル）というパネルデータの分析になっている．

同じ経済理論に基づいて，大卒就職率の時系列分析を行った研究として太田（2012）がある．2つの論文ともに，就職者数は，就職希望者数と求人数の関数として定式化される．それだけではなく，求人・求職の質および就職の意思決定に影響を及ぼす外生変数を加えたモデルが特定化されている．ここでは，これらの先行研究に依拠しつつ，図3-1の枠組を考慮して，高卒就職率の規定要因を分析する．

就職率には就職組と潜在的進学希望者が混在しているから，「就職機会（を重視した）モデル」と「進学機会（を重視した）モデル」の2つが想定できる．高卒求人倍率は，就職機会モデルの第1要素であり，就職先を探索している3年生の就職選択に直接的な影響を与えると考えられる．この他に，就職希望に

表 3-1　男子就職率（1976-2012 年）の規定要因分析

	就職機会モデル1	就職機会モデル2	進学機会モデル	就職＋進学モデル
高卒求人倍率	0.532	2.853**		1.711**
（ラグなし）	(1.405)	(0.816)		(0.478)
20-24歳失業率	-1.895**	-1.416**		-0.736**
2年ラグ	(0.392)	(0.222)		(0.169)
大卒／高卒賃金	-67.53**	-43.387**		-37.455**
20代前半2年ラグ	(22.24)	(12.53)		(10.65)
実質可処分所得		-0.925**	-1.554**	-1.725**
2年ラグ（万円）		(0.105)	(0.183)	(0.142)
実質授業料			0.025	0.185**
2年ラグ（万円）			(0.051)	(0.053)
総計合格率			-0.537**	-0.395**
2年ラグ（％）			(0.050)	(0.043)
定　数	105.62**	114.76**	132.49**	157.59**
	(18.79)	(10.38)	(7.983)	(11.87)
調整済みR^2乗	0.858	0.957	0.975	0.988
D.W.比	0.439	0.723	1.005	1.734

注：表2-1と同じ．

　影響を与える外生変数として，高卒者に関連する労働市場のマクロ的経済条件が考えられる．ここでは，20代前半の失業率および高卒と大卒の賃金比率（大卒／高卒）を用いる．これらのマクロ条件は，就職活動時点よりも2年生次の経済事情が影響すると考え（志願率の分析と同様に），2年ラグの変数とした．

　この3変数による分析結果が，表3-1の就職機会モデル1である．これによると，高卒求人倍率は，期待に反して，統計的に有意な影響を与えていない．一方，失業率が高くなるほど就職率は有意に低下する．雇用不安は，就職希望を弱め，就職選択を回避させる効果をもつ．いまひとつの学歴別賃金格差は，大学志願率に明確な影響を与えていなかったが，就職率に与える効果は0.1％の危険率で有意である．高卒に比べた大卒の相対賃金が大きくなると，つまり，大卒が有利になると，高卒の就職率は低下する．進学希望者は，相対賃金の影響をあまり受けなかったが，就職希望者は，就職の是非を真剣に考えるだけあって，相対賃金に敏感である．相対賃金から影響を受けやすい限界人間は，大学進学希望者ではなく，就職希望者だといえる．

　求人倍率の影響がみられないのは先行研究と異なっているが，その前に考え

ておかなければならない外生変数がある．就職希望という行動選択は，所得の向上にともなって減少するという劣等財的性質をもっている．所得が高いほど進学するという裏返しにすぎないが，所得が向上すれば，就職しなければならない生活圧力は弱まると考えられる．そこで，3変数に実質可処分所得を追加したのが就職機会モデル2である．

　これによると，高卒求人倍率は，就職率にプラスの効果をもち，求人倍率が高くなると就職しやすくなり，就職率は上昇する．他の3変数ともに期待どおりの影響を与え，説明力は95.7％まで改善される．労働市場の就職機会に応じて，高卒の就職率が推移してきたことが分かる．

就職率の「進学機会」モデル

　就職機会モデルに対比させたのが，進学できる機会に応じて就職率が変動すると仮定したモデルである．これは前章の志願率モデルと同型になる．進学機会を大きくさせる「所得・授業料・合格率」が就職率を低下させるからである．したがって，所得が向上すれば，進学に流れ，就職率は下がる．授業料が上がれば，進学が難しくなるから，就職率は上がる．合格率が上がれば，進学しやすくなり，就職が回避される．表3-1の結果（進学機会モデル）によれば，授業料の影響は統計的に有意でないが，他の2つの符号条件は，理論的含意と一致している．

　2つの機会モデルを重ねた6変数の規定要因分析が表の就職＋進学の機会モデルである．これによると，すべての変数が統計的に有意であり，説明力は98.8％．D.W.比も1.73になり，系列相関はない．1976年以降の就職率は，志願率にみられたような構造変容はみられず，就職と進学の2つの機会から影響を受けながら推移してきたことになる．説明変数の相関による共線性の問題が残るのは，6変数モデルの授業料である．授業料が高くなると進学を諦めて就職するようになるという傾向は，共線性の影響を強く受けて不安定である．他のモデルおよび変数については，ほとんど問題ない．

　就職と進学の機会に分けたモデルから，志願率の分析を振り返っておきたい．大学志願率に対する労働市場変数（失業率・大卒対高卒賃金）の影響という第2章のモデルは，費用・便益理論の検証として説明してきたが，志願率に与え

る就職機会モデルだともいえる．大学志願の決定者には，進学組だけでなく，潜在的求職者がいるはずである．47年間の志願率を規定する要因は，「所得と授業料と合格率」であり，労働市場の影響は弱かった．雇用不安のために潜在的求職者が大学志願に流れたのは，第2期（1975-2005年）の特徴でもあった．

　就職決定者に占める「潜在的進学希望者」の割合と進学決定者に占める「潜在的求職者」の割合の2つを比較して，どちらが多いか．志願率と就職率のデータ分析からその問いに応えるのは不可能だが，就職率分析で確認しておきたかったのは，就職者の中には進学するのを諦めた層が含まれていることである．つまり，進学しない理由のひとつは，進学を諦めて就職する生徒がいるからである．しかし，就職と進学の力関係についてさらに分析を深めるためには，既存の統計資料では無理がある．そこで次に，「高校生調査」によるデータを用いて，就職と進学のゆらぎを分析しておきたい．

就職と進学のゆらぎ——高校1・2年次の進路意識とゆらぎ

　「高校生調査」では，「高校1-2年生のころ，就職（進学）を考えていたか」という質問項目を設けている．「就職したいと思っていた」生徒を就職志向，「就職は考えなかった」を非就職，「決めていない」および「無回答」を未定・無答として再分類した．これにあわせて，「進学（大学・短大・専門学校）を考えていたか」も質問した．1・2年次の就職意識と進学意識の2つをクロスした結果が表3-2である．

　独立した設問になっているので，就職を考えていた者（就職志向）が進学を考えてはいけないわけではない．「就職を考えたこともあれば，進学を考えたこともある」という生徒もいる．表によれば，こうした「葛藤組」が123名（全体の6.2%）いる．一方，就職と進学を明確に分けて考えている者が最も多い．進学志向で非就職の「進学組」は1222名（61.1%）．就職志向で非進学の「就職組」は，259名（13.0%）である．あわせて74.1%，つまり4人のうち3人の高校生は1・2年次から進路希望をかなりはっきりと決めている．はっきり決めていない残りのグループと葛藤組をまとめて「流動層」と呼んでおく．彼らは全体の26%を占める．

　次に，高校1・2年次の進路意識が高校3年生の11月までにどのように変化

表 3-2 高校1・2年次の就職と進学の意識（度数と総和の％）

		進学志向	非進学	未定・無答	計
就職志向	度数	123	259	34	416
	％	6.2	13.0	1.7	20.8
非就職	度数	1,222	8	11	1,241
	％	61.1	0.4	0.6	62.1
未定・無答	度数	188	9	146	343
	％	9.4	0.5	7.3	17.2
計	度数	1,533	276	191	2,000
	％	76.7	13.8	9.6	100.0

しているかをみておこう．表3-3は，1・2年次の3類型と3年次の第1志望との関係をみた結果である．これによると，1・2年次の就職組の75％は就職を第1志望とし，進学組の81％は大学を第1志望にしている．その一方で，就職から大学志望に変化する生徒が1割ほどいるのに対して，進学組から就職志望に変わる生徒は1.6％にすぎない．就職組と進学組のゆらぎよりも「流動層」と「短大・専門学校」志望者が特徴的である．

流動層は，全体で26％を占めるが，その6割は大学を第1志望としている．残りの4割が就職と短大・専門学校の2つに分流する．この流動層は，進路を決める時期の事情によって変わりやすい．一方，短大・専門学校志望者は全体の16％ほどだが，進学組だけでなく，就職組および流動層からも同じ程度の参入割合を占める．多様な進路意識をもつ者が混在し，就職と大学進学の中間的な位置でゆれているのが短大・専門学校の特徴である．この点については，次章で検討する．

3年生の11月に第1志望調査をした後，翌3月末の進路決定についても追跡調査を実施した．この追跡調査の回収率は86％にとどまったが，第1志望からそれほど大きく変わったわけではない．就職希望の85％が就職決定，短大・専門学校志望の88％は短大・専門学校に決定している．受験浪人を大学に含めれば，大学志望の93％は大学である．

11月の第1志望が最終決定の決め手になってはいるが，1・2年次／3年次の第1志望／最終決定の3段階に着目して，高校生の進路決定プロセスを確認した（最終決定のうち受験浪人は大学進学グループとした）．すべての組み合

表3-3　高校1・2年次の進路意識と3年秋の第1志望（ヨコの%）

			第1志望				計
			就職	短大・専門	大学	その他・未定	
1・2年の3類型	就職組	度数	194	27	25	13	259
		%	74.9	10.4	9.7	5.0	100.0
	進学組	度数	19	198	991	14	1,222
		%	1.6	16.2	81.1	1.1	100.0
	流動層	度数	95	90	309	25	519
		%	18.3	17.3	59.5	4.8	100.0
計		度数	308	315	1,325	52	2,000
		%	15.4	15.8	66.3	2.6	100.0

わせを考慮すると複雑になって混乱するだけなので，まず3段階ともに一貫しているタイプに着目する．その人数分布は，次のようになる．

① 就職一貫：1・2年就職組−3年就職希望−就職決定＝142名（8.2%）
② 短大・専門学校一貫：1・2年進学組−3年短大・専門希望−短大・専門決定＝131名（7.6%）
③ 大学一貫：1・2年進学組−3年大学志望−大学決定＝848名（49.1%）

　1・2年次の段階から進路が固まっているのは，高校生の65%ほどである．残りの35%は，1・2年次には進学か，就職かも決めかねている（流動層）か，あるいは，途中で進路を変更している．1・2年次の流動と途中の変更を経過して決まった進路を「流入組」として集計すると次のような分布になる．

① 就職流入＝91名（5.3%）
② 短大・専門学校流入＝141名（8.2%）
③ 大学流入＝292名（16.9%）

　一貫組の分布と比較すると就職決定した（142＋91）名のうち，就職意思の強い就職一貫の割合は61%になる．就職一貫組が図3-1の枠組の就職組に対応するわけではないが，就職機会モデルと進学機会モデルの2つに分けて考え

ることの有効性と進路選択のゆらぎの特徴を十分に示唆しているといえる.

同じ観点から,大学進学決定者に占める大学一貫組の割合は74%になる.それに対して,短大・専門学校の一貫割合は48%.この指標を進路選択のゆらぎだとすれば,短大・専門学校＞就職＞大学の順にゆらぎの幅が大きくなっている.一貫組ではなく流入組が,マクロの就職率と大学志願率の変化を左右している「限界人間」である.

進路選択の理由とゆらぎの関係

この調査では,就職および進学を考えた理由についても質問している.最後に,この理由に着目して,就職と進学の狭間にある高校生の気持ちを推察しておきたい.就職を考えた理由の質問項目は,「a.仕事をするのが自分に向いていると思うから」などの10項目から構成されている(**表3-4**の質問項目).それぞれについて,(1)とてもあてはまる,(2)あてはまる,(3)あてはまらない,(4)まったくあてはまらない,の4件法による回答である.ここでは,回答者のうち,最終的に就職した生徒(「就職一貫」と「就職流入」)だけを分析の対象とした(ただし,就職流入のうち4人は無回答なので除外).

(1)と(2)の合計(あてはまる割合)からすると,あてはまる理由として多いのは,「早くお金をかせぎたい,あるいは経済的に自立したい」(92%)と「仕事をするのが自分に向いていると思う」(87%)である.次いで,「やりたい仕事がある」(66%),「進学しても得るものが少ない」(57%)が続く.働くことに積極的な態度をもって就職を希望していることがうかがえる.

進学に未練を感じている生徒が比較的少ないように思われるが,あてはまる割合が5番目に多いのは,「進学のための費用が高いから」(49%)である.2人に1人の高校生は,進学費用の過剰負担を気にしながら,就職を選択している.その他の理由は,40%に満たないが,進学機会の平等化という視点からすれば,17%の生徒が「進学したい学校が近くにない」という理由をあげていることに留意しておく必要があるだろう.

あてはまる割合の順番からすれば,就職への積極的姿勢が強く感じられるが,その背後に進学を諦めた気持ちが潜んでいる.それぞれの項目間の相関係数をみると,積極的な就職希望を示す**表3-4**のa項目からe項目のグループは互い

表 3-4　就職する理由の因子分析

	因　子	
	進学意思因子	積極就職因子
a. 仕事をするのが自分に向いていると思うから	0.007	0.782
b. 早くお金をかせぎたい，経済的に自立したいから	0.084	0.674
c. やりたい仕事があるから	0.017	0.469
d. 高卒後すぐに就職したほうがよい会社に入れる	0.107	0.464
e. 進学しても得るものが少ないと思うから	0.079	0.410
f. 高卒後すぐに進学しなくても，進学のチャンスはある	0.515	0.018
g. 家族や学校の先生にすすめられたから	0.631	0.121
h. 進学のための費用が高いから	0.594	0.066
i. 進学したい学校が近くにないから	0.684	0.074
j. 自分の成績ではいきたい学校に進学できそうもない	0.540	0.070
固有値	2.736	1.983

因子抽出法：主因子法
回転法：バリマックス法

に有意な相関関係にあり，その一方で，表のf項目からj項目のグループも互いに有意な相関関係にある．相関係数のマトリックスからすれば，10項目は大きく2つのグループに分けられるということである．この構図は，項目間の因子分析をすればはっきりする．その結果が**表 3-4**である．これによれば，第1の因子は「進学意思」を秘めている項目群から構成されている．第2因子が，積極的な姿勢を示す就職意思だということが分かる．

あてはまると回答した割合の多さと項目間の相関係数の大きさとは異なった尺度である．したがって，第1因子である進学意思因子が第2因子の積極的就職因子よりも強い就職理由になっているわけではない．ここで確認しておきたいのは，就職決定者には，積極的就職と進学を諦めた消極的就職が混在しているという事実である．このことから推察すれば，「就職一貫」と「就職流入」のタイプによって，就職理由の重みが異なっていると考えられる．

タイプ別の因子得点を比較すればその全体的特徴が分かるが，ここではクロス表のカイ2乗検定によって，2つのタイプによる就職理由の違いを確認しておきたい．10項目のうち5％危険率で統計的に有意な関係にあったのは，**表3-5**の3つだけだった．

就職一貫タイプの95％は「早くお金をかせぎたい，経済的に自立したい」

表3-5　統計的に有意な差がある項目の「あてはまる」回答割合　　　（％）

	b. 早くお金をかせぎたい，経済的に自立したいから	h. 進学のための費用が高いから	i. 進学したい学校が近くにないから
就職一貫	95.1	43.7	12.0
就職流入	87.4	58.6	25.2
合　計	92.1	49.3	17.0

と回答しているが，就職流入タイプの87％もあてはまると答えている．因子分析による積極就職因子の得点を計算して2つのタイプを比較すれば，全体として就職一貫の方が積極的であることが分かる．

一方，進学意思因子のなかで「進学のための費用が高い」と「進学したい学校が近くにない」のあてはまる割合が，就職流入タイプで多くなっている．意思決定を迷っていたり，進路を就職に変更したりした生徒ほど，大学進学機会の障壁を深刻に意識している．就職の背後に進学の潜在的需要が隠されているとともに，進学のための経済的・物理的条件が，進路選択のゆらぎをもたらしている．表には「とてもあてはまる＋あてはまる」の合計割合（％）を示した．

就職だけでなく，進学の理由についても調査した．大学進学者に限定して，10項目の進学理由を因子分析した結果が**表3-6**である．就職理由と異なって，進学理由は3つの因子から構成されている．第1は，「まわりのみんなが進学するから」「家族や学校の先生がすすめるから」「まだ就職したくないから」に代表される「消極意思」因子である．第2は，「幅広く多くの人々と知り合うことができるから」「学生生活を楽しみたいから」「進学すれば自分のやりたいことが見つかるから」である．大学での生活に期待した「交友志向」の因子といえる．第3が，「職業に必要な資格を取りたいから」「勉強してみたい分野が見つかったから」から構成される「勉強意思」因子である．

勉強意思の2つの項目に「あてはまる」と回答した割合は，それぞれ70％と75％だから，勉強意思を忘れているわけではない．しかし，進学トラックに乗って何となく進学している「消極意思」と学生生活を楽しみにした「交友志向」が根強いことを示しているし，日常的に観察される学生像ともよく符合しているように思える．こうした理由と進路選択プロセスの関係をみるために，就職の分析と同じように，「大学一貫」と「大学流入」の2タイプとそれぞれ

表3-6 進学理由の因子分析

	因子		
	消極意思	交友志向	勉強意思
f. まわりのみんなが進学するから	0.746	0.128	-0.117
i. 家族や学校の先生がすすめるから	0.523	0.055	-0.080
j. まだ就職したくないから	0.465	0.187	-0.173
a. 進学するのは当然だと思っていたから	0.411	0.138	0.125
b. 高卒ではよい就職先がみつからないから	0.373	0.175	0.100
h. 幅広く多くの人々と知り合うことができるから	0.074	0.705	0.177
e. 学生生活を楽しみたいから	0.211	0.520	0.162
g. 進学すれば,自分のやりたいことが見つかるから	0.282	0.460	-0.099
d. 職業に必要な資格を取りたいから	0.053	0.096	0.724
c. 勉強してみたい分野がみつかったから	-0.122	0.095	0.621
固有値	2.587	1.755	1.083

因子抽出法:主因子法
回転法:バリマックス法

表3-7 統計的に有意な差がある項目の「あてはまる」回答割合　(%)

	a.進学するのは当然だと思っていたから	c.勉強してみたい分野がみつかったから	d.職業に必要な資格を取りたいから	i.家族や学校の先生がすすめるから
大学一貫	82.3	78.6	73.5	32.5
大学流入	66.1	62.7	60.7	39.1
合　計	78.2	74.6	70.2	34.1

の理由とのクロス集計から,危険率5%で有意な差がある項目を抽出すると**表3-7**のようになる.

進学するのは当然だと思っているのは,「大学一貫」が多いけれども,「勉強してみたい分野がみつかった」「職業に必要な資格を取りたい」に回答する割合も多い.「大学流入」は,勉強意思が比較的弱く,「家族や学校の先生にすすめられて」進学する割合がやや多くなる.交友志向因子の3つの項目は,タイプに関係がなく,いずれのケースにも共通する進学理由になっている.

以上が,就職に焦点をあてて,進学しない理由を考察した結果である.高卒就職と大卒就職を比較した大学の効用については,第II部で詳しく検討する.ここでは就職と進学の狭間でゆらぐ高校生の意識を探り,最初に述べた分析枠組(図3-1)と就職・進学機会モデルの有効性を確認するにとどめておきたい.

4章

大学に進学しない理由(3)
ゆらぐ専門学校の立ち位置

就職と大学の狭間

　専門学校が高等教育機関のひとつとして誕生したのは，1976年からのことである．それまでにも，各種学校という職業に直結する1，2年の教育機関があった．この各種学校を充実させるために，修業年限が1年以上で，一定規模以上の組織的な教育を行い，所定の基準に適合する学校を専修学校とすると定められた．専修学校には，中学校卒業者等が進学する高等課程と高等学校卒業者等が進学する専門課程がある．このうち，専門課程を置く専修学校が専門学校である．専門学校の生徒数の9割ほどは，2年から3年の修業年限である．修業年限からすれば短期大学に近いが，男子の短大進学率は1%から2%の範囲にとどまり，短大はほとんど女子で占められている．本章では，10%を上回る高卒者を受け入れている専門学校に着目して，就職と大学の狭間にある専門学校の特徴をみておくことにする．

　専門学校が制度化されたのは，職業に直結したスペシャリストの養成を重視し，大学とは異なった進路選択を充実させようと考えたからである．その背後には，高度経済成長時代に膨張した大学の規模を抑制するという高等教育政策の大転換があった．大学・短大の進学率が40%ほどに達した時期に，石油ショックによる経済不況に直面し，高卒者および大卒者の就職難が社会問題になった．若者の就職難を解決するためには，大学規模の拡大を抑制し，それに代わって職業に直接役立つ教育機関を充実させる必要があると考えて，専修学校が制度化された．

　1970年代の中頃から大学志願率が水平飛行になったことは，すでに第2章

で詳しく紹介した．同時に就職率の低下にも歯止めがかかったが，80年に入るとこの就職率は再び減少しはじめた（第3章の図3-2）．大学志願率の停滞と就職率の低下の狭間に参入したのが，専門学校という新しい進路選択だった．1970年代の後半における大学進学率の低下について，菊池は，「四年制大学に進学する可能性のあった者が専修・各種学校あるいは就職へと進路を転換しつつある」と述べた（菊池，1982）．就職への回帰はそれほど顕著ではなかったが，新しい専門学校の位置を的確に指摘した最初の論文である．

専門学校への進学者および入学者はその後も順調に上昇したが，まずこの推移を2つの指標から確認しておこう．ひとつは，卒業後の状況調査（『学校基本調査報告書』）による男子専修学校（専門課程）進学者数を卒業生数で割った値．これを現役専門学校進学率とする．専門学校の進路選択が「進学」という言葉で集計されるようになったのは，1991年以降のことである．それまでの『報告書』では，「進学」に分類されず，「専修学校等入学者」あるいは「教育訓練機関等入学者（1986年以前）」という集計表に専門課程「入学者数」が掲載されている．専門学校発足時には，専門学校の進路選択は「進学」というカテゴリーには含まれていなかったのである．高卒者の15％が専門学校を選択するようになった91年から，専門学校への「進学」が官庁統計によってオーソライズされたといえる．

大学の進学者は，18歳ないし19歳の若者に独占されている．成人学生が極端に少ないのが日本の大学の大きな特徴だが，専門学校は例外的で，就職した後に入学する者もいれば，大学卒業生が入学する場合も少なくない．入学者の年齢分布は調査されていないが，2012年の統計によれば，男子の入学者（11万6000人）に対して，現役進学者は7万2000人（61.6％）．高専・短大・大卒者の入学者数は1万人ほどで，9.2％を占める．大卒者だけに限定すれば，8.5％である．したがって，現役進学ではなく卒業した後にあらためて専門学校に入学した者は，3万4000人（29.2％）だと推定される．つまり，専門学校入学者のうち6割が現役，3割が高校を卒業した後の入学，1割が高等教育卒業者の入学である．この分布は年度によって異なるが，およその目安はこのような分布である．

現役の進学率とは別に，専門学校進学率の指標として，当該年度の入学者の

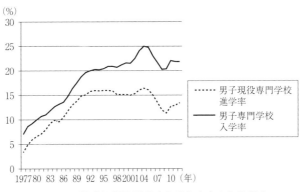

図4-1 現役専門学校進学率と過年度を含む入学率

総数を3年前の中学校卒業者数，あるいは当該年度の高卒者数で除した比率が用いられることが多い．過年度高卒者を含む専門学校進学率である．ここでは，高卒者数で除した比率を採用し，これを専門学校入学率とよぶことにする．

この2つの指標の推移をみたのが，図4-1である．76年の現役進学者数は『報告書』に掲載されていないので，以下の分析では，1977-2012年の36年間に限定する．現役進学率は，77年の3.5%から毎年上昇の一途をたどり，91年に15%に達した．専門学校の人気が上昇しはじめ，大学進学率に歯止めがかかった時期である．91年以降は2006年まで大きく変わらず，07・08年になると専門学校人気に陰りがみえはじめ，11%にまで下がった．最近は人気を取り戻したようで，やや上昇傾向にある．

過年度入学者を含む入学率は，全体の傾向として現役進学率とよく似ている．2つの指標に開きがあるのは，就職後や大学卒業後に入学する者が増える傾向にあるからである．この開きは，とくに91年以降に大きくなっている．それまでは3%ほどの開きだったが，90年に4%台になり，97年不況から5%台，今では8%にまで拡大している．バブルの崩壊，97年不況など，若者の雇用市場が厳しくなるほど，高卒の就職者，および大卒者が専門学校で学び直す傾向を強めてきたことになる．

専門学校への進学——就職機会と大学進学機会モデル

図4-1の推移を追跡するために，就職率分析と同じモデルを想定して考えて

みよう．高卒での就職機会，および大学の進学機会が開かれている程度によって，専門学校の進学が影響を受けると考えるモデルである．したがって，モデルの説明変数は，就職率と同じにした．被説明変数は，現役進学率と入学率の2つについて検討する．

就職機会モデル1は，「高卒求人倍率・20-24歳失業率・大卒／高卒賃金比率（20代前半）」の3変数モデルである．このモデルによると，決定係数は41.8％であり，時系列データの分析としてはかなり小さく，3つの変数の係数がゼロ（無関係）だという仮説を棄却するのは難しい（危険率5％で有意ではない）．高卒で働くことの深刻さだけが，現役の専門学校進学率を押し上げてきたわけではない．

この3変数に実質所得の説明変数を追加した「就職機会モデル2」の結果を，表4-1に示した．説明力は，85.8％にまで上昇するが，4変数のうち，統計的に有意な影響を与えているのは，所得変数だけである．家計所得のゆとりが高まるにつれて，現役専門学校進学率が上昇してきたことになる．しかし，所得変数をコントロールしても，労働市場の3変数は有意な影響を与えていない．

それでは，大学進学機会との関係はどうだろうか．表には，就職機会と進学機会を合併したモデルの結果を示した．就職機会モデル2に実質授業料と大学合格率を加えた分析である．専門学校の重回帰分析では，所得と授業料の相関係数が高いことによる共線性のため，係数の推計がきわめて不安定で，授業料のVIF（Variance-Inflation Factor 分散増幅因子）が50にまで高い数値になる．今までの志願率，および就職率の分析では，所得と授業料の進学率（あるいは就職率）に対する偏相関係数の符号（＋－）が異なっており，そのために平面のあてはめが比較的安定していた．しかし，専門学校進学率では，偏相関による符号の逆転がみられない．共線性による係数の不安定性を排除するために，ここでは授業料の変数を除外した結果を紹介しておく．

現役進学率の特徴は，次の2点である．第1に，合格率の符号がマイナス．大学志願率は，合格率が大きくなれば上昇するが，専門学校は逆の影響を受ける．つまり，大学進学が難しくなれば専門学校を選び，大学に進学しやすくなれば大学を選ぶ傾向にある．専門学校は大学進学よりも優先順位の低い二次的な選択機会になっている．図4-1には，大学規模の抑制期（合格率が小さいと

表 4-1　専門学校の進学率と入学率の規定要因

	就職機会モデル2		就職＋進学モデル	
	現役進学率	過年度含む入学率	現役進学率	過年度含む入学率
高卒求人倍率 （ラグなし）	0.046 (0.662)	-0.367 (0.686)	-1.250* (0.472)	-0.589 (0.487)
20-24歳失業率 2年ラグ	0.068 (0.178)	0.599** (0.187)	0.764** (0.156)	0.973** (0.161)
大卒／高卒賃金 20代前半2年ラグ	13.56 (10.05)	32.20** (10.53)	39.29** (7.60)	43.96** (7.83)
実質可処分所得 2年ラグ（万円）	0.882** (0.088)	0.968** (0.088)	0.617** (0.070)	0.733** (0.072)
実質授業料 2年ラグ（万円）				
総計合格率 2年ラグ（％）			-0.269** (0.041)	-0.132** (0.042)
定　数	-39.30** (8.40)	-58.46** (8.73)	-35.89** (5.47)	-52.18** (5.64)
調整済みR^2乗 D.W.比	0.858 0.475	0.935 0.616	0.940 1.281	0.967 1.421

注：表2-1と同じ．

き）に，専門学校人気が急速に高まったことがはっきりと現れている．

　第2の特徴は，合格率がコントロール変数になって，就職機会モデルでは無関係だった労働市場の変数がいずれも有意な効果に変わったことである．高卒求人倍率は，マイナスの効果をもたらしている（危険率5％）．高卒求人倍率が高まれば，専門学校よりも就職を選択する．それに対して，失業率と大卒／高卒賃金率は，プラスの効果．失業不安が高まったり，大卒に有利（高卒に不利）な労働市場に変わったりすれば，専門学校進学率が上昇する．大学志願組の二次的選択だけでなく，高卒の就職不安組を引き受ける教育機関でもある．

　過年度を含む専門学校入学率についても，同じ分析を行った．同じ表4-1に示したように，現役進学率よりも入学率の方が，労働市場の変化に敏感である．就職機会モデル2だけみても，説明力が93.5％と高くなり，失業率と大卒賃金率が有意にプラスの影響をもたらしている．若年層の雇用不安が高まれば，そして高卒賃金の処遇が低下すれば，専門学校に入学する者が増加する．高卒求人倍率とは無関係なのは，過年度入学を含む入学率の分析としては理にかなっ

ている．就職＋進学機会のモデルの説明力も現役進学率より高く，D.W. 比も 1.42 と改善される．就職した高卒者や大卒者が過年度に入学するのは，雇用不安による影響が大きいといえる．

大学志願の受け皿から就職不安の受け皿に転換できるか

　以上にみるように，専門学校の進学率は，大学進学と高卒就職の2つのチャンスをにらみあわせながら推移してきた．06 年論文では，2004 年までの入学率を分析し，大学合格率がマイナスの効果をもつことを指摘した．つまり，大学に進学が難しくなれば，専門学校に入学し，大学進学の潜在的需要が専門学校に吸収されていると強調した．

　ところが，その論文が対象としなかった 04 年以降の動きをみると，過去のトレンドと大きく異なっている．図 4-1 にみるように，2004 年から 2009 年の間に，専門学校進学率は急速に減少．この間に，大学の合格率は 81％から 91％に上昇しているから，この合格率の上昇が専門学校進学率の低下をもたらしたと考えられる．つまり，専門学校に吸収されていた進学者（入学者）が，大学に大きく流れるようになったのである．しかし，合格率の上昇はこの間だけの現象ではない．1990 年の合格率は 55％である．2004 年までに 55％から 81％に上昇しているが，この間の専門学校進学率は上昇していない．

　1977 年から 2012 年までの推移を理解するためには，「大学に行けなかったから専門学校に進学した」という説明だけでは不十分である．合格率だけでなく，就職の機会，および家計所得の影響を重ね合わせた理解が必要になる．それが「就職＋進学機会モデル」の意味である．それぞれの説明変数の効果が影響しあいながら，図 4-1 のような推移をもたらしてきた．

　図にみるように，専門学校進学率は，次の3つの時代にはっきり分けられる．第1は，学校発足時から 1991 年までの急増期．現役進学率は5％から 15％まで成長し，専門学校人気が高まった時期である．ところが，92 年以降は，15％台を維持しつつ安定的に推移している．2003 年までが第2の安定期になる．ところが，2004 年の 16.4％をピークに 2009 年には 11.33％にまで減少した．専門学校離れが浸透したと思われる変化が第3期である．しかし，最近の数年は上昇傾向にあり，13％まで回復したことに注意しておく必要がある．

成長―安定―減少という曲線的推移の背後にあったのが，就職機会と進学機会の変化である．それぞれの説明変数は，同じ方向に影響する時期もあれば，プラス・マイナスの影響が相殺しながら，進学率を変化させてきた．説明変数の変化を追跡すると，第1期の成長期は，「所得の増加」と「大学合格率の低下（進学困難）」による影響が大きい．経済的に豊かになり，高学歴志向が高まったが，大学に進学するのは難しく，専門学校に流れた時期である．専門学校が大学の受け皿になっているという説である．しかし，第2期の安定期は，この大学の受け皿説だけでは説明できない．進学率を上昇させる力と下降させる力が相殺していた時代だった．この時期に，進学率を上昇させたのは，大学の「合格率」ではない．この時期から，合格率は上昇に転じたから，専門学校進学率を下げる力に変わった．大学に進学しやすくなったので，専門学校に行かなくなったのである．逆に，専門学校進学を上げる方向に影響したのは，若年層の失業率と高卒者の処遇の悪化である．

　重回帰分析による進学率の予測モデルを利用すれば，1年ごとの進学率の増減は，（説明変数の増減×回帰係数）を合算した数値として要因分解できる．この方法によれば，5つの説明変数の影響を追跡できるが，かなり煩雑な図表になる．ここでは，現役進学率の変化に大きな影響を与えてきた「大学合格率」と「20歳前半の男子失業率」だけに着目した要因分解の結果をみておきたい．

　図4-2は，2つの説明変数の増減にモデルの回帰係数を乗じた数値をグラフにしたものである．合格率が3％上昇したとすれば，この3％に（-0.269）を乗じた数値が合格率効果（-0.807％）になる．図には，1年ごとに繰り返し計算した結果を示した．中央のゼロ線より上（下）にあれば，進学率を上昇（下降）させた効果．これによると第1の成長期は，合格率と失業率ともに増加要因になった時期が多い．しかし，この増減幅は一時期を除いて，それほど大きくない．煩雑になるので省略したが，この時期は，順調に増加していた所得のプラス効果も大きかった．

　これに対して，第2の安定期の特徴は顕著に現れている．合格率によるマイナス効果と失業率によるプラス効果が逆の方向に作用し，進学率の増減を打ち消し合っていたからである．そして，2005年以降の進学率縮小期は，若年層

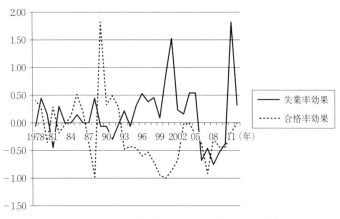

図 4-2　専門学校進学率の変化に与えた 2 つの効果

の雇用回復と合格率の上昇という 2 つのマイナス効果が重なって減少したことになる．そして，最近では，合格率の影響がなくなる一方で，失業率の上昇が専門学校志向を再び押し上げた．

　以上が就職＋進学機会モデルによる専門学校進学率の説明である．就職と大学進学の間でゆらいできた専門学校の位置がよく分かるし，将来の専門学校のあり方に重要な示唆を与えていると思う．大学合格率は天井に達し，大学志願の受け皿としての役割は終わった．大学進学機会モデルからすれば，専門学校進学率を上げる将来の要因は総じて弱くなっている．いまひとつの下げる要因は減少傾向にある家計所得だが，その影響幅は小さい．不透明なのは，専門学校人気が再上昇する可能性である．高卒の雇用不安が解消されれば，専門学校進学率は減少する．逆に不安が高まれば増加する．若年層の雇用不安が続けば，最近の動きにみられるように，再び専門学校人気が高まる可能性はある．ここで肝心なのは，不況によって専門学校人気が高まるかどうかの予測ではない．専門学校に進学することによって，若者の雇用不安が解消できるかどうかにある．不況が続けば，雇用不安を解消する専門学校教育への期待は大きくなるが，この期待に応えられなければ，専門学校人気は長続きしないだろう．大学志願の受け皿としての専門学校から脱却して，若者の就職不安を引き受け，雇用を確保できる教育機関に変貌することが期待されている．それがこれからの専門

学校の立ち位置である．

専門学校進学者のゆらぎと進学の理由

　大学進学志向と就職不安の狭間でゆれるこうした専門学校生の気持ちを学校側が知らないわけではない．それどころか，入学者のニーズに応えるために，専門学校は学生に提供する教育内容を敏感に変革してきた．教育内容の需要と供給を調整した結果は，学科別にみた入学者数の変化に現れる．濱中は，学科別入学者数の変化を分析することによって，大学と専門学校の競合関係がどのように変わったかを明らかにしている．その推移は，専門学校進学率の動き，および就職＋進学モデルの結果とかなり符合している．その一端を紹介しておこう．

　1990年頃までの専門学校進学率の上昇期は，工業関係と商業実務関係分野の成長によって支えられていた．濱中は次のように指摘する．「この時期に大学への進学が適わずセカンドチョイスとして専門学校に進学した者は，大学の工学関係，経済・経営・商業関係に対応すると見なせる分野を主に志願していたとみていいだろう」（濱中（義），2013）．専門学校が大学志願の受け皿になっていた時期の特徴である．

　ところが，工業関係と商業実務関係の学科は，1992年をピークに下がりはじめる．そのかわりに増えたのが，「医療・教育・社会福祉・衛生（栄養・美容・調理）」の関係科目である．これらの科目は，2005年頃まで順調に増加する．このなかには，「大学との競合にあまり関係のない」ものもあれば，「両者の間に学生獲得をめぐる競合関係が生じている」ものもあると濱中は指摘している．2000年以降の大学では，「医療系」と「教育系」の学部学生数が増加している．「大学と専門学校との競合関係の存在は，大学と大学以外の高等教育機関との境界を融解するおそれをはらんでいる」（濱中（義），2013）．競合関係の典型が2000年以降の特質である．

　2005年以降の専門学校減少期と回復の兆しを見せている現在を考えると，専門学校と大学の境界線はますます不鮮明になるのか，あるいは，実務の強みを発揮して，専門学校としての差異化を積極的に進めるのか．両セクターの選択は定かではないが，若者の就職不安を解消できる教育・訓練を提供すること

が，専門学校の回復戦略であることに変わりはないだろう．

両者の境界線が曖昧になればなるほど，高校生の進路選択は微妙にゆらいでしまう．第3章（「就職と進学のゆらぎ」）にならって，「高校生調査」にみる専門学校進学者の特徴をみておこう．前章で高校1・2年次の進路選択と第1志望の関係を示した（**表3-2**）．短大・専門学校の第1志望は全体の16％にとどまるが，1・2年次の進学組だけでなく，就職組および流動層からも同じ程度の参入がみられる．多様な進路意識をもつ者が混在し，就職と大学進学の中間的位置にあるのが短大・専門学校の特徴である．専門学校進学率の時系列分析と同じ傾向にある．

卒業時の進路決定調査（06年3月）によれば，男子回答者数1727名のうち，専門学校志進学者14％（239名），短期大学進学2％（33名）である．あわせて16％になり，短大・専門学校の第1志願者割合とほぼ同じになる．もちろん，第1志望者だけが短大・専門学校に進学したわけではない．第1志望と決定の間に若干の推移はあるが，第1志望の88％は最終決定と同じ．残りの12％は就職・大学・未定から短大・専門学校に参入した者である．

先に，大学進学の理由は3つの因子から構成されていると紹介した．「みんなが行くから」に代表される消極意思因子．「多くの人と知り合い，楽しみたい」という交友因子．「必要な職業資格・勉強したい分野がある」とする勉強因子である．この結果は，大学進学者に限定して因子分析を行った結果である．

3つの因子のうち，因子負荷量の大きい2つの質問項目を選択し，その項目に対して「とてもあてはまる」あるいは「あてはまる」と回答した合計の割合を専門学校と大学の2つに分けて比較してみよう．その結果が，**表4-2**である．消極因子と交友因子の4つは，いずれも大学進学者の方があてはまる率が高い．その一方で，取得したい職業資格や勉強したい分野があるからとする勉強因子は専門学校の方が強い．

「（進学すれば）多くの人と知り合える」や「学生生活を楽しみたい」という交友因子は専門学校でも6割を超えるし，「職業の資格をとりたい」と考える大学生も7割に近い．学生生活の楽しみと職業ないし専門の勉強が進学の大きな理由であることに変わりないが，専門学校進学者は，職業型の勉強志向が強い．時系列分析から明らかになったように，就職不安や雇用不安が専門学校進

表 4-2 専門学校進学と大学進学の比較—勉強因子の強い専門学校

	消極因子(1) まわりの皆 が進学する	消極因子(2) 家族・教師 のすすめ	交友因子(1) 多くの人と 知り合える	交友因子(2) 学生生活を 楽しむ	勉強因子(1) 職業の資格 をとる	勉強因子(2) 勉強したい 分野がある
専門学校進学	16.9	23.4	70.6	64.5	92.2	85.7
	∧	∧	∧	∧	∨	∨
大学進学	41.7	34.9	82.1	89.0	69.6	74.1

学率を押し上げている．高校生調査の結果は，こうしたマクロな分析結果とかなり整合的である．大学志願率の推移は，雇用変数（失業率や相対賃金）にそれほど敏感ではなかった事実とも符合している．職業資格因子(1)よりも交友因子の強さが大学志願の特徴である．

誰が専門学校を志望するのか

もう少し立ち入って，専門学校進学者と大学進学者の違いをみてみよう．濱中と米澤は「中学校3年の成績（学力）」と「親の出身階層」の違いに着目して，「誰が専門学校に進学しているか」を分析している（濱中（義）・米澤，2012）．そこで興味深いのは，学力中位層の進学行動である．1990年代半ば以降に大学進学率が上昇したのは，学力上位層と下位層であり，学力中位層はほとんど変化していないという．その一方で，専門学校では，学力中位層の進学率が最も大きく上昇し，次いで下位層が伸びている．ただし，学力上位層の専門学校進学率は減少している．専門学校は，必ずしも学力下位層によって支えられているわけではなく，学力中位層に一定の固定ファンがいるようである．

そこで最後に，「高校生調査」を用いて，誰が専門学校を志願しているかをみておこう．3月の進路決定者は調査の回答率が減少していること，および前年秋の第1志望は進路決定と大きく変わらないこと，この2点を考慮して第1志望の分析にとどめる．

「誰が」の測定概念として，ここでは次の2つに限定する．詳しい進路選択の検証は次章で行う．ひとつは，中学3年生時の成績．学年全体で，（ⅰ）上の方，（ⅱ）中の上，（ⅲ）中くらい，（ⅳ）中の下，（ⅴ）下の方，のどれに該当するかを質問した．全体的に上の方にかたよっており，（ⅰ）と（ⅱ）が同じ

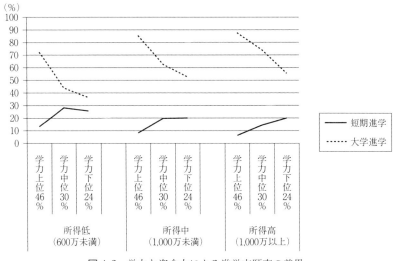

図4-3 学力と資金力による進学志願率の差異

くらいで，しかも46％を占める（これを「上位」とする）．中の下と下の方を「下位」として，24％になる．いまひとつは，家計の所得である．父親と母親の所得を質問しているので，その合計の世帯所得によって，3つに分類にした．

子どもの学力と家計の資金力によって，専門学校志望率と大学志望率がどのように異なっているかを示したのが図4-3である．

高所得階層ほど大学志望率は上方にシフトする．学力の上位ほど志望率が高いのも想像通りだが，やや様子が異なるのは学力中位層である．中位層における大学志願率の低下が目立つ．とくに低所得・中学力層でその特徴が顕著に現れる．専門学校の志願率をみれば分かるように，低所得・中学力層は専門学校を選択する割合が高くなる．調査では短大と専門学校を一括りにしているが，男子の場合，そのほとんどは専門学校である．

大学と専門学校の進路選択が資金力と学力によって直線的に分化するのは，高所得層に限られる．中および低所得の専門学校志願率は，学力が低くなるほど高くなるという直線的な関係はみられない．濱中と米澤が指摘したように，専門学校を志願する傾向が強いのは，低所得の中学力層である．

「誰が」という分析視点については，次章で詳しく検討するが，専門学校の

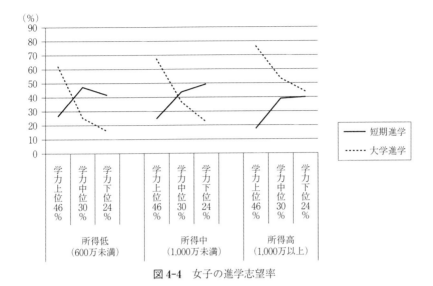

図 4-4 女子の進学志望率

特徴を理解するに際して欠かせないのは，男子と女子の違いである．所得と学力の志願図を紹介したついでに，女子の場合はどのようになるかを示したのが図 4-4 である．

先と同じ枠組の志願図だが，男子との違いが顕著に現れる．高所得層を除いて，大学進学と短期進学が交叉している．大学志望率が高いのは，上位学力層だけであり，中および下位の学力層になると，大学よりも短期の人気が高い．最近の短大進学率は急速に低下しているが，それでも女子の場合は 10％台にある．加えて，女子の現役専門学校進学率は，20％を超えている．男子の専門学校進学率を 5％ほど上回る水準を保ちつつ，成長してきた．女子の短期進学人気の根強さがうかがえるが，中位の学力層が志願者の多くを担っているという特質においては，男子と共通している．

長尾は，所得や学力だけでなく親の職業も考慮して，誰が専門学校に進学したかを分析している（長尾，2008）．私たちの高校生調査は一時点のデータにすぎないが，長尾の分析によれば，1990 年以前と 90 年以降の進学者を比較すると，専門学校進学者の社会経済的背景もこの時代区分に応じて変容したという．進学率を規定する要因が 90 年前後で変わったことはすでに述べたが，それだ

けでなく，専門学校を利用する社会階層も変わった．90 年以前は高卒就職者に近い社会階層が進学していたのに対して，90 年以降の専門学校進学者は大学進学組に近い層になっている．こうした分析に基づいて，中等教育後に進学する各種学校的な教育機関にすぎなかったが発足当初の専門学校が，短大・大学と併存する「高等教育機関」として社会的に認知されつつあると述べている．これからの専門学校および高等教育システムを考える上でとても重要な指摘である．

　第 1 章で，男子の進学は「大学本位制」だが，女子は必ずしもそうではないと述べた．将来所得の割引率が大きい人（今のお金が切実な人），つまり所得が低い層にとっては，短大・専門学校の進学が最適な選択になるからである．学歴の効用は男子と女子ではかなり異なっている．効用の違いがあるために，大学志向の男子とは異なって，女子の進路選択は複雑になる．労働市場における専門学校の効用が男子と女子の進路の差異を特徴づけていることについては，濱中（淳）が詳細な検証と興味深い分析結果を提供している（濱中（淳），2013）．労働市場における学歴の効用は，第 II 部のテーマになるが，本書の焦点は，男子の分析にあるので，留意すべき女子の特徴については，逐次に紹介するにとどめる．

5章
学力があるのに，親が大卒なのに，なぜ進学しないのか
家族資本主義の形成

数字から浮かび上がる「教育の質」

　志願率・就職率・専門学校進学率の分析を重ねると，潜在的な需要が近い将来に顕在化して，大学進学率が上昇するという可能性はあまりない．その第1の理由は，志願率が飽和点に達したと予測されることである．志願率を引き上げてきた要因の大学合格率はほぼ限界に達した．進学するための資金力があれば，誰でも大学に行くことができる．しかも，いまひとつの引き上げ要因である家計所得は，上昇するどころか低下している．高校生をもつ世帯の60％ほどが，大学進学のために資金を調達できる社会層の上界だと推察される．

　第2の理由は，減少し続けてきた就職率に歯止めがかかっていることである．ただし，もし高卒就職の雇用不安がさらに深刻になれば，就職率は低下し，専門学校あるいは大学への進学需要が喚起されると予測される．

　第3に，かつて専門学校に流れた大学進学希望者が大学に逆流する可能性は弱まっている．その一方で，最近の専門学校進学率の若干の上昇は，雇用不安による専門学校の選択である．雇用不安を解消できる専門学校に対する期待は高まっている．この期待が強まれば，大学を希望する潜在的需要が顕在化する可能性はさらに小さくなる．

　こうした分析結果を踏まえると，近い将来の大学進学需要に大きな変動が起きるとは考えにくい．現状の水準がしばらく維持されるものと予想される．ここで重要なのは，こうした数量的な分析結果の妥当性ではない．予測があたるかどうかの話でもない．数量的分析から浮かび上がってくるのは，専門学校および大学教育の魅力づくりと質の向上が，将来の高等教育の性質を規定する決

め手になるということである.

　高校生のみならず若者の心は，雇用不安と進学願望と教育に対する淡い期待のうちにゆらいでいる．雇用不安を解消したいために専門学校を選択しても，卒業によって不安が解決されなければ，専門学校への進学率は再び減少するだろう．大学教育に対する期待もまた同じである．新規の大学進学ニーズを掘り起こせるかどうかは，潜在的な若者を引きつける魅力を提案できるか否かにかかっている．大学の魅力が変わらなければ，大学進学需要の飽和点を超えることはできない．これからますます18歳人口は確実に減少する．採用する企業，および専門学校・大学には数少ない若者のニーズを摑む工夫と努力が求められている．

　大事なのは，数量分析と教育の質を結びつける構想力である．数量分析によって将来を予測できるわけではないが，現状と未来を考える枠組は提供してくれる．この枠組から浮かんでくる教育論が重要だと私は考えている．同時に，教育を支える環境条件を無視した空中戦の教育論は避けたい．第III部で「大学の使命・経営・政策」を取り上げるのは，こうした理由からである．その議論を実りあるものにするには，まだ2つの山を越える必要がある．ひとつに，進路選択の経済条件と社会条件との関係を把握しておかなければならない．いまひとつが，大学教育の効率性である．これについては，第II部で分析することとし，本章では，前者の課題を検証しておきたい．

進路選択の社会学

　就職か，専門学校か，大学かの選択は，経済条件だけで決まるわけではない．しかも，集計量である就職率や進学率の説明モデルでは，多様な個人の選択メカニズムを把握することはできない．99％の説明力は，集計量である平均値の予測であって，個人の選択を99％説明しているわけではない．そもそも個人の行動選択を50％以上説明できるような理論や社会モデルは存在しない．当たり前のことなのだが，ときどき混乱して解釈されたり，批判されたりする場合がある．マクロな時系列分析は平均値の動きを理解する範囲で有益だが，その範囲以上でもなければ以下でもない．経済変数が平均値の変動に与える効果を冷静に受け止めなければならないが，マクロな経済変数だけに還元して進路

選択を結論づけるのは,問題の残りすぎだ.そのように感じる人も多いに違いない.そこで,社会調査の方法によって個人の進路選択を分析し,より深く考察を加えておきたい.用いるデータは,今まで利用してきた「高校生調査」である.

「なぜ進学しないのか」という問いから分析をはじめたが,「誰が進学するのか」という研究は,教育社会学者による多くの蓄積がある.「誰が専門学校を志望するのか」という前章の部分的紹介に大学進学を加えて,少し詳しく分析しておこう.教育社会学の先行研究では,家計所得の他に次の4つの変数が重視されてきた.

第1は,親の職業や学歴などに代表される社会階層である.管理職・専門職およびホワイトカラーといった恵まれた職業階層ほど,そして親の学歴が高い階層ほど,その子弟の大学進学率は高くなる.恵まれた大学進学機会を媒介にして,恵まれた親の社会階層が恵まれた子どもの社会階層を規定する.親から子どもに継承される階層の再生産が,固く構造化されているか,あるいは開放的(流動的)であるか.こうした関心が階層研究の主題になっている.先行研究を紹介するとあまりにも膨大になるので省略するが,国際比較をすると日本社会の特質が浮き彫りになって興味深い(石田,1989).

第2は,進学した高校のタイプによって,進路選択の範囲が限定されるという仮説である.周知のように,日本の高校システムは,入学試験の難度によって垂直的に分化されている.つまり,入学試験の難しい高校ほど大学進学率は高く,学校の階層化がかなりはっきりしている.学校格差という階層構造に影響をうけて,進学率の高い高校の生徒は進学するのが当たり前という規範を身につける.どの高校,どのコースに入学するかによって進路選択の機会が左右される.この現象を教育社会学者は「トラッキング」とよんでいる.高校のトラッキング機能がどのように変容してきたかについては,樋田大二郎らの研究を参照してほしい(樋田ほか編,2000).

第3は,本人の学力である.入学者の選抜方法は多様だが,日本の学校では,学力試験による選抜が公平であり信頼できるツールだと信じられている.画一的なペーパーテストに対する批判は根強く,入試改革が重ねられてきたし,代わり映えのしない提案が今でも繰り返されているが,学力を尊重する姿勢にゆ

るぎはない．学力や学校の成績によって進路を決めるのは，世間一般の通念でもある．有名な「社会階層と社会移動」（以下，SSM 調査）研究では，中学3年生のときの成績についての調査項目が組み込まれている．中学の学業成績が，高校の進路策を規定し，進学した高校のトラックによってその後の進路が決まると考えられるからである．

　第4は，本人の学ぶ意欲ないし努力である．人生の成功は，生まれつきの能力（IQ）か，本人の努力か，あるいは運（luck）によって決まる（たとえば，ヤング，1958）．IQ や運は自分の力の及ぶところではないし，親のせいや学校のせいにするよりも，本人の努力が何よりも大事だ．ところが，苅谷によれば，努力も親の社会階層に規定されるという（苅谷，2000）．学校外の学習時間を努力の指標にすると，その努力が出身階層によって異なっているからである．苅谷によれば誰でも頑張れば何とかなるという努力主義は幻想らしいが，学習時間を努力の指標とした操作的定義は興味深い．

　こうした先行研究を土台にして，次の4つの指標を採用することにした．(1)父親の学歴：出身階層の代表的な文化資本である．ここでは学歴を教育年数に変換した連続変数を用いる．(2)高校のクラスの進学割合：これをトラッキングの指標とする．調査では，「あなたのクラスでは，大学・短大などへの進学希望者はどれくらいいますか」と質問し，「3割未満，3割から5割未満，5割から8割未満，8割から9割未満，ほとんど全員」の5段階から構成されている．(3)中学3年時の成績：「下のほう，中の下，中くらい，中の上，上のほう」の5段階．(4)高校3年生（現在）の自宅や図書館での勉強時間：「ほとんどしない，30分程度，1時間程度，2時間程度，3時間程度，4時間以上」の6段階．この4つの社会変数を連続変数として扱い，さらに世帯所得の経済変数を加えた．世帯所得は，父親と母親の所得を合算したものであり，29段階から構成されている．分析では，所得の対数を説明変数とした．

男子の大学本位制・女子の高等教育階梯制

　就職・専門学校・大学という進路選択は，順序関係を示す尺度のようにみえるが，必ずしも高校生の選好を現す順序ではない．つまり，就職よりも専門学校，専門学校よりも大学，という順序を想定して進路を決めるわけではない．

この3つは，順序尺度ではなく，性別のように内容を区別するだけの名義尺度だと考えるのが現実的である．統計分析の言葉を用いれば，順序尺度のときに用いられる順序（累積）ロジスティック回帰分析ではなく，名義尺度でカテゴリーが3つある多項ロジスティック回帰分析を行うのが適切である．

　生徒の第1希望は，就職14.8％，短期進学（専門学校と短大）16.1％，大学69.1％である．その他の希望や不明・欠損を除いた男子の有効サンプル総数は1741人．就職確率14.8％を基準にすると，大学確率は4.7倍（69.1／14.1）高く，短期確率は1.1倍にとどまる．5つの説明変数によって，この倍率がどのように変化するかを測定すればよい．変化しなければ，その説明変数は進路選択に影響を与えないということであり，プラスの変化をもたらせば，その説明変数が大きくなるほど大学確率（短期確率）が高くなると解釈できる．実際には，大学と短期の倍率を対数変換し，それらを従属変数（被説明変数）とする．2つの対数倍率を5つの変数で説明する2つの線形回帰式を想定し，それぞれの回帰係数を同時推定する．就職を基準にして推計したのが**表5-1**である．

　たとえば，大学進学の場合をみてみよう．中学3年時の成績が与える効果（B：回帰係数）は0.181である．他の条件は変わらないとすると，平均的に4.7倍だった進学（この対数変換は1.54）が，成績が1単位（1ランク）上がれば，対数表示で0.181増加する．対数表示だと実感しにくいので，倍数に戻す（Exp（0.181））と1.198になる．その値を表示したのがExp（B）の欄である．つまり，成績が1ランク上がると大学進学率／就職率の割合が1.198倍増加する．1.181という回帰係数がゼロ（無関係）だといえる確率は2.8％である．つまり，回帰係数はゼロだとはいえず，危険率5％で成績が進路選択に有意な影響を与えている（有意確率はp値の欄）．

　説明変数の回帰係数と有意検定の欄をみれば分かるように，就職と大学進学の割合は，説明変数が大きくなればなるほど高くなる．つまり，就職率が減少し，大学進学率が上昇する．学力説・トラッキング説・努力説・階層説・所得説のいずれも統計的に有意であり，仮説を棄却されない（学力以外は危険率1％で有意である）．どの影響が強いかどうかの比較はできないが，常識的な結果だろう．

　ここで興味深いのは，大学進学ではない．就職と短期（ほとんどが専門学

表5-1　生徒第1希望の多項ロジスティック回帰分析の結果（男子）

基準：就職		B	S.E.	Exp(B)	検定（p値）	モデルの適合	
短期進学	切片	-2.998	1.380		*(0.02)	－2対数尤度	1,654.5
	中3の成績	0.054	0.082	1.056	－(0.509)	カイ2乗	919.8
	クラス進学率	0.471	0.079	1.602	**(0.01)	自由度	10
	自宅勉強時間	0.247	0.091	1.281	**(0.00)	有効数	1,741
	父教育年数	0.066	0.045	1.068	－(0.62)	coxとsnell$R$2乗	0.410
	対数両親収入	0.102	0.202	1.107	－(0.14)	McFadden$R$2乗	0.317
大学進学	切片	-9.428	1.380		**(0.00)		
	中3の成績	0.181	0.082	1.198	*(0.03)		
	クラス進学率	0.902	0.078	2.464	**(0.00)		
	自宅勉強時間	0.782	0.084	2.186	**(0.00)		
	父教育年数	0.182	0.045	1.199	**(0.01)		
	対数両親収入	0.555	0.205	1.742	**(0.00)		

注：*，**は表2-1と同じ．－印は無関係．

校）進学との間にある規定要因である．中学3年時の成績・父学歴・世帯所得の3変数はいずれも統計的に有意な影響を与えてない．この3つの変数の大きさ，つまり家庭環境と中学校の成績は，就職か短期進学かの選択に関係がないということである．その一方で，高校のトラックと勉強時間は，有意な影響を与えている．まわりの友達と本人の努力によって，就職か専門学校か，の進路が規定されている．家庭環境でもなく，中学校の成績でもない．高校の仲間と努力が，専門学校を選択する決め手になっている．

　大学進学と就職の間には，仲間と努力だけでなく，学力と家庭環境による大きな壁がある．それに対して，専門学校は本人の努力次第という構造になっている．第1章の冒頭で，生涯所得の最大化戦略からすれば，大学まで進学するのが合理的だと指摘した．経済的にゆとりができれば，つまり経済の壁がなくなれば，短期進学ではなく，大学に行くのが最適である．経済の壁があるなら，無理して専門学校に行くことはない．この経済構造を大学本位制だと述べたが，多項ロジスティック回帰分析の結果は，この経済構造説を思い起こさせる．分析結果による進路選択の特徴を図示すれば，図5-1のようになる．就職・短期（専門学校）・大学の進路における障壁は，大学進学／非進学の間にある「家庭環境と学習」の壁である．家庭環境とは，親の学歴と親の所得であり，学習は，本人の学業成績・学校のトラック・勉強時間の3つを含めたものである．就職

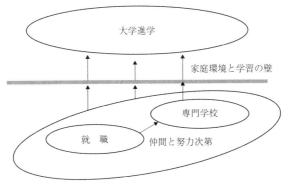

図 5-1　大学本位制の進路選択図

と専門学校の間に，家庭環境の影響はない．この進路図は，「経済的ゆとりができれば大学進学」という大学本位制と整合的である．

その一方で，女子は専門学校・短大の選択が最適である場合が生じる．だとすれば，女子の進路選択は，多項ロジスティック回帰分析によっても男子と異なると想像される．そこで，男子と同じような分析をした結果が表5-2である．

女子の進路選択は，就職13.2％，短期進学35.4％，大学進学51.4％であり，男子よりも短期進学が多くなる．そして，短期進学も大学進学もともに，家庭環境の要因が有意な影響を与えている．家庭環境と高校トラック，および努力がともなわなければ，進学が難しい．例外なのは，中学3年時の成績であり，短期進学だけが無関係になる．中学時の成績が悪いと大学進学は難しいが，短期進学なら可能だということである．

表5-2は，就職を基準にした結果であり，短期進学と大学進学の割合に与える効果の分析結果は掲載していない．しかし，短期進学を基準にした大学確率のケースは，表5-2のそれぞれの回帰係数の差を計算すればよい．中学3年時の成績であれば，0.336 − 0.111 = 0.225 が，短期進学と大学進学の間にある回帰係数になる．同様に，クラス進学率の係数は，0.671 − 0.359 = 0.312 である．これらの数値の大きさを表の B 値と比較すれば，統計的に有意な差があると推測できる．正確に検定するには，基準カテゴリーを変更して分析する必要がある．短期進学を基準にした大学進学を推計すると，いずれの p 値も 0.01 より小さいことが分かる．つまり，短期進学と大学の間にも，5つの変数の壁がある．

表5-2 生徒第1希望の多項ロジスティック回帰分析の結果（女子）

基準：就職		B	S.E.	Exp(B)	検定（p値）	モデルの適合	
短期進学	切片	-7.462	1.211		**(0.00)	-2対数尤度	2,005.5
	中3の成績	0.111	0.079	1.117	-(0.16)	カイ2乗	989.1
	クラス進学率	0.359	0.070	1.432	**(0.00)	自由度	10
	自宅勉強時間	0.251	0.078	1.285	**(0.00)	有効数	1,727
	父教育年数	0.165	0.042	1.180	**(0.00)	coxとsnell$R$2乗	0.436
	対数両親収入	0.718	0.180	2.051	**(0.00)	McFadden$R$2乗	0.293
大学進学	切片	-16.016	1.438		**(0.00)		
	中3の成績	0.336	0.090	1.399	**(0.00)		
	クラス進学率	0.671	0.080	1.957	**(0.00)		
	自宅勉強時間	0.801	0.080	2.229	**(0.00)		
	父教育年数	0.344	0.048	1.410	**(0.00)		
	対数両親収入	1.150	0.214	3.157	**(0.00)		

注：表5-1と同じ．

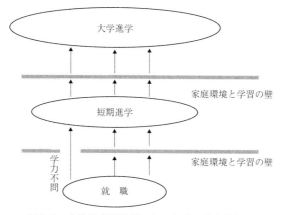

図5-2 高等教育階梯制になる女子の進路選択図

　こうした特徴を図示したのが，図5-2である．男子とは異なって，就職と短期進学の間にも，そして短期進学と大学進学の間にも「家庭環境と学習」の壁がある．上位に向けた進学が段階的な梯子になっており，梯子を登るためには，これらの壁を越えられる条件を整えなければならない．唯一の例外は，就職と短期進学の間にある中学3年時の成績である．この変数だけは無関係であり，中学学力不問になっている．

　生涯所得を最大化させる経済モデルによれば，女子の進路選択は大学本位制

ではなかった．経済的ゆとりができれば，就職よりも短期進学を選択するのが最適であり，さらにゆとりが出れば，短期進学よりは大学に進学するのがベストだ．経済条件の壁がなくなるにつれて，就職よりも短期，短期よりも大学という階段的進路選択になる．大学本位制という言葉に対比させれば，高等教育階梯制だといえる．

大学進学の学力分布──すでに高齢世代から大衆化

　男子の大学本位制と女子の高等教育階梯制という進路説明図は，専門学校の立ち位置（前章のテーマ）をよく表現している．この専門学校と大学の違いのひとつは，学力の分布にある．大学は学業成績のよい人が行くところ，という社会通念は長く浸透してきし，今でもそうあるべきだという信念を持つ人も多い．学力は大学進学を規定する要因だが，あくまでも要因のひとつにすぎず，学力の高い順番に進学しているわけではない．学力が高いにもかかわらず大学に進学しない者もいれば，低いにもかかわらず進学する者もいる．もし学力の高い順に大学に進学していれば，進学率が少しぐらい上昇しても学生の学力が低下するはずはない．そのような理屈を第1章で述べたが，この理屈と現実の間には大きな開きがある．どのような開きが生じているのか，その現状を把握しながら，大学の大衆化と学力の関係を考えておきたい．

　そのためには，単年度の調査ではなく，もう少し長い時間を視野に入れなければならない．「社会階層と社会移動」（SSM調査）研究には，中学3年時の学業成績（学力）を5段階で質問した項目がある．調査対象者が進学した学校も調べられているから，学力と大学進学と年齢のクロス表を作成すれば，世代別の進学率と学力の関係が把握できる．2005年の調査なので，当時の20代は現在の30代に対応する．

　まず，10歳区分によって，大学に進学した割合を男女別にみた結果を示すと**表5-3**のようになる．最高齢の世代は，1935-44年生まれであり，現在の70歳代に匹敵する．この世代の男子の平均進学率は17.8％と推計される．文科省統計によると，該当する世代の大学進学率が13.3％から19.8％に推移しているから，かなり妥当な数値だといえる．50代の世代になると進学率が倍増する（38.4％）が，その後は停滞し，今の50代から30代の間にはそれほど大きな

差がみられない．40代は，進学率がやや減少する大学抑制時期にあたっており，文科省統計の変化と整合的だが，30代の39.4％はやや低い．この世代は進学率の再上昇期であり，文科省統計では平均45％ほどの水準にある．

　進学率の確かさよりも，学力によって進学率がどのように異なっているかに注目しておこう．学力上位グループは，70代ですでに44％が進学しており，優等生の半分近くが進学していた．言い換えれば，優等生でも進学しない生徒が半分余りもいた世代である．30代の優等生進学率は85％に達している．「やや上」のグループは，30％（70代）から71％（30代）への上昇である．次いで，真ん中のグループも11％（70代）から30％（30代）に上昇したが，世代間の差異が目立つのは，「やや下」の進学率である．60代・70代では数％にすぎなかったにもかかわらず，30代では24％．4人に1人が大学に進学するようになっている．

　こうしてみると，大学進学率の上昇とともに，優等生の7，8割が進学できるようになったものの，真ん中とやや下の層の進学率が上昇したために，進学者の平均学力が低下したと考えられる．大学の大衆化とともに学力が低下するのは当たり前だという常識を裏づけている．しかし，この常識よりも，次の2つに注意しておく必要がある．ひとつは，大学生全体に占める「真ん中」層の割合である．「真ん中あたり」と答えた人の割合は，男子で42％を占める．それに対して「上の方」13％，「やや上」は20％である．キャンパスにいる学生の学力分布は，進学率の数値では把握できない．進学者数を100とした学力の分布をみる必要がある．「真ん中あたり」の層に着目すると，70代の大学時代でも，4人に1人は「真ん中あたり」の学生で占められていた．この中学力層のシェアを世代順で示すと［25％→31％→35％→34％→30％］になる．この真ん中あたりの学生のシェアが大学大衆化の風景を特徴づけている．だとすれば，大衆化は，進学率が15％を超えたことによる大学の変貌というよりも，真ん中あたりが25％を超えたときの変貌だと考えるのがリアルだろう．「学生らしくない，こんな困った学生が増えた」というエピソードを語るに十分な数字である．大学の大衆化は，最近の中年世代からはじまったことではなく，高齢世代からの現象である．

　いまひとつ注意しておく必要があるのは，上位の進学率が100％に達してい

表5-3　性別・世代別・学力別の大学進学率　　　　　　　　　　　　　　（％）

世代（男子）	進学率	上 位	やや上	真ん中	やや下	下の方
1935-44年生（70代）	17.8	43.6	29.8	10.9	1.0	1.9
45-54年生（60代）	26.2	64.0	46.2	18.8	2.8	2.3
55-64年生（50代）	38.4	63.6	63.6	31.5	9.3	8.6
65-74年生（40代）	36.1	72.1	71.3	29.5	12.8	4.0
75-84年生（30代）	39.4	84.6	70.8	30.3	24.1	7.1
世代（女子）						
1935-44年生（70代）	1.6	6.7	3.1	0.3	0.0	0.0
45-54年生（60代）	5.9	30.6	7.8	2.8	1.1	0.0
55-64年生（50代）	11.4	40.7	23.4	4.6	0.0	0.0
65-74年生（40代）	16.5	52.8	32.8	8.3	3.4	0.0
75-84年生（30代）	22.4	62.5	47.9	13.9	8.3	4.0

ないことである．最近の学生の学力低下は学力下位層が大学に来るようになったからだと嘆いて，大学規模の拡大を断罪するのは早とちりである．その前に考えなければならないのは，真ん中以上の進学率が依然として低いのはなぜか，という問いである．上位，およびやや上の進学率が高いとはいえ，彼らの4人に1人はまだ大学に進学していない．なぜだろうか．進学率50％の今の大学を考えるならば，真ん中あたりの進路選択を検証しなければならないが，彼らの進学率はまだ30％にすぎない．上位層および真ん中あたりの進学率が上がれば，全体の平均学力は低下しないはずである．

　この第2の問題を検証する前に，女子の学力別進学率を少しみておこう．男子と比べて女子の動きは緩慢である．70代で大学に進学していたのは2％に満たなかった．30代ですら22％．男子の高齢世代と同じ程度にすぎない．学力別の進学率をみても，女子の30代の分布は，男子の60代のそれとよく似ている．しかも，学力中位以下の進学率が，男子と比べて圧倒的に小さく，優等生が大学に行くという性格を長く持続させている．大学に代わる高等教育機関として短大・専門学校が男子よりも多く利用されているからである．したがって，女子が大学と短期高等教育機関の選択をどのように変更させるか．その変更の多少がこれからの大学の規模を大きく左右することになる．

学力があるのになぜ進学しないのか

　最近の動きを含めた女子の進路選択については，濱中（淳）が詳しい分析結果を提供しているのでそちらを参照していただくとして（濱中（淳），2013），ここでは，優等生が大学に進学しない理由を探っておこう．用いるデータは，「高校生調査」である．

　高校生調査の学力変数は，SSM調査のそれよりも，分布が上位に傾いている．真ん中あたり（高校生調査では，「中くらい」）の人数が少なく（30％），中の上（24％）と上の方（23％）が多くなっている．「中くらい」と答えるべき層が上の方に甘く自己評価しているようだ．甘い自己評価，あるいはサンプルが上位層に傾いている可能性は調査の限界だが，学力が上の方であるにもかかわらず大学に進学しない生徒の傾向を把握しておきたい．ここでは，男子だけに絞り，学力を上・中・下の3段階に分けて考える．

　大学進学を第1希望とする学力別の割合をみると，学力上位83％，中位57％，下位45％であり，学力の低い生徒の希望率が想像以上に高い．上位の希望率は確かに高いが，その高さよりも，希望しない上位の17％に注意すべきである．この上位非進学者の総数は，高校生全体の8％を占める．もし彼らが進学すれば，それだけで高校生の進学率は8％増えるという数字である．ちなみに，女子の上位「非」進学の割合は15％．男女総計では11％の優等生が大学に進学していない．

　進学率が上がれば学力が下がると結論する前に，「どのような」優等生が進学希望を断念しているか，を探索しておきたい．そこで，学力の3類型と進学／非進学を組み合わせて，進路のパターンを6つに類型化し，それぞれのタイプの特徴を考える．類型の特徴を把握する指標として，進路選択の規定要因として用いた5変数のうちの4つ（学力変数は除く）を採用する．変数の単位を分かりやすくするために，所得は年収の万円，父学歴は教育年数，クラスの進学割合は（％），勉強時間は（時間）という単位の順に割り当てた．

　まず，6類型の分布を確認しておこう（**表5-4**）．上位進学組（Ⅰ）は，高校生全体の39％を占める．多すぎる気もするが，「やや上位」という気分の数字だとすれば，こんなところかもしれない．上位の非進学組（Ⅳ）は，数として最も少ないが，それでも8％を占める．優等生の非進学組よりも，下位進学

組（III）の方が多い（11%）．下位進学の代わりに，上位非進学，さらには中位非進学（V）が大学に行くようになれば，キャンパスの学力分布は大きく変わるはずである．

この類型によって，家庭環境および学習状況がどのように異なっているかを「平均の比較」によって検討する．とくに，学力上位の非進学者（IV）と下位進学者（III）の境界線に着目しておきたい．類型別の家計所得がどのように異なっているかを比較したのが，**表5-4**である．

平均値の差を検定するための条件である等分散性仮説は，p値が0.184（Levene統計による）になり，棄却できない．そこで等分散だと仮定したTukeyによる一元配置分析を行ったが，ここで興味深いのは，IからVの順番に，所得が減少していることである（ただし，VとVIの間は逆転して，イレギュラーである）．上位進学（I）の所得が高いのは想像通りだとしても，上位非進学（IV）の所得は，平均所得の816万円よりも少なく，763万円．それは，下位進学（III）に次いで4番目の所得にとどまる．学力があっても経済条件のために進学を諦める傾向が強く，逆に，家計が豊かになれば，学力が低くても進学する．

しかし，類型による平均所得は，常にこの順番に固定されているわけではない．平均値の標準誤差を考えれば，サンプルによって順位は変動する．95%信頼区間を参考にすれば，上位進学と中位進学の区間は重なっているから，両者の平均値に有意な差があるとは断定できない．しかし，上位進学と上位非進学の信頼区間は重ならず，両者の進路を分化させるひとつの要因は所得だといえる．中位進学（II）と中位非進学（V）の間にも，有意な差が認められる．

この手順に準拠して，共有される土俵（区間）を探れば，〈I・II・III〉の進学グループが高所得層のまとまりになる．IVは，Iと大きな所得差があるが，IIとIIIと比較すれば，統計的に有意な差とはいえない．つまり，〈II・III・IV〉というまとまりは，学力か，所得か，のいずれかに恵まれているグループである．そして，〈V・VI〉非進学の低所得グループになる．上位非進学組（IV）は，下位進学組（III）とともに，進学・非進学の境界線をゆらぎ，悩んでいるタイプである．その悩みを決断させている要因のひとつが家計の所得になっている．

表5-4 類型別の平均所得　　　　　　　　　　　　　　　　（万円）

	度数		平均値	標準誤差	平均値の95％信頼区間	
上位進学（I）	700	(39.3)	885.6	14.0	858.1	913.2
中位進学（II）	303	(17.0)	855.6	19.9	816.4	894.9
下位進学（III）	200	(11.2)	812.5	23.8	765.6	859.4
上位非進学（IV）	140	(7.9)	763.6	29.6	705.0	822.2
中位非進学（V）	213	(12.0)	677.2	19.3	639.2	715.3
下位非進学（VI）	226	(12.7)	716.2	23.1	670.7	761.6
合　計	1,782	(100.0)	816.3	8.4	799.8	832.9

　同じ方法によって，父教育年数，クラスの進学率，自宅の勉強時間の平均値を比較した結果が，**表5-5**である．いずれの指標も，IからVIの順番に減少している．上位進学（I）は家庭環境と学校環境ともに最も恵まれており，勉強時間も2.9時間とよく努力している．

　一方，上位非進学（IV）は，いずれの指標でも，上位進学（I）はもちろん，下位非進学（III）よりも低い．所得という経済条件だけでなく，親の文化資本からみても恵まれていない．中学の時に上位学力だったにしては，高校のクラス進学率は55％であり，平均よりも低い．高校進学時につまずきがあったのかもしれない．自宅の勉強時間も平均を大きく下回り，進学を諦めているようである．

　この3つの指標による類型別の分散は均一ではなく，等分散性を仮定した分析はできない．等分散を仮定しない多重比較を行う必要がある．詳細な結果は省略するが，先の所得と比べて，類型別の平均値に明確な格差が確認される．その格差は，平均値と95％信頼区間推計だけからみてもはっきりしている．その特徴をまとめておくと，表の備考欄のようになる．

　教育年数は，I・II・III，およびIV・V・VIのそれぞれの間に有意な差はなく，この2つのグループの間に落差がある．有意な落差に着目して不等号表示すると，I II III ＞ IV V VI という関係にある．学力を問わず，進学と非進学の決め手になっているのは，父学歴である．クラスの進学率は，VとVIを例外にして，類型間に有意な差が認められる．つまり，I＞II＞III＞IV＞V VI という関係にある．高校の進学トラックが，中位と下位学力の進学意欲を高め，仲間の進学意欲が，本人の努力（勉強時間）を駆り立てている．その結

表 5-5　類型別の教育年数・クラス進学率・自宅勉強時間

	父教育年数	クラス進学（%）	自宅勉強（時間）
上位進学（I）	14.4	86.3	2.9
中位進学（II）	14.2	74.0	1.8
下位進学（III）	14.1	67.3	1.4
上位非進学（IV）	13.3	55.4	0.5
中位非進学（V）	12.8	46.7	0.4
下位非進学（VI）	12.8	42.5	0.3
合　計	13.9	68.9	1.7
備　考	I II III > IV V VI	I > II > III > IV	I > II > III > IV

果，自宅勉強時間は，I > II > III > IV V VIの順になる．

大卒者の子弟が危険回避しない理由

　中学3年時の成績がよかったからといって，家庭環境と学習環境の壁が解消されるわけではない．優等生の進学率は上昇するけれども，進学しない優等生がなくなるわけではない．実際の進学の意思決定はさらに複雑だが，6つの類型は，進学／非進学の境界線上にいる学力上位の非進学（IV）と学力下位の進学（III）がどのような環境に置かれているかをよく表現している．これらの結果の中で際立った特徴は，父学歴の影響である．学力に関係なく，父学歴は，進学（I II III）と非進学（IV V VI）の2つのグループをはっきり分断している．この父学歴について，いま少し詳しく検討しておこう．

　学歴の世代間関係については，社会学・教育社会学における多くの研究業績がある．教育機会の不平等が親の学歴に強く規定され，社会階層が再生産されているという．構造化に至る説明図式は多様だが，「学歴の世代間関係が固定化している」ことを強調し，かつ「家計所得の都合で進学を断念するという経済的説明は現実味に欠ける」（吉川, 2006）とする吉川の研究を検証しながら，父学歴の影響を確認しておこう．検証の結論を先に述べておくと，学歴の世代間関係が固定化しているとはいいがたく，経済的説明が現実味に欠けるとはいえない．

　吉川の分析枠組は，「学歴下降回避説」にある．「（人々は，）職業的地位の下降を忌避する選好をもっている」「（そのため，）世代間移動の媒介項である学

表5-6 父学歴別にみた男子本人の進路希望率（世代間学歴の上昇・下降の移動確率）

(％)

	就職希望	短期希望	大学希望	人数（％）
高　卒	22.6	22.2	55.3	740（42.1）
短期卒	14.3	19.0	66.7	189（10.8）
大　卒	6.0	9.2	84.8	828（47.1）
合　計	13.9	15.7	70.4	1,757（100.0）

歴の獲得においては，下降移動のリスクを回避する学歴を選びとるのが，合理的な選択になる」という．この説明図式によって，学歴の世代間移動がどのように推移し，今どのような地点に到達したかを解明しようとしている．そして，学歴上昇に強く動機づけられた大衆的メリトクラシーは終焉し，上昇志向よりも，下降回避が主流になる学歴社会を論じている．

論として興味深いが，ここでの関心に即して，学歴の世代間移動の現状をみておきたい．親が中卒である子弟の進路選択は，きわめて重要な問題だが，今回はサンプル数が少なく（全体の4.7％），ここで扱う他の変数を組み入れるとさらに弱いデータになる．しかも，すでに高校に進学している生徒を対象にした調査なので，学歴間の移動マトリックスを完成するには不完全でもある．そこで，全体の大まかな流れを把握する手続きを優先して，中卒のケースを除くことにする．あわせて，進路として「その他」を選択しているケースも除く．このように単純化し，父学歴と本人希望学歴の移動表を示すと表5-6のようになる（父学歴の計が100％）．

就職希望の学歴は高卒である．父学歴の分布は，全体の人数を100に換算し，単純化すれば，高卒42人，短期卒11人，大卒47人．これを順に（42，11，47）と記しておく．表のように子どもの学歴が移動すれば，子どもの学歴の分布はどのようになるか．子どもの高卒者は，父高卒（42人）のうちの22.6％に，父短期卒（11人）のうちの14.3％，父大卒（47人）のうちの6％を加えた人数になる．つまり，42×0.226＋11×0.124＋47×0.054を積算すると子どもの高卒者数は14人．42人を占めていた高卒者は，14人に激減する．同様に，子どもの短期卒の人数および大卒の人数が計算できる．

その結果，（42，11，47）だった親の子どもの学歴分布は，（14，16，70）に

なる．つまり，**表 5-6** の下欄の合計と同じ分布である．この子どもたちの子どもが，親（祖父）と同じような学歴を選択すれば，つまり，表の移動確率を固定すれば，孫世代の学歴分布が計算できる．その結果は，(10, 13, 78) になる．大卒希望率は，父の世代から孫の世代にわたって，47→70→78 と増加する．

　子ども世代は急速に高学歴化するが，この計算を続けると孫から曾孫にかけて，ほとんど変わらなくなる．この計算は，マルコフ連鎖とよばれる確率モデルであり，定常状態に急速に収斂する．無限の繰り返しによる収斂状態は容易に計算できる（移動前の学歴分布が，移動後の学歴分布と同じになる状態を想定して計算すればよい）．その結果は，(8, 11, 80)．孫の状態と大きく変わらないことが分かる．

　親子の学歴関係にマルコフ連鎖を適用したモデルについては，30年も前に，今田が「学歴構造の趨勢分析」という論文で報告している（今田，1979）．そこで用いられた親子の学歴マトリックスは，希望率ではなく，決定された学歴である．1975 年の調査による親子の学歴関係を用いた彼女の分析によれば，「大学・短大」の進学率は 51.2％水準に収斂する．1955 年の調査データによる推計でも「大学・短大」の進学率は 47.2％に到達する．今田の論文は高学歴化のメカニズムを多面的に検討したものだが，マルコフ連鎖の結果に依拠して，次のように指摘している．

　　高学歴化を達成させた学歴移動構造は，1955 年から 1975 年にかけての社会の産業化という急激な社会経済的変動にもかかわらず，それからの影響を受けることなく安定していた．これは，高学歴化が経済からある程度自律的であったことを意味すると解してよいのではないか（今田，1979）．

　吉川も今田の指摘に着目して，その後の変化をフォローしている．そして，この計測は学歴下降回避説に基づいた数理的シミュレーションだとみることができるとし，さらに，教育拡大の自己組織化の反映だと解釈できるとしている（吉川，2006，5 章）．

　しかし，数理モデルを読むかぎり，この論理の展開にはかなり飛躍があり，教育拡大の自己組織化とはまったく関係がない．無限の繰り返しによる定常状

態が示す「大卒進学率の天井」は，「大卒の子どもの現在の大学進学率」に規定される．表5-6の大卒者の進学率は，84.8％である．定常状態の大学進学率(80) は，この進学率を上回らない．表5-6の女性版を作成すると父大卒の大学希望率は69.5％．女子の移動確率を用いて同様の推計を行うと定常状態は，学歴の順に (8, 35, 57) になる．未来の最終的大学進学率の57％は，現在の父大卒者の69.5％よりもかなり低い．女子は短期進学率が高いからである．今田と吉川の移動確率は，男女の合計だから，未来の進学率は男子よりも低めに推計される．

　もし大卒者の子どもの進学率が100％であれば，高卒者の大学進学率が小さくても，定常状態の進学率は100％になる．逆に，高卒者の大学進学率が高くても，大卒者の進学率が84.8％と変わらなければ，定常状態の進学率はこれを上回らない．

　したがって，表5-6の世代間移動から学ぶべきことは，高学歴ほど進学率が高いという傾向ではない．なぜ大卒者の子弟が学歴下降という危険を回避しないのか，という問いである．父が大卒なのに，15％の子弟は大学進学を希望していない．なぜなのか．卒業時点の進路決定をみても，就職と短大・専門学校の合計は14％である．世代間の学歴移動表の焦点は，マルコフ連鎖という架空の定常状態にあるのではなく，次の2つにある．

　第1は，高卒および短期卒の子弟が，大学進学を希望する比率，つまり大学に新規参入する意欲は決して衰えていないということである．高卒者の下降回避よりも，彼らの上昇志向の要因を検討しておく必要がある．第2に，大卒者の子弟が下降を回避しない要因の探索である．

親が大卒なのに，なぜ進学しないのか

　そこで，「どのような」大卒の子弟が学歴下降を回避しないかを探索しておきたい．学力の分析と同じように，進学／非進学と学歴をクロスして6つの類型に分け，それぞれの平均値を比較する．表5-7が，平均所得の結果である．大卒の進学組は，全体の39％，短期と高卒の進学を合わせると29％になる．大学進学者だけを考えると，親を引き継いで進学する大学2世が57％ (＝39/68) を占める．一方，子どもがはじめて進学する大学1世は43％．学歴に

表 5-7 父学歴と進学による類型と平均所得   (万円)

	度　数		平均値	標準誤差	平均値の 95% 信頼区間	
大卒進学（I）	661	(38.9)	956.3	14.8	927.1	985.4
短期卒進学（II）	118	(6.9)	751.7	29.1	694.0	809.4
高卒進学（III）	389	(22.9)	764.5	14.8	735.3	793.7
大卒非進学（IV）	137	(8.1)	803.6	32.4	739.6	867.7
短期卒非進学（V）	66	(3.9)	736.4	43.2	650.1	822.7
高卒非進学（VI）	327	(19.3)	686.1	16.1	654.3	717.8
合　計	1,698	(100.0)	825.2	8.7	808.2	842.2

よって大学進学が閉ざされているという説よりも，大学はかなり開かれているというべきだろう．

　この6分類による平均所得をみると，大卒進学組（I）の所得は956万円．平均所得を130万円ほど上回って，圧倒的に恵まれた家庭環境にある．その一方で，短期卒進学（II）と高卒進学（III）は，平均所得よりも低く，かなり無理をして進学している．彼らよりも，学歴下降回避をしなかった大卒非進学（IV）の平均所得が高い．等分散性の帰無仮説は棄却されるので，等分散が仮定されない差の検定によるとII III IV Vの間に有意な差は認められない．平均値の95%信頼区間をみても同じ結果になる．

　短期卒非進学（V）が境界線領域にあってやや曖昧だが，大きくグルーピングすれば，I＞II III IV V＞VIという多重比較になる．非常に恵まれた大卒進学（I）と家計の厳しい高卒非進学（VI）が両極に位置し，その他は中間グループに属する．したがって，所得水準だけによって，大卒の子弟が学歴下降を余儀なくされているとは断定できない．そこで，類型別の中学3年成績，高校3年成績，クラス進学率，および自宅勉強時間の平均値をみてみよう．その結果が**表5-8**である．

　表にみるように，進学（I II III）と非進学（IV V VI）の間にはっきりした落差がある．備考欄の不等号表示は，等分散を仮定しない多重比較に基づいているが，厳密には4つにグルーピングされる変数もある．しかし，傾向としては，大きく2つに分断されると考えてよい．いずれの指標も進学を規定する要因だが，大卒の非進学組（IV）も他の非進学と同じグループに属しているところが注目される．親が大学を出ているにもかかわらず，中学3年次の成績が

表 5-8　学歴類型別の中学成績・高校成績・クラス進学率・自宅勉強時間

	中学成績（5段階）	高校成績（5段階）	クラス進学率（％）	自宅勉強時間(時間)
大卒進学（I）	3.74	3.40	83.05	4.23
短期卒進学（II）	3.63	3.34	78.81	4.06
高卒進学（III）	3.62	3.33	76.25	3.60
大卒非進学（IV）	2.88	2.94	55.90	1.97
短期卒非進学（V）	2.82	2.90	53.68	1.65
高卒非進学（VI）	2.74	3.00	43.47	1.45
合　計	3.41	3.24	70.18	3.25
備　考	I II III＞IV V VI	I II III＞IV V VI	I II III＞IV V VI	I II III＞IV V VI

下位に属しているために，高校の進学が限定され，高校の成績も振るわない．そのため勉強時間も短い．学力の自己評価が低いために，進学を早くから諦めている雰囲気だ．学力の世代間関係は，身長の世代間関係と同じように，拡大再生産されるのではなく，平均に回帰する．学力にみる親子間の回帰現象が，学歴の下降回避をもたらす重要な要因だと推測される．

家族資本主義がつくった日本的大衆大学

　学力の分析によれば，優等生が進学しないひとつの理由は，親の学歴が低いからだった．その一方で，親が大卒であるのに進学しないのは，学力が低いケースである．混乱するような言い回しになってしまうのは，学力と学歴の分布が交差しているからである．子どもの学力と親の学歴は相関関係にあるが，学力の高い高校生の親がすべて高学歴であるわけではない．この2つの関係の分布は，**表 5-9** のようになっている．

　父大卒者のうち成績の高い生徒は55％だが，成績が下の方になる生徒も20％ほどいる．一方，高卒の成績上位は40％，下位が27％になる．高学歴の子弟ほど成績上位の割合は増えるが，子どもの成績が親の学歴で決まっているわけではない．

　学力，および父学歴による進学／非進学の分析が示していたのは，この分布と進学率の関係を表現したのと同じことである．推察できるように，親が大卒であるにもかかわらず進学しないケースが生じやすいのは，成績下位の場合である（そのすべてが進学しないわけではない）．一方，成績上位であるにもか

表 5-9　父学歴別の中学校成績割合（男子）　　（％）

	成績下位	成績中位	成績上位	人数（％）
高　卒	26.5	33.8	39.7	761（100.0）
短期卒	24.7	29.4	45.9	194（100.0）
大　卒	19.3	25.7	55.1	846（100.0）
合　計	22.9	29.5	47.6	1,801（100.0）

かわらず大学に進学しないケースが生じやすいのは，親が高卒の場合である．したがって，この表の類型別に進学希望率を比較すれば，学歴と学力によって大学志向がどのように異なっているかが分かる．

　同じことを違う視点からみているにすぎないが，学歴と学力による大学進学希望率（以下，進学率）を確認しておくと，**表5-10**のようになる．全体の平均は69％だが，大卒の成績上位者になると90％．他のグループを圧倒している．彼らは，なぜ，何のために，大学に進学するのかというようなことは深く考えることもなく，当たり前のように進学しているはずである．しかし，これほどに恵まれた階層でも，100％の進学率にはならない．進路選択の複雑さ，悩ましさが，吐露されているように思われる．

　次いで進学率が高いのは，「大卒・成績中位」と「短期卒・成績上位」の80％である．この2つのグループと「高卒・成績上位」が，平均進学率を上回る．他のグループは，学歴と学力の影響力を受けながら，進学率が徐々に低下する．「高卒・下位」になると34％．平均進学率の半分にとどまるが，進学に不利な環境にありながらも，3人に1人は進学を希望していることに注意しておく必要がある．進学率が低いグループほど進路選択の決定は，悩ましく，深刻だし，進路支援・進路指導が重要になるからである．

　学歴と学力の2つに重なっているのが，家計の所得である．そこで，所得階級別の進学率を確認しておこう．所得を低・中・高の3つに分けると，［52.2％，72.0％，78.2％］の順になる．所得はほぼ均等になるように分類したが，低所得と中所得の間に進学率に大きな差が認められる．

　ここであらためて強く印象づけられるのは，「家族単位の力」によって大学進学が決まりやすいという事実にある．日本の大学の大衆化を特徴づけ，そこから導き出される政策的含意を議論する上で，この事実のもつ意味は重い．

表 5-10 学歴・学力による大学進学率の比較（男子）（％）

	成績下位	成績中位	成績上位	合計
高　卒	34.2	42.8	76.2	53.7
短期卒	50.0	54.4	79.8	64.9
大　卒	65.6	79.7	90.3	82.9
合　計	48.4	59.1	84.2	68.6

　家族単位の力というのは，3つの家族資本のことである．ひとつは，親の学歴．つまり，家族の文化資本のひとつである．いまひとつは，家計の所得．家族の経済資本である．そして，第3が，子どもの学力．生まれながらのIQは，学習の資本である．日本ではIQという指標は表に出さないことになっているが，そのかわりに，義務教育段階の学力が進路に大きな影響を与えている．中学3年の学業成績が，本人の勉強のやる気を左右し，子どもに対する親の期待も大きく変える．親が大卒であるにもかかわらず，学歴下降を回避しない原因は，学力にあり，本人の努力の喪失となって現われる．逆に，子どもの学力が高ければ，学歴を問わず，親の上昇期待に拍車がかかる．子どもの数が少なくなれば，少ない子どもに対する親の期待はさらに膨れ上がる．

　社会学者ブラウンは，イギリスにおける教育成長の歴史を振り返りながら，規制緩和や教育の市場化によって，メリトクラシー（meritocracy）からペアレントクラシー（parentocracy）の時代に移ったと指摘した（Brown, 1990）．能力や業績しだいで何とかなっていた教育選択が，親の富や望みしだいで決まる社会に変わったという．耳塚は，子どもの学力形成の調査を分析し，親の富と願望によって子どもの学力が規定されている実態を浮き彫りにした．日本社会もまたペアレントクラシーへの道を歩んでいるだけでなく，親の富と願望が学力を規定していることによって，学力による業績主義が表層的に正当化され，不平等の現実が見えにくくなっているという（耳塚，2007）．

　親の富と願望が子どもの学力を規定するという因果関係だけでなく，子どもの潜在的学力が親の願望を左右するという逆の因果関係も作用する．「親の高卒・成績上位」の進学率（76％）が，「親の大卒・成績下位」の進学率（66％）を上回っているところからすれば，ペアレントクラシー（親しだい）だけでなく，チャイルドクラシー（childocracy, 子どもしだい）という選択場面も想

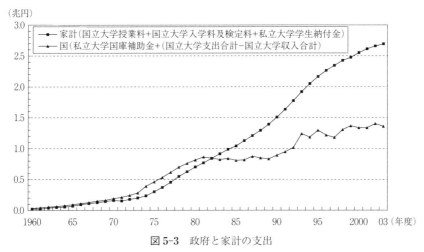

図 5-3 政府と家計の支出
出所:「学校基本調査」及び「私立学校の支出および収入に関する調査報告書」並びに「今日の私学財政」.

定することができる.このようにして,親の文化資本・親の経済資本・子どもの学力資本の3つが相互作用しつつ一体となっている.こうした家族単位の力,つまり家族の経済的・文化的・知的財産を家族資本とよんでおけば,それが,日本の大学の成長と進路選択を支えている支配的規範(イデオロギー)だといえる.

　高騰する授業料を家計が負担し,しかも75%の学生を私立が引き受けながら,進学率50%にまで達成することができたのは,家族資本主義のおかげであり,成果である.規制緩和と大学の市場化は,1980年以降のイギリスの政策ではない.日本の高等教育の経験からすれば,100年余りの歴史をもっている.日本の大学成長の歴史を振り返るなら,日本の高等教育の歴史はペアレントクラシーとチャイルドクラシーの歴史とともにあったというべきだろう.確かに,日本の家族は教育熱心であり,教育に対する家計支出の優先順位は高い.わが子のために「無理する家計」である(小林,2008).この「教育優位家族」に対比させて,政府の教育支出をみれば,「教育劣位社会」である.この2つの組み合わせが,日本の大衆大学を支えてきた.

　それを象徴するデータを紹介しておこう.図5-3は,国立大学と私立大学に

対する政府の支出総額と家計の支出総額の歴史的推移を推計したものである．図にみるように，戦後から1982年までの間は，中央政府の負担額が家計の負担額をやや上回る程度に推移してきた．ところが，1982年以降には，状況が一変した．1992までの間，政府の総額はほとんど増加せず，9000億円程度に低迷．それに対して，家計の教育費総額は，一貫して増加の一途をたどってきた．2003年では，2兆7千億円ほどで，政府の2倍ほどの金額を支出している．

　こうした教育費の長期的推移は，公の資金を投入して，大学を皆で支えようとする社会的機運，つまり社会的選好が弱まったことを示唆している．逆に，家族が大学教育を重視する気持ちは依然として衰えず，教育支出の増加傾向が長く続いている．大学教育は，家族の責任だという考えが強くなったということであり，「わが子さえ大学にいけるようになればよい」という意識の反映である．この教育優先家族とは裏腹に，大学を社会全体で支援するという責任感はどんどん希薄になり，経済的理由のために進学できない人たちに対する思いやりや社会的関心が薄くなっている．それが，家族資本主義に支えられて成長してきた日本の大衆大学の現在である．

6章

家族資本主義の帰結
機会不平等の政策的含意

家族資本モデルと時系列経済モデルの関係──誰が限界人間か

　進学需要，および進路選択に関する実証分析は，以上でほぼ終了にする．この結果から何を考えるかが最も重要だが，その前につけ加えておきたい説明事項がある．第4章までの時系列分析と家族資本分析との関係である．

　時系列分析では，経済モデルの有効性を明らかにした．しかし，その一方で，ミクロの高校生調査では，家計所得の統計的有意性は棄却されないものの，それが決定的な要因だとはいえなかった．むしろ，親の学歴と子どもの学力の2要因の方が大きそうだという感想をもった方も少なくないだろう．にもかかわらず，この2要因は，マクロの時系列分析に加えられていない．経済モデルが訝られるひとつの理由だろう．

　学歴と学力の進学率表（**表 5-10**）をもう一度みていただきたい．親学歴が高いほど，そして成績が上位になればなるほど，進学率は上昇する．学歴を重視すれば，文化資本派の有効性が見てとれるし，学力を重視すれば，メリトクラシーの支持派になるかもしれない．2つの組み合わせでみれば，34％から90％の開きがある．大差だといえるかもしれないが，どの組み合わせの高校生にも，進学組と非進学組が混在している．％は，あくまでも各セルの平均値である．セルの平均値が，学歴と学力の影響を受けているのは確かだが，進学／非進学がこの2つで決まるわけではない．

　さらに重要なのは，この2つの要因による進学率の相対的な位置は，今も昔もそれほど大きく変わらないということである．親の学歴が高く，学業成績も高い生徒の進学率は，昔から他のどのグループよりも高かったはずである．学

歴別および学力別の進学率が昔と大きく変わったのは，セルの相対的位置関係ではない．大きな変化は，全体が底上げされたところにある．その底上げを代表する指標が，69％という全体の平均値である．平均値の上昇がそれぞれの組み合わせ（セル）の進学率を上昇させている．言い換えれば，それぞれのセルの進学率が上昇したから全体の平均値が上がった．

全体の平均値を上昇させている第3変数が家計の所得である．しかし，平均値の上昇と各セルの値の上昇の程度は必ずしも一致しない．この複雑な作用には目をつぶって，「各セルの底上げ効果」を「全体の平均値に代表」させ，その推移を追跡したのが47年間の時系列分析である．その結果によれば，高騰する授業料を調達する家計の所得水準と大学合格率が，顕在的な進学需要を規定していた．

経済変数の影響を無視したり，懐疑したりする社会学者は少なくない（むしろ多い）が，「平均値の時系列」データを社会変数で説明するのはかなり難しい．進学率の経済モデルを批判して潮木は，「教育システム分析」の有効性を主張している（潮木，2008）．そこでは，都道府県の進学率の時系列データを分析するにあたって，大学の県内収容力と主要県収容力という説明変数の有効性が提示されているが，これらの変数は，大学にアクセスするコストでもあり，経済モデルの批判とはいえないし，進学需要関数ではなく，供給関数を計測しているといえる．

全体の平均値を上昇させる要因を探る時系列分析は，時代の変化に関心がある．それとは対照的に，文化資本と学力資本は，時代とともに大きく変わらない．社会学者は，変わることのない構造に研究関心を集中させる傾向が強い．この社会構造をそのままにして，その全体を支える変数を発見しようとするのが，全体の平均値を動かす時系列分析の関心である．その場合には，不易の社会構造変数よりも，時代とともにうつろいやすい経済変数が有力な道具になる．

そこで，平均値の69％を支えている家計所得が進学率をどのように動かしているか，を確認しておこう．すでに指摘したように，所得が高いほど進学率は高い（52.2％→72.0％→78.2％のように上昇する）．しかし，学歴・学力マトリックスの進学率に与える所得の影響は，平均値に与える影響と同じではない．所得に敏感な階層（セル）もいれば，鈍感な，あるいは無関係な階層もいる．

こうした影響のまだら模様が，経済的要因をリアルに感じるか，感じないかの違いをもたらしている．本人がどの階層に属しているか，あるいはどの階層をみているか，どの階層を知っているか，によってリアルに感じるか，感じないかが分かれる．

　このまだら模様の実態を把握するために，学歴・学力マトリックスによる9分類の社会階層を想定する．「高卒・下位成績」から「大卒・上位成績」までの9分類である．9分類別に，所得と大学進学率の関係が計測できる．所得と進学率は正の相関関係にあるが，「高卒・下位成績」と「短期卒の3類型」に限ると，イレギュラーな関係になる．進学を諦めているのか，進学する意欲がないのかは定かではないが，このグループにとっては，所得の多少が進路の決め手になっていない．

　こうした関係を把握するために，類型別にみた所得と進学のクロス表が，独立であるか否か（無関係であるか否か）のカイ2乗検定をした結果が**表6-1**である（家計所得は3分類を用いた）．イレギュラーな先の4つの類型は，いずれも統計的に有意ではなかった．危険率1％（＊＊），5％（＊）で有意であるかを識別し，10％で有意である場合には，p値を参照．p値が10％以上のグループは，－で表示している．

　高卒者についてみると，下位成績グループは，平均進学率が35％．彼らの間に，所得が高いほど進学率が高くなるという傾向はみられない．経済的ゆとりができたから進学しようという気持ちは弱く，成績を優先して諦めている．進学を積極的に考えることの少ないグループである．それに対して，高卒の中位成績になると平均が43％と上昇し，高所得層になると55％になる．低所得の33％とかなりの開きがある．家計のゆとりしだいで，進路が大きく変わる階層である．さらに上位成績になると76％進学率に跳ね上がる．低所得でも68％と高い．家計にゆとりがあるとはいえないが，無理をしてでも，できるわが子を大学に進学させてやりたい，という親の気持ちの反映だろう．上位成績の場合，進学率が高くても，その所得差が大きいとはいえないため，カイ2乗のp値は0.057（危険率10％では有意である）．

　高卒の特徴とは異なって，短期卒の子弟は，所得の影響をあまり受けていない．高卒の場合よりも大学進学率は高いし，上位成績ほど高くなるが，所得の

表6-1 学歴・学力マトリックスにおける所得効果の有無 (カイ2乗のp値)

	男子本人進学	男子親進学	女子本人進学	女子親進学
(1)高卒・下位成績	—	—	(0.097)	(0.068)
(2)高卒・中位成績	*(0.017)	*(0.029)	—	*(0.015)
(3)高卒・上位成績	(0.057)	(0.079)	—	(0.094)
(4)短卒・下位成績	—	—	—	—
(5)短卒・中位成績	—	(0.063)	—	—
(6)短卒・上位成績	—	—	—	—
(7)大卒・下位成績	**(0.007)	*(0.028)	**(0.005)	**(0.001)
(8)大卒・中位成績	—	**(0.006)	*(0.018)	**(0.010)
(9)大卒・上位成績	**(0.002)	**(0.000)	—	*(0.022)

注：( ) 内は p 値. ** 1％有意. * 5％有意. — 無関係.

影響に一貫性がない．専門学校を積極的に選択するという短期卒特有の進学観も関係している．経済的に無理をして大学に進学する必要はなく，むしろ専門学校を望ましいとする傾向があるからである．

　大卒の場合は，進学志向が強い．そのために，所得の影響がかなりはっきり現われる．とくに，成績上位層と下位層に顕著だ．成績上位層では，低所得でも進学率は80％だが，高所得では94％になる．成績下位層の低所得は54％と全体の平均値を下回る．学歴下降を回避したい気持ちがあっても，諦めなければならない事情がうかがわれる．中位成績で無関係になっているのは意外だが，低所得の順にみると［49％，64％，79％］と上昇している．ただし，統計的にはやや弱い関係にある．

　本人の希望と親の希望は90％ほど一致しているが，所得に対する判断が異なると思われるので，親の進学希望，および女子のケースも表6-1に掲載した．男子の高校生と親の希望が異なるのは，「大卒・中位」のグループである．短期卒を含めて，中位成績層が所得を考えながら進学を決めている親が多い．女子の場合は，大卒を除くと，総じて所得の影響が弱い．親が大卒だと大学にこだわるが，大卒でなければあまりこだわらない．

　表から分かるように，各セルの平均値に与える所得の影響は，すべての階層で同じではない．男子では，「高卒・中成績」と「大卒・下位成績」「大卒・上位成績」の3グループが所得に敏感な階層である．主としてこの3つの階層が，平均値の動きを左右している．平均値の時系列分析に即して理解すると次のよ

うになる．時系列分析は，誰が家計の影響を受けやすいか，誰が合格率の影響を受けやすいか，を問うていない．「誰か」よりも，「平均」に焦点がある．そして「平均」を動かす犯人（誰か）を特定しないが，「限界人間」がいることは仮定している．説明変数に敏感な人，それを限界人間とよんでいる．限界人間がいるから，平均値が動く．動くという結果にならなければ，経済モデルは棄却される．

　ここで示した3つのグループが，平均値を動かしやすい「限界階層（人間）」になっていると考えられる．平均所得が増加すれば，このグループの進学率が上がりやすく，逆に所得が減少すれば，このグループの進学率が下がりやすい．平均所得が変わらなければ，各セルの進学率が固定される．しかし，これはあくまでも思考実験にすぎない．単年度のクロス集計分析から推測される限界階層が，時系列の変化を規定する限界階層だとはいえない．限界階層は，年によって変わる流動的現象である．表5-10では弱い関係にあった「高卒・上位層」と「大卒・中位層」が大きく変動した時代があったと考えるのは自然な発想だろう．いろいろな誰かが出入りしながら，そして文化資本・学力資本の構造を維持しながら，その全体を動かしてきた軌跡が時系列データである．この平均値を動かしている要因を説明する作法が時系列分析である．文化資本論や学力資本論の立場から時系列データの経済分析を排除するのは，論理的に筋違いである．

「後期大衆化」段階のキャズム

　男子の学歴別労働市場をベースにすると，日本は「大学本位制」というかなりユニークな経済構造をもっている．これが第Ⅰ部の書き出しだった．そして，この経済構造に学力の正規分布を重ねて考慮すると，50%進学率という現在の到達点は，過度的な通過点にすぎないように思われる．もし，通過点でなければ，社会的矛盾をはらんだ病理的な現象ではないかと問題提起した．

　その提起を踏まえて，今後の進学率を予測する上で参考になるモデルとして，ロジャーズの普及モデルを紹介した．このモデルの段階論と日本の高等教育の現状を重ねれば，トロウのユニバーサル段階説よりも，「前期大衆化」から「後期大衆化」の移行期として現状を理解するのが適切ではないかと述べた．

普及モデルを参照した主な2つのポイントを振り返っておこう．

　第1に，大学進学もイノベーションの普及と同様に，本人の近くにいる人から影響を受けながら移行するプロセスだと理解できる．したがって，大学への「親近性」と教育サービスを享受できる「経済条件」が普及の主たる要因になる．商品やサービスのように，大学を身近なものに感じるかどうか，という日常的生活体験が普及の促進要因になる．親が大学に進学していれば，その子どもの大学に対する親近性は高いだろうし，進学する友達の多い高校に在籍すれば，親近性は高まる．大学は学力のある者が行くところという規範が浸透していれば，学力の高い順に大学への親近性が高まる．親の文化資本・高校のトラッキング・子どもの学力は，進路選択の社会学モデルである．加えて，こうした親近性による普及の壁になるのが「経済条件」である．

　第2に，50%を境にした「前期大衆化」と「後期大衆化」の間に大きなキャズム（深い溝）がある．前期大衆化は，「大学に進学するのは当たり前になってきたから，バスに乗り遅れないようにする」慎重派の登場である．普及率50%までのS字カーブを動かす慎重派の登場はいつも急速だが，その後に続くのは，「半分近くが大学に行くようだが，大学なんて行っても意味ないよ」と構えている懐疑派である．ましてや，高い授業料と家計の経済条件を勘案すれば，進学する気持ちにはなりにくいだろう．この懐疑派が重い腰を動かしはじめるようになれば，「後期大衆化」段階になる．50%前後を長く動き続けている大学進学率を考えると，慎重派と懐疑派の間にある溝は大きいように思われる．しかしながら，専門学校を含めれば，高等教育機関進学率は80%に達しており，高等教育機関全体としてはすでに後期大衆化の時代である．

　前期大衆化と後期大衆化の間に大学進学のキャズムをつくっている大きな理由は，次の2つにある．ひとつは，経済条件である．志願率・就職率・専門学校進学率のいずれにも共有されているのは，家計所得の影響である．現在，この家計所得が上昇するどころか，下降し，低迷している．成長なき経済の時代は成熟社会ともいわれているが，大学進学需要の飽和は，成熟社会の象徴的現象である．

　いまひとつは，懐疑派のこれからの動きである．専門学校を含めれば，すでに後期大衆化段階にある．専門学校と大学のどちらを選択するのか．学校年数

による経済コストの違いなのか，役に立つ教育内容の違いなのか．専門学校と大学の間でゆれる懐疑派の選択が「後期大衆化」段階に移行する決め手になっている．懐疑派の綱引きが，現在の高等教育の到達点である．

　以上が，100万人を超える高校生の多様な進路選択の平均値である．マクロの平均像からすれば，動きの少ない定常状態のようにみえるし，動けないほどに息苦しい閉塞状態のようでもある．安定したかのような飽和状態の背後にあるのが，進路選択を規定している家族資本主義である．

　専門学校を含めるとすでに後期大衆化段階にあることを考えると，その次の段階も視野に入れておく必要がある．この問題に少し触れておきたい．後期大衆化とラガードの間に，大学特有のキャズムがあるからである．ロジャーズは，ラガードを「普及プロセスへの参入が遅れたもの」として位置づけ，「社会システムのネットワークにおいてほとんど孤立している」と述べている．しかし，ロジャーズの研究対象であるイノベーションと大学との差異は，ラガードの意味の違いに現れる．誰もがしばしば語るように，何も無理をして全員が大学に行く必要はない．大学に行かなくても就職できるし，しかも魅力的な職業もある．むしろ，大学に行かないほうが都合のよい職業もある．専門学校の資格が必要になっても，大学まで進学する必要はない．大学進学よりも好きな職業や仕事を選択するのは賢明だ．決して孤立した社会層ではない．

　短期高等教育は，専門職業型の学校が多い．経済的にも恵まれ，そして在籍する高校の環境も恵まれた短期卒の親が，大学ではなく，短期高等教育を希望する割合は，相対的にかなり高い．こうした傾向が，大学志向の歯止めになっており，大学がすべてでないことを示している．積極的な「非大学選択」は，「遅れたもの」としてのラガードではない．2割の就職率を「ラガード」と読むのは大きな間違いだと思う．

　重要なのは，非大卒の魅力的な職業群がどの程度存在しているか，どのように変動するか，である．最近では，専門学校が大学化する傾向もある．看護師，理学療法士の医療関係や福祉職は，急速に大学化している．労働市場における職業・学歴の関係とその変化を追跡しないと将来を見誤ることになる．つまり，入口の普及モデルを入口問題に閉じて考えてはいけないということである．教育の普及は，出口の労働市場を視野に入れて検証しなければならない問題であ

る．第II部では，この出口問題を考える．

「後期大衆化段階」の機会問題——家族資本主義という自己責任

　最後に，後期大衆化に移行しつつある現段階で考えなければならない政策について考察しておきたい．マクロの飽和状態を支えているのは，ミクロの家族資本主義である．3つの家族資本が，高校生の進路選択を強く構造化している．文化資本と経済資本に着目して，この2つの資本の分布状態をみておこう．2つの資本がともに低いグループからともに高いグループを描くために，学歴と所得の3類型を組み合わせて9つの社会階層に分類し，その分布を示した（図6-1）．

　短期卒を中心にしたU字型の対称分布になる．もてる者（右サイド）ともたざる者（左サイド）が対立している構図のようにみえる．資本の対称分布を流動化させるのが，子どもの進路選択である．したがって，ここで問題なのは，進学機会がもたざる者に広く開かれているかどうかである．そこで，図の資本分布に応じた大学進学率をみてみよう．全体の平均からすると，もたざる高卒・低所得層の進学率は45％である．半分近くが進学する意欲をもっている事実は，対立構造を変更させる力になる．同じ高卒でも高所得層になれば，62％にあがる．その一方で，最も恵まれた大卒・高所得になると88％の進学率である．

　45％と88％の開きを考えれば，階層の流動化に期待しつつも，進学機会が不平等だと解釈するのは普通の感覚だと思う．ところが不思議なのは，こうした機会の不平等問題が，世間の社会的話題にあまりのぼらないことだ．序章で述べたように，世間の世論は，私立大学の授業料負担を是正すべきだとはほとんど考えない．現状の家計負担でいいと思っている．世論が資本のU字型対立構造を反映していれば，世論も半々に分かれるところだが，資本をもつ者，もたざる者に関係なく，大半が家計負担支持者であった．とても不思議な気がする．この謎を解く鍵は，もうひとつの家族資本である学力にある．

　2つの資本による平均進学率の上昇カーブが学力によってどう違うかを比較してみると興味深い（図6-2）．真ん中の右上がりの線が平均学力の進学率．これに対して，学力の最上位層では，その進学率が水平に近い．もたざる高

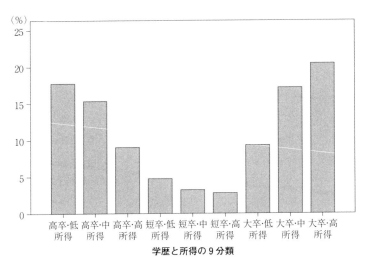

図 6-1 文化資本と経済資本のU字型分布

卒・低所得層でも83%に達している．平均進学率は，資本と正の相関関係（相関係数 0.317）にあるし，クロス表のカイ2乗検定をすれば，明らかに無関係という仮説は棄却される（p値＝0.000）．ところが，最上位学力グループの相関係数は 0.136 と小さく，カイ2乗検定では5%危険率で無関係仮説は棄却されない（p値＝0.057）．文化・経済資本によって進学率に差がないとは断定しにくいが，平均値と比べて圧倒的に平等化している．3段階分類による学力の上位と下位の2つを比較しても，上位グループの格差は小さく，下位グループの格差は大きい．

学力資本の最上位層に含まれる人数は，23%である．大学進学の資格を学力最上位層に限定すると進学率は，23%であり，しかも進学機会はほぼ平等だ，ということになる．進学率が50%を超える時代になっても，「大学は学力のある者が行くところ」という社会的規範は根強い．「学力がないのに大学に行くのがおかしい」「行っても無駄だ」「そんなムダな教育に税金を投入する必要はない」．そのような声が聞こえてきそうである．そのような感覚をもっている人からすれば，現実の教育機会は平等だというに違いない．経済的に苦しければ，地元の国公立大学に進学すればいい．それなら自力で進学できるはずだ．

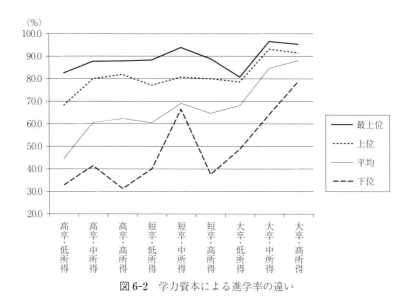

図 6-2　学力資本による進学率の違い

　さらに、学力が真ん中、あるいは下位のグループは、無理して進学する必要はない。それでも進学するのは、個人の好みの問題だが、学力が伴わずに進学するのは、大学の質を低下させる悪い社会現象だ。彼らを引き受けなければ成り立たない後期大衆化の大学はムダであり、社会が支援する必要はない。むしろ、競争によって淘汰されるのが望ましい。

　多分、このような感想が続くように思われる。これを一言でいえば、大学に進学するか、しないかは、自己責任であり、必要な進学機会はすでに平等だ、という説になる。家族資本主義に拘束された進路選択の構図は、自己責任主義のすがたであり、家族責任主義である。社会の責任とは考えない。教育費の世論調査の背後にあるのは、こうした気分だと推察される。

新しい「機会理念」の構築と政策——育英主義の終わり

　男子の進学率が40％に達したのは1975年であり、その後の15年間はほぼ水平的に推移してきた。機会の平等化に対する社会の意識は、75年の前と後で大きく変わった。60年代後半における学生運動を思い起こせば分かりやすい。この時代の学生運動のひとつの契機は、「授業料の値上げ反対運動」にあった。

授業料が高騰すれば，進学機会が不平等になるという社会の共通認識に支えられた運動だった．

ところが，75年以降になると，大学過剰説が登場し，無理して大学に進学する必要がないという雰囲気に大きく変わった．機会の不平等は政治的な問題として取り上げられなくなった．家計所得によって進学率がどのように異なっているかという事実について解明する政治的必要性も学問的努力も生まれなかった．金子は，教育機会均等の理念を踏まえて，不平等の現実を忘れた80年代の時代の雰囲気を理論的，かつ批判的に検討している（金子，1987）．同時に，国立大学授業料の思想史を展開するにあたって，受益者負担主義と育英主義を対比させる興味深い論文を発表している（金子，1988）．

育英主義という言葉はとても重要である．「大学は成績優秀者が行くところ」という大学観を象徴しているからである．政府が提供している奨学金は，「育英」奨学金といわれてきた．『日本育英会史』によると，「国家的育英制度の創設の機運がはっきりと表面に現われてきたできごと」は，昭和14年の帝国議会に提出された「教育の機会均等」に関する建議書だという（日本学生支援機構，2006）．その建議書には，「無資力優良児ニ対スル教育ノ機会均等ニ関スル建議案」と書かれている．無資力優良児の機会均等は政治問題だが，無資力平均児は視野に入っていない．それが育英主義の基本的考え方である．

前期大衆化の不平等が社会問題にならなかったのは，育英主義の大学観を前提にして，育英奨学金と国立大学の低授業料政策の2つによって，不平等問題が解決された，あるいは解決できると考えていたからである．そのひとつの証が，学力優秀者の機会の平等化だといえる．

しかしながら，後期大衆化段階を迎えている現在は，育英主義という固い思考枠組から自由になるときだと思う．無資力優良児の機会均等にかわる新しい「機会理念」を構築する必要がある．「日本育英会」が「日本学生支援機構」に衣替えされた（2000年）のは時代の変化だろう．育英奨学金は，「成績優秀者」に「無利子」で貸与するのが基本だったが，今では，成績に関係なく，必要に応じて，誰でも，「有利子」で借金できるようになっている．無資力優良児の育英奨学金が，誰もが借金できる利子付きローンに変わった．就学資金を必要としているのは，優良児だけではない．

優良児と優良児の間にある機会の不平等だけでなく，平均児と平均児の間にある機会の不平等にも目を向けなければ，教育費問題の全体を把握できなくなっている．優良児だけが進学すればよい時代は終わった．平均児の大学進学が望ましい時代になっている．優良児が進学するメリットは大きいが，平均児のメリットは小さいと思われるかもしれない．それは大きな誤謬である．第II部で分析するように，優良児，平均児に関係なく，大学の教育効果は増加する傾向にある．それが，先進諸国に共通した21世紀初頭の国際的な経済潮流である．教育機会の平等化は，効率を犠牲にする政策ではない．効率的な政策である．

　平等と効率の両立を図る教育費政策が本書の最終的なテーマである．ここでは，進路選択の実証分析を踏まえて，機会を平等化するために議論すべきポイントだけを指摘しておきたい．高校生調査から明らかなように，大学進学を阻んでいるのは，男女に共通して，「家庭環境と学習環境」の壁にあった．しかし，政策科学的に考えるなら，コントロールできない所与としての階層変数は無力である．進学を阻む要因を緩和するのに有効な施策は，経済変数（所得）と高校教育の2つにある．

　第1に，経済変数の問題．志願率分析によれば，志願率が上がる要因は，家計の可処分所得が上昇するか，授業料が下がるかしかない．計算上は，授業料を無償にすると志願率が69％になるという試算も紹介した．所得階層による志願率の格差を考えれば，階層による資金援助の選別化も議論できる．

　高校生調査をみても，大卒の親が学歴下降を回避できないのは，所得が低い場合だったし，高卒の親の学歴上昇意欲が高いのは，高所得層である．移動確率の〈弾力性〉に焦点をあてるか，階層による〈固定化〉に焦点をあてるか．焦点のあて方によって，同じ現実の理解も変わってくるが，政策的には，所得による弾力的な変動を重視するのが現実的である．親の所得をコントロールできるわけではないが，大学進学は，4年間で500万円もかかる高い買い物である．短期大学もその半分．授業料が，家計の大きな負担になっているのは明らかである．親と高校生の進学希望を実現させるために，低授業料政策，および選別的な給付型奨学金政策などを丁寧に検討する必要がある．教育費負担の現状と奨学金政策については，小林の詳しい調査研究を参考にしてほしい（小林，

2008, 小林編, 2012).

　第2に, 高校教育の実践的課題. 家族資本主義の構造を重視して詳しくは触れなかったが, 進路選択を規定する要因のひとつは, 在籍している高校の進学率である. すでに説明したように高校のトラッキング効果である. 高校教育の影響は, 進学した学校の類型と本人の勉強時間の差異に顕著に現れる. 父学歴が高卒・短期卒でも, 進学校に在籍していたり, 勉強時間が長かったりすると, 大学希望率は極端に大きくなる. 進学を希望しているから勉強時間が長くなるのだが, 学習の環境と本人の努力が大事だ. 高校の類型と自宅での勉強時間のクロス表をみると**表6-2**のようになる. 進学率が5割未満の学校の高校生の7割ほどは,「(ふだん自宅や図書館で) ほとんど勉強しない」. 一方, ほとんど全員の進学校では, 6割ほどが, 3時間以上の勉強をしている. かなり大きな落差だ.

　進学校で勉強している生徒の大学希望率が高いというのは当然だが, 高校生の間に, 勉強の習慣が形成されたり, されなかったりするという事実は, 教育の実践を語る際の現状理解としてとても重要である. なぜなら, 高校教育のありようと努力が, 将来の進路を定める強い経路になっているからである.

　見方を変えれば, 進学率5割未満の高校でも3時間以上勉強する生徒が1割ほどいたり, 逆に, 進学校でもほとんど勉強しない生徒が15%ほど発生したりする. 高校類型という外枠が内発的努力のすべてを規定しているわけではない. 同じような高校でも, 勉強の習慣が形成されたり, されなかったりする. 専門学校への進学を阻むのは, 家庭の環境でもなければ, 中学校の成績でもなかった. クラスの進学率と自宅での勉強時間だった.「勉強する仲間と本人の努力」が進学促進要因になっている. 勉強する仲間が少ないと努力の継続は難しくなるが, 努力の成果を見えるようにする教育が重要になる. 機会の平等化政策といえば, 経済支援に焦点があてられるが,「高校教育の実践と努力による」機会の平等化政策も求められる. 苅谷流に言えば,「努力も階層化されている」ことになるが, それも真実, 階層を越えた努力も真実である.

　家族資本主義という自己責任は不平等な社会を是認するが, その実態を踏まえた政策課題は, 機会の平等化と結果の自己責任の間にどのような線引きを設けるか, という社会設計の問題である. 何の機会を平等にし, 何を結果の自己

表 6-2　高校類型別の自宅勉強時間　　　　　　　　　(%)

高校の進学率類型	ほとんどしない	2時間程度未満	3時間以上
5割未満（585人）	68.7	22.6	8.7
5-9割未満（640人）	40.0	31.9	28.1
ほとんど全員（774人）	15.4	25.1	59.6
合計（1,999人）	38.9	26.5	34.6

責任にするか．日本社会における自己責任のルールを組み立て直す必要がある．長い日本の不況と深まりゆく世界的不況を重ねてみると，私立大学に依存した自己責任の強い日本的大衆大学と日本の経済は，危険がいっぱいな社会である．消極的で，私的なリスク・ヘッジではなく，積極的な公共投資が，社会の平等化と効率化に資する大学政策である．こうした関心を引き継いで，第II部では，教育の経済効果を測定し，その政策的含意を考察する．

II

雇用効率と学習効率の接続

大学教育の経済効果

第Ⅰ部では，もっぱら大学の入口問題に焦点をあてた．入口の政策課題は，学習機会がどれほど国民に開かれているか，という「平等」問題である．機会が不平等であれば，それを是正するのが望ましい．そう考えるのがひとつの政治力学である．進路選択の現状分析からすれば，不平等の是正を主張する政治勢力が一定の力をもっていいはずだ．ところが，大学進学の不平等問題が選挙の争点になることは滅多にない．ひとつの理由は，大学に進学すること自体がムダだと判断されやすいからだろう．もしほんとうにムダであれば，そのような大学に進学するかしないかは，自己責任の問題であり，社会の責任に属する問題ではない．したがって，税金を追加投入して機会を平等化する政策が支持されることはない．平等化どころか，そもそも大学に投入する税金を削減し，教育費を完全に個人の負担（責任）にするのが望ましいと主張するかもしれない．大学の市場化論であり，民営化論だ．

　大学教育の効率に対する強い不信は果たして正しいのだろうか．この正しさを検証するのが，第Ⅱ部の目的である．教育の効率には2つある．学習効率と雇用効率である．まず，雇用効率から先に考える．失業率が高かったり，所得が増えなかったりすれば，雇用効率（教育のプレミアム）が小さいと考える．つまり，大学教育がムダか，どうかの検証になる．第7章では，大学の大衆化によって，大学に進学するプレミアムが小さくなったかどうか．学歴別の所得データに基づいて分析する．世間一般では，大衆化すればするほど大卒プレミアムは消滅すると思い込まれている．昔の大卒はペイしたが，これほど大衆化した時代の大学はペイしない．何も無理して大学に進学する必要はない．為政者だけでなく，大学教育の関係者も，進路指導の高校の先生も，知識人も，メディアも，そして政府の審議会委員も，しばしば口にする物言いである．いずれも，大学過剰（大学が多すぎる）論の支持者である．しかし，学歴別の所得データを観察し，分析してきた経験からすれば，大卒プレミアムは減少するどころか，増加している．これは日本だけではなく，先進諸外国に共通した経済潮流である．まずは大卒プレミアムの変化とその要因を分析しておきたい．

　第8章では，大卒プレミアムの計測に基づいて，大学は誰のためにあるかを考える．「誰のため」は，「誰が教育費を負担するか」という問いに繋がっている．個人・政府・社会の3つの主体に分けて，大学教育の費用と便益を計測す

る．その上で，大学，とりわけ私立大学への税金投入が国家財政からみて効率的であることを指摘する．

　第9章では，雇用効率が大学教育の学習効率と関係していることを検証する．大卒の所得が高くても，そのプレミアムは学習成果の反映ではないとする考え方が根強い．大学の教育は役に立たない，教育と所得は関係がないという言説である．しかし，私たちが実施した大学卒業生調査によれば，この「関係ない仮説」（帰無仮説）は棄却される．その分析事例を紹介し，学習効率と雇用効率の連続性を明らかにする．

7章

大衆化しても上昇する大卒プレミアム
平等化のための効率的公共投資

葬られてきた日本のヒューマンキャピタル理論

　経済学者が，教育の雇用効率に強い関心を示しはじめたのは，1950年代後半からのことである．この頃，米国を中心として西側諸国の経済学者は初歩的な疑問に悩まされていた．資本（機械設備）をいくら投入しても，一向に経済成長しない国がある．その一方で，資本の投入増加を圧倒的に上回って成長する国もある．さらに，同じ国の労働者の間に，富める者と貧しき者がいる．なぜだろうか．国民経済は，資本と労働の投入量で決まるとした伝統的な理論では，この謎が解けなかった．この謎解きを宣言したのが，後にノーベル経済学賞を受賞したアメリカ経済学会会長のシュルツである（Shultz, 1961）．

　経済成長と所得不平等の2つの謎を一挙に解く鍵は，資本と労働の「量」ではなく，労働の「質」にあり，この質を高めるのが教育だとシュルツは考えた．要するに，「機械よりも人間」が経済成長と所得の決め手だということに気づいた．いくら最新の機械を導入したり，援助したりしても，機械を使いこなし，改善する人間がいなければ，生産性は向上しない．「ヒューマンキャピタル：Human Capital」理論の発見である．ブロウは，1960年のアメリカ経済学会におけるシュルツの会長就任演説を時代のエポックだと捉えて，「教育経済学（Economics of Education）の誕生」だと記した（Blaug, ed., 1968）．

　この誕生をきっかけに，多くの研究が蓄積されてきた．経済発展には一定の法則があり，この法則を促進する働きをしているのが教育投資である．この発展を裏づける研究成果が各国で報告され，こうした語り方が1960年代の国際的コンセンサスになった．理論的にも洗練され，ヒューマンキャピタル理論が，

新古典派経済学の中核になるまでに進化した．とりわけ有名なのが，後のノーベル経済学者，ベッカーの名著 Human Capital である（Becker, 1964）．日本では一般に，ヒューマンキャピタルは人的資本と訳される．ベッカーの著書を翻訳した佐野陽子も「人的資本」としている．労働力を物的資本（Physical Capital）のメタファーとして受けとめているからだろう．しかしながら，人間が資本だという理解からすれば，言葉のままに人間資本と訳するのがベターだと私は判断してきた．個人の好みだと言われればそれまでだが，ヒューマンキャピタルは経済や労働の機能を変える力だけではない．消費や余暇活動，文化活動，健康などを含む生活スタイルの総体を変える力である．生活スタイルを変える力の源泉が教育であり，学習である．経済に限定されがちな人的資本という言葉を避けたい．それが，人間資本を用いることにした私の気分である．本書では，雇用（経済）を中心に扱うけれども，人間資本で通すことにした．

60年代に蓄積された教育経済研究の成果がもたらしたひとつの特質は，「高等教育の重視」にあった．学術研究の世界だけではない．50年代後半から60年代にかけての高等教育政策を動かす政治的うねりと重なっていた．この時期に，アメリカ州立大学の量的・質的充実が急速に進んだ．イギリス政府の有名な「ロビンズ報告」（1963年）は，旧ソ連のスプートニクショックを受けた刺激によるものであり，その結果が，世界で注目されたニュー・ユニバーシティとよばれる新しい大学の創設だった．旧ソ連に先を越されたのは，旧ソ連が科学技術の優れたハイタレント・マンパワーを結集したからだ，という認識と反省が西側諸国の教育政策に大きなインパクトを与えたのである．

こうした時代に，日本はどのように動いたか．スプートニクショックによるハイタレント・マンパワーの緊急性が国際的関心になる少し前の日本の教育は，深刻な労働問題に直面していた．学校を卒業する子どもたちの就職先を何とか確保しなければならない時代だった．就職の機会だけではない．経済の発展のためには，産業構造の高度化と労働市場の近代化を促進する必要があった．労働者の技術と技能の向上が，文部省のみならず経済官庁の共通の理解になっていた．

文部省は，「職場における学歴構成」（54年），「職種と学歴」（55年），「大学と就職」（57年）といった調査を精力的に蓄積した．どのような職種でどのよ

うな学歴が求められているかを実証的に解明しようとする発想である．社会科学的にみて今でも興味深い調査研究である．文部省調査局の黄金時代だったといえる．その調査局の総力を結集した報告書が，『日本の成長と教育――教育の展開と経済の発展』である（文部省, 1962）．教育を経済の視点から分析する枠組を公にしたことは，教育界にとって衝撃的な出来事だった．シュルツの理論と計測を援用しつつ，昭和5年から昭和30年の国民所得増分のうち，約25％が教育投資の貢献に相当するという試算を発表している．その推計方法には異論が残るものの，明治時代に遡って，教育統計と国民所得，および公教育費の関係を統計的に検討した意義はきわめて大きく，画期的な報告書だった．日米ソ3国における教育投資効果の測定も行っている．

　周知のように，60年代に入った日本は，就職難から労働力不足の高度経済成長時代に突入した．日本の奇跡的な経済成長は世界を驚かせた．諸外国からみた日本の成長と近代化の謎の解明は，日本研究者の好奇心を刺激するに十分だった．それらの諸研究は，日本が人間資本理論の模範生というべき国になっているという理解にたどりついている（たとえば，Passin, 1965 ; Dore, 1965）．

　1960年前後の日本の政府は，高度科学技術者の人材育成という社会的要請，および人間資本理論の国際的潮流に学びつつ，寄り沿いながら，教育政策を運営しようと意欲的だった．ところが，画期的だった『日本の成長と教育』，および政府の政策運営は，当時の教育界（日教組・教育研究者・有識者）およびメディアにおいてすこぶる評判が悪かった．教育を経済に従属させてはいけない．独占資本に奉仕する労働力の確保が教育の役割ではない．マルクス主義経済学が全盛の時代だったから，こうした批判が圧倒的に支配的だった．人間資本は，教育を経済に従属させるのではなく，経済を動かすエンジンであり，むしろ逆に，経済を教育に従属させる理論だとは誰も考えなかった．この時代のイデオロギーが，62年の報告書とともに，人間資本理論をあっさり葬った．その後の50年間，文部省の白書に人間資本理論や教育経済学の実証分析が再び登場することはなく，瀕死といってもいい状態が長く続いた．

人間資本理論の終焉と復活

　一方，世界の動きは，1973年の石油ショックを境に反転する．石油価格の高

騰にともなった国際的不況により，教育投資の効果は懐疑的にみられるようになった．人間資本理論に導かれるように教育は成長した．けれども，経済の先行きに明るさはみられず，真っ暗になった．教育は経済の生産性の向上に役立っていないのではないか．教育への財政出動はムダだったのではないか．つまり，教育の雇用効率は幻想だという気分に一変し，「人間資本理論の終焉」ともいわれた．その気分を説得的に説明したのが，フリーマンの有名な『教育過剰のアメリカ』（*The Overeducated American*）という本である（Freeman, 1976a）．1976年に出版され，翌年に翻訳されている．大学と労働市場の需給関係を解明した好著だが，何よりもタイトルが象徴的だった．教育にお金を投入しすぎたために，教育の雇用効率が減少したとする教育過剰説が，世界的に共有されることになる．

　こうした疑問が世界中で取り上げられ，人間資本理論を批判するいくつかの理論が提起された．それらの批判理論は，教育と経済の相関関係があるようにみえても，教育が生産性の向上に役立っているわけではないとした．疑似的な相関による錯覚にすぎないという．

　その代表が，スクリーニング（ふるいわけ）理論である．その骨子は次のようになっている．経済の生産性は，学校で学んだ知識の成果ではなく，本人の生まれつきの潜在能力で決まる．そして，教育水準の高さ（学歴）は，本人の潜在能力を示す記号である．高学歴者ほど潜在能力が高いから，結果的に，高学歴ほど高い所得になる．教育と所得の相関関係をこのように解釈する．学歴の記号が威力を発揮するのは，就職＝採用の場面である．能力を判断する情報は不確実であり，正しい情報を収集するコストは高い．したがって，目に見える学歴という記号が能力の質の代理指標として使われる．それが安上がりの合理的採用方法だからである．

　日本でも人間資本理論は早々と葬られたが，スクリーニング理論は，かなり広く普及した．人間資本理論を感情的に拒否していた人たちにとっては，「人間資本理論が間違っている」という自分たちの判断が正しかったと確認させてくれる役割をスクリーニング理論が果たしたように思われたのであろう（「以前から自分は，スクリーニング理論と同じ論理で人間資本理論を批判していた」と自慢げにささやきながら）．

62年に葬られた人間資本理論は，75年の国際的不況とともにさらに深く埋葬された．理論に対する理屈よりも，実際の高等教育政策に大きなインパクトを与えたのは，大学過剰説である．大学を拡大するのではなく，抑制する時代に大きく変わった．1980年の教育白書は，次のように述べている．「主要国の高等教育機関への進学率をみると，我が国の進学率はアメリカ合衆国に次いで高い．また，我が国の1960年代後半以降の進学率の伸びは，他の国のそれに比してきわめて著しい．アメリカ合衆国は1969年の46.7%を最高に以後停滞ないし低下の傾向を示しており，進学率が比較的低いイギリス，フランス及び西ドイツも，我が国同様，近年進学率の上昇傾向が鈍化している」(文部省，1980)．

　スクリーニング派の大学過剰説を説得的に表現した記述だといえる．80年頃の記述として事実関係は間違っていないだろう．そうした世間の気分が浸透して，大学進学率40%を目途にした大学抑制策が社会的に受け入れられた．この時代の気分が今でも変わらず残っている．日本の大学進学率は，ヨーロッパ諸国よりも高く，世界標準を上回っていると思っているのが多数派だろう．80年白書と変わらず今でも，スクリーニング派の大学過剰説を支持する者が多い．この根強い思い込みが教育と経済の新しい時代の台頭を見えなくしている．

　1980年代中ごろから，世界，とりわけアメリカの新しい経済のうねりが顕在化しはじめた．そのうねりを説明する理論は，人間資本理論の再構築であり，復活だった．新成長学派とよばれる人間資本派は，経済を再活性化するためには，知識・技術・教育への投資が決め手だと考えた．情報技術に象徴される知識基盤経済の到来である．90年に入るとこの新しいうねりが国際的に共有され，1998年にOECDは，人間資本投資の国際比較研究レポートを報告している(OECD, 1998)．主たる分析は，各国の教育投資収益率の計測である．その研究は，知識経済社会の到来を踏まえた関心から構成されているが，具体的な計測方法は，60年代のそれと変わらない．報告書には，17カ国の教育収益率（プレミアム）が掲載されている．ところが，そこに日本のデータは含まれていない．日本政府の無関心ぶりが吐露されているようで恐ろしい．

　スクリーニング派の大学過剰説が長くつづく日本とは真逆に，1990年代以降

の世界は人間資本派の高等教育拡充策へと大きく舵を切っている．人間資本理論の終焉といわれた期間は短く，10年もたたぬ間に復活したのである．こうした時代の社会的文脈を踏まえながら，日本の教育プレミアムの過去と現在を追跡しておきたい．

OECD統計にみる高等教育プレミアム

1990年代に入って経済協力開発機構（OECD）は，加盟国の教育事情を定量的に比較検証し，各国政府の政策改革を支援するという目的から，教育システム指標（Indicators of Education System, INES）事業の開発に着手した．教育政策への社会的関心が飛躍的に高まった国際事情を反映してのことである．多様な教育制度を横断して共通の指標を確定するのはかなり難儀だが，豊富な統計を体系化したおかげで，各国のポジショニング，ないし強みと弱みを理解するに欠かせない有益な情報源になっている．92年からほぼ毎年刊行され，最近では日本版が『図表でみる教育』として公刊されている．

2013年版の報告書（以下の数値は，断りのない限りこの年度版を用いる）では，膨大な指標群を次の4つに分けて体系化している（OECD, 2013）．(1)教育機関の成果と教育・学習の効果，(2)教育への支出と人的資源，(3)教育機会・在学・進学の状況，(4)学習環境と学校組織，の4章である．(1)は教育の成果であり，(2)が教育のコストだから，この2つは雇用効率に関係する指標である．(3)が機会の平等性，(4)が学習効率に対応する．(1)の教育と学習の効果では，学歴別の就業率（失業率），教育による所得の増加，教育からの収益が取り上げられている．これらの指標を紹介しつつ，その国際的状況を概観しておこう．

まず，表7-1は，学歴別の失業率を比較したものである．大学を出ても進学できない，というのはかなり悩ましい．この長い経済不況にあって，若者の就業が深刻な社会問題になっている．それについては，多くの調査研究が蓄積されているので，そちらを参考にしていただきたい（その全体状況を知るうえでは，太田（2010）が有益である）．

大学を卒業したにもかかわらず，就職に悩まされ続けている学生は多いが，確認しておく必要があるのは，大卒よりも専門学校卒の就職が難しく，それよりもさらに高卒が深刻だという傾向である．それを示しているのが，学歴別の

表 7-1　学歴別の失業率（2011 年）　　　　（％）

		高　卒	非大学型	大学型
日　本	男	5.8	4.1	3.1
	女	4.7	3.8	2.9
OECD 平均	男	6.8	5.6	4.3
	女	7.7	5.8	5.0
アメリカ	男	11.3	6.9	4.6
	女	8.8	6.1	4.3
イギリス	男	4.5	4.3	3.9
	女	4.7	3.2	4.0
ドイツ	男	7.3	2.1	2.4
	女	7.7	2.4	2.9
フランス	男	6.8	4.3	4.9
	女	6.9	4.2	5.7

注：非大学型：修業年限が短く，職業技能型の高等教育（専門学校が含まれる）．

失業率である．失業率は，教育の雇用効率を表す代表的な指標である．失業率が高いほど雇用効率が低いことになる．OECD 統計に掲載されている日本の大学型高等教育卒の男子失業率は，3.1％である．それに対して，非大学型高等教育卒は 4.1％，高卒 5.8％になっている．つまり，就業能力は高学歴ほど高い．女子の失業率は男子よりもやや低いが，学歴によるこうした大小関係は同じ傾向にある．なお，大学型の分類は，学士教育プログラムおよび大学院を含む高等教育機関であり，一般的には 4 年以上の教育年数．非大学型は，修業年限が短く，実践的職業技能に焦点を絞ったプログラム，として分類されている．日本の非大学型には，短大・高専・専門学校が含まれる．

OECD 諸国の平均失業率は，日本よりもやや高いが，ここでも学歴による大小関係は同じである．主な国の例として米英独仏を取り上げて掲載したが，失業率に差があっても，高等教育の雇用効率は高卒よりも高い．ただし，ドイツとフランスでは，非大学型の失業率が，大学型よりも小さくなっている．実践的職業教育に直結した教育プログラムが就業能力を向上させている成果だと推測される．非大学型教育の優れた国としてしばしば紹介される両国の特徴が現れている．

次に，所得からみた高等教育の相対的位置をみてみよう．表 7-2 は，高卒を

表7-2 25-64歳人口の相対所得（高卒＝100）

		非大学型	大学型
日　本	男	116	141
	女	134	191
OECD 平均	男	126	172
	女	132	172
アメリカ	男	117	189
	女	124	187
イギリス	男	122	160
	女	144	195
ドイツ	男	127	173
	女	115	166
フランス	男	121	181
	女	129	155

注：年度は，国によって異なる．日本は2007年．

基準にした相対所得である．日本の男子大学型は，高卒の100と比較して，141になっている．大学に進学することによって，所得が41％増えるということである．かなり大きい数値だと思うが，女子はさらに大きく，91％増える．ほぼ倍増である．この相対所得は，大卒プレミアムを示す指標として国際的にもしばしば用いられる．OECD平均の大学型は，男女ともに72％の増加になっている．日本の男子の大卒プレミアムは，OECD平均を下回るが，女子は平均を上回っている．女子の平均所得は男子よりも低いが，女子の間にみられる学歴間格差は男子よりも大きいのである．女子の方が男子よりも大きいのは日本とイギリスであり，アメリカ・ドイツ・フランスでは，逆に男子の方が大きい．

　非大学型については，所得の増加分が，大学型の半分以下になっている．教育年数が短いから，高卒に対する所得増分が半減するのは当然だが，教育年数の差よりも相対所得の差の方が大きい．ドイツとフランスの非大学型失業率は小さかったが，所得の増加は大卒の方が大きい．所得の増加を期待するなら，非大学型よりも大学型が有利になっている．ただし，大学型には，大学院教育を含んでいるので，非大学型を2年，大学型を4年として換算することはできない．これらの数値だけでは，大卒プレミアムを完全に比較検討できないが，いずれの国においても，大学に進学する経済的メリットはかなり大きい．

OECD 統計では，「教育による所得の増加」について，かなり詳しいデータを提供している．とくに注目しておく必要があるのは，学歴別相対所得の推移である．この点について報告書は次のように指摘している（OECD, 2013）．
　「2000 年から 2011 年の間，後期中等教育未修了者の相対所得は，ほとんどの OECD 加盟国で減少した．ただし，ドイツ，ハンガリー，スイスは例外で，後期中等教育未修了者の相対所得はこの間に上昇している」．この傾向に対して，同じ期間の間，「高等教育修了者の相対所得は，ほとんどの国で上昇した」という．データの信頼性については留保付きだが，低い学歴の所得が減少する傾向にあり，その一方で，高学歴の所得は上昇する傾向にある．この国際的事実を踏まえて，次節で，日本の相対所得を検討する．
　OECD 統計は，さらに詳しく，教育の費用と便益を重ねて，教育の投資効率（収益率）を分析し，その国際比較を行っている．ところが，残念ながら，日本の統計はほとんど掲載されていない．「教育による所得の増加」や「収益率」といった教育プレミアムに関心を示してこなかった国情が反映しているものと推測される．葬られた人間資本理論を掘り起こしながら，以下では，日本の教育プレミアムの推移と現状を明らかにしておきたい．

高学歴化しても上昇する相対所得

　日本の政府が学歴別の所得に関心を示していないわけではない．文部科学省の統計を離れれば，厚生労働省の「賃金構造基本統計調査」が，世界に稀なほどに詳しい学歴別データを収集している．この調査は，わが国の賃金構造の実態を詳細に把握することを目的として実施されている．調査事項に「学歴」が含まれているのは，学歴が賃金構造を規定しているという政府の規範的判断があってのことである．教育界は，意図的，あるいは無意図的に，この資料を見て見ぬふりをしてきた．本書では，この統計調査に基づいて，教育プレミアムの推移と現状を詳細に観察する．
　はじめに，OECD 統計にならって大卒の相対所得（高卒＝100）をみると図 7-1 のようになる．所得は，「決まって支給する現金給与額」を 12 倍し，それに年間賞与を加えた金額である．1970 年代の中頃から後半にかけての相対所得は，やや減少傾向にあった．ところが，80 年代の安定期を経て，90 年代に入

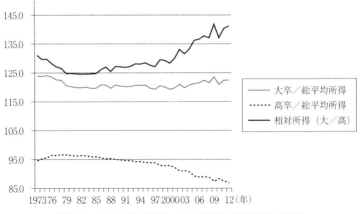

図 7-1 大卒の相対所得，および平均所得基準の指数

ると相対所得は増加に転じた．さらに 2000 年代に入ると 130 から 140 へと 10 ポイントの増加になっている．**表 7-2** で紹介した日本の男子相対所得（141）に対応している．最近の相対所得が，この 40 年間で最も高いレベルにある．

　その一方で，進学率の向上にともなって，大卒者の数は大きく増加した．高卒労働者に対する大卒労働者の比率をみると，1973 年で 0.37 である．高卒者の数は，大卒者の 2.7 倍ほどを占めていた．この時代の大卒者はまだ希少だった．ところが，1980 年になると大卒比率は，0.41．さらに 0.49（90 年）→ 0.62（00 年）→ 0.82（12 年）と増加してきた．労働人口は着実に高学歴化し，近い将来，大卒者の数と高卒者の数が同じになる．

　この労働比率と大卒の相対所得を対比させれば，大卒の数が増えたにもかかわらず，最近の大卒の相対的価値は高まっている．高学歴化すれば大卒の価値が低下するのはあたり前だ，と一般に考えられているが，それは，世間の思い込みにすぎない．増えた大卒の価値が減少し，少なくなった高卒の価値が上昇したわけではないのだ．

　労働者全体の平均所得を基準にして，高卒と大卒の所得変化を確認しておこう．この基準値からすると，2000 年代の大卒所得は，平均所得をやや上回って増加している．わずかな上昇だが，この不況期に平均所得が減少してきたことを考えると，大卒の強さがうかがわれる．それに対して，2000 年代の高卒

表7-3 高学歴化の相対所得計測

	対数（L大／L高）	対数（平均所得）	定　数	決定係数	D.W.比
対数（W大／W高）	0.220** (0.011)	-0.080** (0.008)	4.480** (0.033)	0.923	1.842

注：**1％水準で有意．（　）内は標準誤差．

所得は，平均所得よりも10ポイントほど減少している．平均所得基準の指数も図に示しておいた．「低い学歴層の所得が減少し，高学歴層の所得が上昇する」．この傾向は，先に紹介したOECD報告の指摘と同じである．

大卒の相対所得と相対労働者数との関係を把握するために，次のような関係式を特定してみよう．前年度の相対労働者数と前年度の平均所得が，当該年度の相対所得を規定するというモデルである．経済理論に基づいた推計式ではないが，高学歴化に対する世間の常識を確認しておきたい．

対数（大卒所得／高卒所得）＝ $a + \beta$・対数（前年度の大卒労働者数／高卒労働者数）
　　　　　　　　　　　＋ γ・対数（前年度の平均所得）

労働比率は，高学歴化の程度を示す指標である．大卒比率が大きくなれば，大卒プレミアムが低下すると一般に考えられている．もしこの説が正しければ，労働比率の上昇が賃金比率を下げ，βの係数はマイナスになるはずである．ところが，回帰分析の結果が示すように，労働比率の係数は危険率1％で有意にプラスになっている（**表7-3**）．平均所得の影響（γ）がマイナスであるのも興味深い．全体の所得が上昇基調にあるとき，つまり好景気には，学歴プレミアムが縮小し，下降する不況期には，プレミアムが拡大するように作用している．

労働比率の係数がプラスになるのは，他の生産要素が学歴別労働需要に異なった影響を与えているからである．この重要な意味と経済理論については後で検討する．ここでは世間の常識とは異なった動きをしている事実を確認しておいてほしい．

大学収益率のダイナミックな変容――豊かな平等社会から不平等社会へ

大卒プレミアムを計測するいまひとつの方法は，教育投資の収益率である．

日本ではあまりなじみがないが，国際的には最もポピュラーな指標である．収益率は，教育の費用と便益を秤にかける金融経済・ファイナンス（財務）理論の発想である．金融のメタファーで教育を語ることに対する感情的拒否反応が強いようだが，子をもつ親の気持ちは，意識的あるいは無意識的に，教育にかかる費用と便益を秤にかけている．そうでなければ，家計をやりくりして，貯金を取り崩し，わが子を私立大学に進学させるはずはない．

　考え方は相対所得と同じだが，年齢を縦断した生涯の所得差額を考える．年齢別の所得差額（大卒所得−高卒所得）の総計が大学進学のプレミアムである．各年齢別の所得は，年齢と所得の関係式を特定し，補間推計した（次章のデータにあわせて2011年の数値を用いる）．この年齢別のプレミアムは，20代ではそれほど大きな差がなく，歳とともに増加する．50歳がピークで，その差額は300万．22歳（大学卒業）から60歳までの差額を合算すれば，7124万円になる．これが生涯にわたる大卒プレミアムである．高卒よりも7000万円多いというのは，かなりの金額だ．

　その一方で，大学に進学すれば，4年の間，働く機会を逸する．高卒者が4年間に働いて得られる所得総額は，1041万円と推計される．大学進学者は，この金額を放棄しなければならない．この放棄所得は，大学教育の機会費用である．機会費用は，学生納付金（約500万円）という直接費用の2倍に匹敵する．自分や家族の生活を支えるために働かなければならず，進学を諦めるのは，大学の機会費用が大きいからである．

　機会費用をマイナス表示にして，進学プレミアムをプラスにして図示すると，図7-2のような曲線になる．18歳から21歳までの所得を放棄した費用総額は，22歳以降の生涯プレミアムに見合っているだろうか．大学はペイする投資なのか，ムダな投資なのか．長期にわたる未来の収益を現在の意思決定に役立てるように理論化したのが，現在価値法であり，内部収益率法である．この方法によって計算すると，7124万円の収益をもたらす大学の費用（1041万円）は，8.7％の利子率に匹敵する投資だということになる．つまり，1041万円を8.7％の利子率で運用したとき，元利合計が7124万円になる．いまどき，こんなに高い利回りになる投資案件は存在しない．それほどに教育投資の効果は大きい．授業料や国庫補助金などの直接費用を勘案した詳しい計算方法は，次章で説明

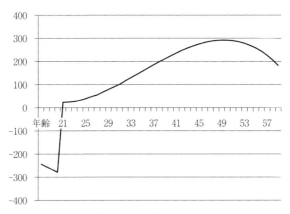

図7-2 大学に進学する機会費用（放棄所得）と便益のプロファイル（2011年）

する．

　ここで考えたいのは，収益率8.7％の大学プレミアムが，減少しているのか，あるいは増加しているのかという問いである．大卒の相対所得が90年代に入ってから上昇しているから，収益率も増加しているはずである．計算される収益率は，用いる所得データと直接費用の金額によって，1，2％ほど変動するが，同じ計算方式であれば，時系列の推移をみる上で支障はない．

　最近の動向をみる前に，1960年代の高度経済成長時代の収益率はどのように推移していたかを確認しておきたい．筆者は1980年頃に製造業の収益率を推計したことがある．その経験によると，1960年代の高度経済成長から80年にかけて，収益率は確実に減少した（矢野，1982）．図7-3は，大学と高校の収益率の結果である．賞与を含まない製造業の収益率であり，先の8.7％という数値には接続しない．しかも，対象者が職員と全労働者の接続になっているので留保付きだが，収益率が経済成長とともに減少したのは間違いない．この時代の収益率については，梅谷による推計がある（Umetani, 1977；梅谷，1977）．それによれば，1954年に9％だった収益率が，73年には7.5％に減少している．

　日本の高度経済成長期は，企業規模の賃金格差も縮小し，家計の不平等指数（ジニ係数）も減少した時代である．高い経済成長率が平等化をもたらした豊かな社会だった．この平等化が，学歴間格差の縮小にも反映され，収益率が減

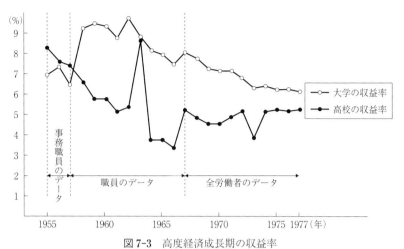

図 7-3　高度経済成長期の収益率

注：費用は機会費用だけとし，所得はボーナスを含まない税引前所得．データは各年度の「賃金センサス」（労働省）による．
出典：矢野 (1982)．

少した．労働者全体の平均所得が相対所得にマイナスの影響を与えていた結果（**表 7-3**）にも符合している．

同時に，この時代に，大学進学率は 15％ から 40％ にまで急増した．一部の選ばれた者だけが進学する大学から，普通の高校生が進学する大衆化の時代をむかえたのである．「大学に進学しても特段のメリットは保証されない」「学歴社会は虚像だから，無理して大学に進学する必要はない」．そんな言説がメディアを賑わしてもいた．この時代の経験が，「高学歴化すれば大卒プレミアムは小さくなる」という世間の常識を根づかせた．減少する収益率は，世間の常識を裏づけるひとつの証拠だった．

冒頭で述べたように，石油ショックを契機にした 75 年後の国際的経済不況が，人間資本理論の終焉をもたらし，大学過剰論が広く浸透した．75 年から 95 年頃までの収益率は，ほぼ水平的に推移していた（矢野, 2001）が，高学歴化が進学メリットを小さくさせるという世間の常識に変わりはなく，今でもあたり前のこととして受けとめられている．しかし，この社会的規範は事実誤認ではないのか．単なる思い込みにすぎないのではないか．こうした疑問を投げかけているのが，95 年後における相対所得の推移である（**図 7-1**）．21 世紀に入っ

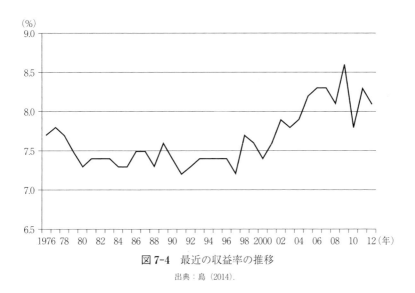

図 7-4 最近の収益率の推移

出典:島（2014）．

て,「高等教育修了者の相対所得は，ほとんどの国で上昇した」(OECD, 2013) のは，日本だけではなく，国際的なトレンドである．

学歴別の平均値による相対所得ではなく，生涯所得の収益率でみるとどのような変化を経験しているか．その計測については，島による推計がある（島，2014）．図 7-4 がその引用だが，2000 年に入ってから以降，収益率が 1 ポイントほど上昇している．

この収益率は，税引き後の所得を推計したものであり，費用については直接費用を含んでいない（直接費用を含めた収益率については，島の論文を参照してほしい）．たいした上昇ではないと思われるかもしれないが，学歴別の労働需給に今までにない新しい変化が生じているのは確かである．ここで思い出されるのは，高度経済成長期の中卒労働者である．高校進学率が上昇し，中卒労働者が減少した時代に，中卒者は「金の卵」だといわれた．経済成長する労働現場においては，単純労働者の需要が高まる労働力不足の時代．中卒者が，金の卵といわれるほどに，貴重な労働力になった時期があった．豊かな平等社会の背後にあったのは，こうした学歴別労働市場の力学である．

一方，今では高卒者の就職率は 2 割にまで減少したが，高卒者が「金の卵」

といわれることはない．それどころか，高卒者の給与は，平均の減少幅よりも大きく低下し，失業率は大卒よりも高い．つまり，労働需要は，高卒よりも大卒の方にシフトしている．こうした労働需給の関係が相対所得と収益率に現れている．

　アメリカの学歴別所得には，日本よりも顕著に労働需給の力関係が反映される．しかも，その変化は，日本よりも15年ほど早い．人間資本理論の復活で述べたように，1980年代中ごろから，世界，とりわけアメリカの新しい経済のうねりが顕在化しはじめた．情報技術に象徴される知識基盤経済の到来である．経済成長が単純労働者の不足をもたらすという時代ではなくなった．求められているのは，時代の変化に応じたスキルの向上である．最近の日本の新しい動きを理解する上で，アメリカの経験に学ぶのは有意義である．

　アメリカにおける学歴別所得の変化を象徴的に表現した論文として「今日の高卒男子の所得は，なぜ彼らの父親が得た所得よりも少ないのか」という論文がある（Murnane and Levy, 1993）．アメリカでは，1972年以来，高卒男子の所得は劇的に減少した．仕事の機会が，製造業からサービス産業にシフトしたこと，および技術変化が大きな理由になっている．そして，1980年代に学歴による所得格差が大きくなったという．大卒者の所得が「やや」上昇し，高卒者の所得が「大きく」減少したからである．結果的に，大学収益率は，80年以降に上昇した．

　人間資本理論は，学歴別所得のリアルな実態とともに復活した．アメリカの収益率に関する研究は膨大だが，最近のすばらしい研究として，ゴールディンとカッツ（以下では，G＆Kと略称する）の著書がある（Goldin and Katz, 2009）．1890年から2005年にわたる長期の期間を視野に入れて，アメリカにおける学歴別所得の進化を実証的かつ理論的に解明した傑作である．

　大学と高校の収益率の全体像を示しているのが，図7-5の引用である．表示された0.15という数字は，15％の収益率を意味する．この収益率は，生涯所得による推計ではない．高卒に対する大卒の相対所得に基づいて計算される．大卒の相対所得が高卒よりも60％多いとき，60％を教育年数（4年）で割ると15％になる．1年間で増加する所得の割合は，収益率とよばれひとつの指標である．この収益率の歴史をみれば，アメリカは，20世紀に劇的な時代の

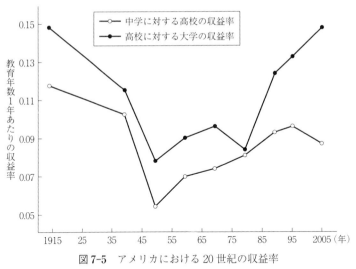

図7-5　アメリカにおける20世紀の収益率
出典：Goldin and Katz（2009）の図2.9.

変化を経験したことが分かる．

詳細かつ厳密な理論と実証分析を重ねて，G＆Kは，次のように指摘している．アメリカの20世紀は，2つの時代に分けられる．前半の4分の3世紀と後半の4分の1世紀である．1975年までの前半は，経済が急成長した「平等化の時代」．それに対して，後半の4半世紀は，停滞した経済下の「不平等の時代」である．こうした時代の反転を動かしてきたエンジンが，人間資本である．20世紀の前半の間，中等教育も高等教育も広く社会に開かれていた．人間資本ストックの急速な拡大によって，スキルを必要とする労働需要に十分に応えることができた．その成果の反映が収益率の減少である．平等化の時代は，教育の時代だったのである．ところが，後半には，教育機会は閉ざされ，その成長も鈍化した．そのため，情報技術などによる新たに高まるスキル需要に応えられず，スキルのある者とない者の間の格差は一層拡大した．それが不平等化の原因であり，結果としての収益率の上昇である．大学収益率の上昇は，大学教育が過剰なのではなく，過小だからである．

収益率が7ポイント前後も増減するアメリカの労働市場は，日本のそれと大きな違いがある．アメリカの収益率が高く，日本のそれが低いからといって，

アメリカの教育の質が高く，日本のそれが低い，というわけではない．所得水準を規定する要因は，労働需給の力だけではない．法制度，労使関係，経営形態，平等観（文化）など多様な力学の反映だが，その解明はここでの守備範囲ではない．日本の収益率のダイナミックな変化の背後に，アメリカの経験と同じ普遍的な経済事情があるはずである．そのように読むのが，「大学が多すぎる」と思い込むよりも妥当だろう．

人間資本革命・スキル偏向的技術進歩・グローバリゼーション
　Ｇ＆Ｋの好著は，100年という長い時間を視野に入れた実証的な分析というだけではない．教育と経済の関係を読む視角が広い．第2部の4つの章では，アメリカ教育制度の鍵となる徳目を踏まえて，「平等主義」「公的支援」「地方分権」「開かれた寛容主義」などに支えられた高校改革運動と高等教育の歴史をデータに基づいて追跡している．20世紀の前半は，公共的に支えられた公教育の歴史とともにあり，教育が平等な社会システムを構築する要だった．
　物的資本が経済成長の活力になったのは，19世紀の産業革命であり，20世紀は人間資本革命であり，人間資本の世紀（Human Capital Century）だったという．19世紀末から20世紀初頭に，アメリカで初めて社会学という学問を切り開いた先駆者のひとりであるL. F. ウォードを水先案内人にして，アメリカの教育と社会の歴史を描いた苅谷の著書が思い出される（苅谷, 2004）．彼によれば，ウォードは「知性平等主義という思想を掲げ，階級や人種やジェンダーの違いを越えて，教育を通じて社会を平等にするという考えを，かなり早い時期から持っていた社会学者」である．ウォードの思想を掘り起こしつつ，「教育の世紀」とよべる20世紀のアメリカの教育の進歩を跡づけている．その進歩は，教育機会と平等の歴史である．平等化の終焉，そして格差の時代を迎えた現在の教育が，Ｇ＆Ｋ，および苅谷に共通した21世紀の課題である．
　ウォードの考え方は，教育戦略を通じて豊かな社会を構想する設計思想だが，Ｇ＆Ｋの論理は，経済学の理論から導き出される教育の政策的含意である．この論理は，「高学歴化しているにもかかわらず増加する大卒所得」を説明することから出発する．Ｇ＆Ｋの論理を，3つのステップに分けて，まとめておきたい．

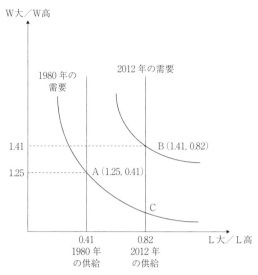

図 7-6　大卒の相対供給・相対需要のスキーム

　第1のステップは，高学歴化と相対所得の関係である．ビールの価格（大卒の所得）が上がるにもかかわらず，ビール（大卒者）がたくさん売れる市場を考えるのと同じだ．価格が上がれば，消費量が下がるはずだが，そのようになっていない．この現象を説明する図式は，長期にみたときのビール需要が上方にシフトすることによって説明される．このシフト要因の典型が，家計の所得水準である．同じように，高学歴化しても大卒所得が上がるのは，長期にみたときの大卒需要が上方にシフトしたからだと考えられる．

　この需給関係を 1980 年および 2012 年の相対所得・相対労働量に基づいて図示すると図 7-6 のようになる．つまり，労働需要と労働供給の均衡モデルである．労働供給は，短期的に非弾力的だと考えて，垂直線で描いてある．先に紹介した 1980 年のデータは，相対所得が 1.25，大卒労働比率が 0.41 の A 点に対応する．私たちが観測できるのは，均衡点のデータだけである．この均衡点が，2012 年に B 点に移動した．大卒労働比率が大きくなっても，相対所得が 1.41 になったのは，2012 年の労働需要が上方にシフトしたからである．もし，大卒労働需要が 80 年と変わらなければ，C 点の近傍に移動するはずである．この 32 年間に A から C に変化すれば，高学歴化にともなって相対所得は小さくなる．

7 章　大衆化しても上昇する大卒プレミアム——157

しかし，平均値からすれば，日本はAからBの方向に動いた．「高学歴化すれば，大卒の価値が小さくなる」と思い込むのは，労働需要曲線が長期にわたって変わらないという条件を暗黙の前提にしているからである．

相対所得と相対労働比率の直線的関係を計測した式（**表7-3**）は，AとBを結ぶデータを追跡したものである．この線は，需要曲線でもなければ，供給曲線でもなく，経済的に意味のある定式化ではない．

第2に考えなければならないステップは，「なぜ，需要が上方にシフトするか」という問いである．代表的な答えに2つある．ひとつが，スキル偏向的技術進歩（Skill-biased Technological Change）である．生産性をあげる技術進歩とともに，スキル需要が増える．コンピュータやIT（情報技術）が生産性を向上させるとともに，それらの技術を活用できるスキルのある労働需要が増えることになる．大卒労働はスキルのある労働者を代表し，高卒がスキルのない労働者だと想定すれば，**図7-6**のような需要シフトとして描かれる．

もうひとつの可能性が，経済のグローバリゼーションである．国際貿易が活発になると，先進諸国では，低スキルの労働力を擁する生産が海外にアウトソーシングされ，高スキル財の生産が比較優位になる．そうなれば，高スキルの労働需要が大きく，低スキルの需要は小さくなる．

Ｇ＆Ｋは，この2つの可能性があるけれども，前者のスキル偏向的技術進歩の方が国際貿易説よりも支持されるとしている．その証拠として，もし国際貿易説が有力ならば，高学歴需要の差異は産業間の間で大きくなるはずだが，高学歴需要は同じ産業内で急速に増えている事実を挙げている．

労働需要の上方シフトを計測できる経済変数が発見できれば，図の需要曲線（限界生産力曲線）が計測できる．Ｇ＆Ｋは，2段階のCES（Constant Elasticity of Substitution）に基づいて，大卒相対所得（大卒プレミアム）に与える大卒労働比率の影響を測定している．労働需要の上方シフトをもたらす技術進歩の指標として組み込まれているのは，タイムトレンド（t）である．線形の時間が大卒者の相対需要の長期的成長を促していると考えてのことである．1915年から2005年の長期間にあたる大卒プレミアムの計測結果によれば，大卒労働比率の係数は，−0.544から−0.618の間にある．大卒と高卒の代替弾力性は，係数の符号を変えた逆数，1.84から1.62になる．

彼らが強く主張しているのは，スキル偏向的技術進歩は，最近の技術に特有な現象ではなく，長期にわたった技術革新はいつもスキル偏向的だというところにある．だからといって，収益率がつねに上昇傾向にあるわけではない．スキル偏向的であっても，学歴所得の格差が平等化する場合もあれば，不平等化する場合もある．収益率の平等／不平等は，技術進歩だけの影響ではない．そこで，次が重要になる．

彼らの著書の重要な論争点は，第3のステップにある．技術は，スキルを供給する教育の役割とともにある．教育を供給するスピードが，スキル需要の拡大よりも速くて，大きければ，均衡点である相対所得は減少する．つまり，平等化する．計測された代替弾力性に基づいて，大卒プレミアムが「変化しない状態」の必要労働供給量を見積もっている．この推計される相対需要と実際の供給量を比較しながら，100年の教育政策を検証している．*The Race Between Education and Technology* という著書のタイトルの意味は，ここにある．教育と技術進歩の競争にどちらが勝つかの勝敗が，平等化と不平等化をもたらす．後半4半世紀に急速に不平等化したのは，技術進歩だけの影響ではない．教育の供給量が縮小し，技術進歩のスピードに追いつかなかったからである．100年あまりの実証分析を踏まえて，(1)高校段階でのドロップアウトをなくし，(2)高等教育へのアクセスを高めるための財政的支援の必要性が強調される．アメリカのみならず，世界の21世紀の教育政策を展望する上で，貴重な含意を提供していると思う．

紹介してきた日本の相対所得と相対労働比率による代替弾力性の推計を試みたが，まだ良好な結果は得られていない．技術進歩のタイムトレンドと大卒の労働比率の間に，0.989という高い相関関係があり，多重共線性による係数の不安定性が大きな理由だと考えられる．そのため，タイムトレンドと労働比率の係数の符号が，理論的含意と逆になったり，統計的に有意でなくなったりする．中卒・専門学校卒のデータも組み入れて，今後の検討を重ねたいと考えているが，紹介した日本のデータは，平等社会から不平等社会への反転を示すに十分な証拠だと思う．スクリーニング派の大学過剰説が優位にある日本の教育界とメディアは，もう少し冷静に現実を読み解く努力をすべきだと思う．相対所得，および収益率の増加を軽々しく評価したり，無視したりするのは危険で

ある．

　G＆Kに沿った説明をしてきたが，技術進歩とグローバリゼーションが，日本の労働経済に与えている影響については，櫻井による優れた実証研究がある（櫻井，2011）．櫻井によっても，製造業における男子の学歴別賃金格差が1985年以降に上昇している．著書の第3章では，「技術進歩と学歴別労働需要」をとりあげ，スキル偏向的技術進歩が，大卒労働需要を押し上げていることを検証している．推計は，トランス・ログ型の費用関数から導かれる熟練労働者の賃金シェア変化を従属変数としたモデルである．技術進歩の変数については，タイムトレンドという抽象的指標ではなく，「コンピュータ関連投資額」「研究開発費」を用いている．こうした技術関連指標が，「大卒労働者賃金シェアの上昇に大きく貢献していることが確認され」，「製造業における高学歴労働者への相対的な需要シフトして，スキル偏向的技術進歩によるメカニズムが働いている可能性がある」としている．

　さらに櫻井は，グローバリゼーションが，高学歴労働者への需要を高め，企業の技術開発活動を促進していることなど，熟練と非熟練の労働需要の変化について，詳細な分析を重ねている．それだけでなく，最後に「熟練・非熟練の賃金格差がなぜ米国のように拡大していないのか」という問いを議論していて面白い．日本のコンピュータ投資の比率が少ないこと，日本の内部労働市場における熟練形成，などが指摘されているが，教育政策の絡みでいえば，大卒労働者が趨勢的に増加してきたという指摘は重要だろう．とりわけ「賃金構造基本調査」に現れるストックの高学歴化は，直線的な増加趨勢にある（タイムトレンドとの相関が高くなるのはそのためである）．教育と技術進歩の競争というG＆Kの枠組からすれば，日本の相対所得も上昇傾向にあるが，その格差を現在の程度にとどめているのは，大卒供給が増加してきた成果だといえる．

平等社会のための効率的投資

　不平等社会の是正を図る鍵は，教育の雇用効率にある．あらゆる生活格差の根源は，スキルのある者とない者の間にある格差である．ところが，雇用効率という言葉に対する反感には根強いものがある．この言葉を耳にしただけで，効率の向上を目的として，教育を経済に従属させる悪しき発想だと断罪したり

する．大学は，効率向上に資する職業訓練的な高等教育機関ではない，と批判する識者の声もしばしば聞かれる．大衆化したいまの大学群は，多様な高等教育機関としての共存が求められている．この種の議論において欠落しているのは，高等教育と雇用の関係についての現状認識である．

職業技術教育を強調し，学校と仕事の関連を強化する教育計画を「職業教育モデル」という．ところが，世界銀行で多くの教育計画を指導してきたサカロプロスは，職業教育モデルという発想は誤謬（fallacy）だったと述べている（Psacharopoulos, 1986）．職業教育課程と普通教育課程の効果にはっきりした違いがみられなかったからである．高校でも大学でも同じことがいえるという．1980年代は，職業教育よりも一般教育が重要だとする，「職業教育モデル」への反省期だったが（矢野，1992），その後に決着をみたわけではない．時代の社会的文脈によって，職業教育モデルへの賛否が浮き沈みする．教育と仕事の関係は多様であり，分野によって大きく異なっている．どの分野の労働需要が大きいかという時代の変化によって，賛否も変わる．

スキル偏向的技術進歩によって大卒労働需要が上方にシフトしたといっても，どのような仕事分野の需要が高まっているかは分からないままである．未来の予測はいつも定かではないが，マンパワー需要の予測は，未来の高等教育政策の方向性を認識し，議論するためには欠かせない情報である．この種のきめ細かな研究蓄積が皆無であり，無視され続けてきたことが日本の致命傷だと私は思う．雇用効率という言葉を避け，致命傷を忘れて，「職業教育モデル」の是非だけを議論するのは乱暴だろう．

同じ理由によって，本章の分析結果が語りうる射程は，かなり狭く限定される．しかし，限定されながらも重要なポイントは次の2つにある．第1は，大学が雇用効率を高める効果をもつという事実である．どのような教育分野が高いかは問えないが，平均像からみたプレミアムが上昇している事実は重要である．OECD諸国の高等教育プレミアムをみても，大学教育への投資が過剰だという証拠はどこにもない．たとえ過剰だといわれるぐらいに投資したとしても，教育の収益率は，他の公共投資より効率的である．大学過剰説が世界を席巻した1975年前後のアメリカでも，収益率は8%ほどに達していた．日本でも6%を下回らない．かつての道路・交通・港湾といった公共投資は，今では

もはや経済を牽引する力を失っている．残された重要な戦略的公共投資が教育である．にもかかわらず，教育を公共投資のひとつとして考えないのが，日本の習性である．筆者は，政府のある研究会で，「教育は未来への公共投資である」旨の発言をして，文書に残すことを提案したことがある．ところが，知らぬ間にこの言葉は抹消されていた．「公共投資」は教育の政府文書にふさわしい言葉ではない，というのである．

　重要なのは，第2のポイントである．教育は雇用効率を高める効果をもつが，効率を高めるためだけに教育があるのではない．雇用効率を高める効果があるからこそ，スキルのある者とない者の間にある格差を縮小し，社会を平等化することができるのである．Ｇ＆Ｋの実証研究，および社会学者ウォードの社会設計思想に共通しているのは，「教育による」平等社会の実現である．機会の平等化は，効率を犠牲にするのではなく，十分に効率的な政策でもある．

　諸外国の統計データを読んでいると，アメリカの不平等の大きさには驚かされる．図7-5の収益率の揺れ幅も異常である．ひとつの国にたくさんの世界があって，互いの生活が分断されているから生きていけるのかもしれないが，こんな病理的な社会でよく暮らしているものだと正直そう思う．ノーベル経済学賞のスティグリッツは，不平等なアメリカ経済の仕組みを経済理論的に解き明かし，それだけでなく，上流層が自分たちに都合のよいルールや言説を作りだしている過程を描いている（スティグリッツ，2012）．平等な社会の実現には，金融・財政・税制・法制度などの多面的な動員が必要だが，スティグリッツも，「親の学歴と所得に依存した」アメリカの人生展望を改めることが必要だと診断し，教育機会の平等化を強調している．第Ⅰ部で詳細に分析したように，「親の学歴と所得と子どもの学力」という家族資本主義によって，日本の人生展望も閉ざされている．人間資本が，限られた「家族」に独占されているともいえる．

　不平等社会が世界中に波及したこともあって，平等社会の見直しが生まれつつある．観念的な希望ではなく，国際統計を駆使した研究は，コストの高い格差が大きい社会よりも，平等社会が優れていることを明らかにしている（ウィルキンソン／ピケット，2010）．精神衛生・健康・肥満・学業成績・暴力といった社会病理の国際統計を収集，分析したこの研究では，経済的豊かさ（1人あた

り国民所得）は，こうした社会病理と統計的に関係ないという．つまり，経済的豊かさは，社会病理を解決しない．病理と関係があるのは，所得の水準ではなく，所得格差（不平等）の指標である．経済的に豊かでも，不平等の大きい社会は，社会の病理に悩まされている．その一方で，比較的平等化した国は社会病理の程度が小さく，社会的に健康である．国際統計という難しくて不安定な指標を用いたシンプルな回帰分析だが，想像以上に明瞭なグラフが提示されて，考えさせられる．

　日本は，比較的平等な社会に属する．国際比較的には，恵まれた国だと思うが，深刻な社会病理も少なくない．教育との関連からいえば，そのひとつが，子どもの貧困だろう．阿部や山野の著書によれば，国際的に定義された子どもの貧困率は，アメリカほどではないが，ヨーロッパ諸国と比べてかなり高い（阿部，2008；山野，2008）．阿部の副題にあるように，子どもの貧困は「日本の不公平を考える」原点だといえる．2つの著書ともに，対策と処方箋について検討しているが，当然のことながら共通するのは，子どもたちの学ぶ機会を広く，長く開くことである．山野は，「人的資本（ヒューマンキャピタル）論＝自己責任論」とし，人的資本論的考え方が貧困を自己責任化させている，と批判している．この説明は偏見的だと思うが，日本社会における人間資本理論に対するまなざしが現われているようで印象的だった．貧しい子どもたちに学ぶ機会を開き，高等教育まで進学できるようにすることは，「機会の平等」からみた規範的・政治的判断なのではなく，優れて「効率的」な投資なのである．

大衆化批判への反論――誰でも勉強すれば報われる

　このような説明を重ねても，納得よりも反論の方が多いと思われる．懲りずに説明を加えるが，この章の最後に，予想される反論のひとつを取り上げておきたい．これまでのデータは，すべて平均値である．平均的プレミアムの存在が確認されたとしても，大衆化した大学の学生には通用しないのではないか．そういう疑問が必ず出る．学生の学力低下が叫ばれて久しく，大学が多すぎるという批判の理由は，いまの学生の現実を観察した感想だろう．社会科学のほとんどは，平均値の法則の発見と検証である．平均値が動くというのは山が動くほどに重要なのだが，教育プレミアムの計測にとって致命的なのは，平均値

問題ではなく，セレクションバイアス問題にある．

　高卒と大卒による所得の増加を正確に測るためには，高卒で働いた場合の私の所得と大学に進学した場合の私の所得の2つが分からなければならない．しかし，大学に進学した私は，高卒で働いた場合の所得を知るすべをもたない．高卒者も大卒者も，片方のデータしか持ち合わせていないから，教育による所得の増加は，正確には測れない．これがセレクションバイアス問題である．この問題を解決するために，統計理論と調査研究の開発を続けているのが世界の学術動向である．IQ（知能指数）のデータを用いて，同じIQの高卒と大卒を比較したり，家庭環境を同じくする一卵性双生児の進路の違いに着目して，比較したり，教育年数には影響するが，所得には影響しない統制変数を見つけて計測したり，夥しい研究蓄積がある．海外および日本の研究成果と課題については，島による詳しいレビュー論文があるのでそちらを参考にしてほしい（島, 2013）．それらの成果によれば，各種の測定によって教育の効果に幅が生じるのは確かだが，単純な学歴間比較による収益率が大きく減少するわけではない．

　残念ながら日本では，セレクションバイアス問題に深く立ち入った研究はほとんどない．数少ない例として，中室と乾による双子のデータを用いた大学の収益率の計測がある（Nakamuro and Inui, 2012）．双子のデータを用いると収益率が少し下がるのが普通だが，中室らによれば，日本の収益率はそれほど下がるわけではなく，10％ほどになる．欧米諸国と比較して決して低くないことが明らかになったと報告している．

　豊富な「賃金構造基本調査」の原票に遡ったとしても，個人の社会的属性を含む調査ではないから，よりましな収益率計測にたどりつくのは難しい．そこで，第5章で用いたSSM調査の個票に戻った試算を紹介しておこう．この調査では，中学校時代の学業成績（以下，学力とする）を調べている．このデータを用いて，大衆化した大学の問題を収益率の観点から見直しておきたい．

　現在の大学において最も深刻なのは，高等教育の大衆化に対する根深い不信である．大学の数が多すぎる．ムダだ．教師も，世間も，そう思っている者が多い．学ぶ学生も，大学で学ぶ成果を自覚できず，大学教育は役に立たない，勉強してもムダだと思い込んでいる．そんなキャンパスでは，教師の熱意も，学生の意欲も湧いてこないし，教師と学生の信頼関係は醸成されない．それで

は教育の土俵が定まらない．

　そもそも，大衆化によって学生の学力が低下したと断定できるのか．私はかなり怪しいと睨んでいる．SSM 調査では対象者の大学進学／非進学が調べられているから，大学進学者の学力と年齢をクロスすれば，世代別に大学進学者の学力分布が把握できる．この分布の特徴については，第 5 章で紹介し，大衆化はすでに高齢世代から浸透していたことを指摘した．レジャーランドといわれたキャンパス生活を堪能した現在の中高年世代の学生よりも，今の学生のほうがずっとよく勉強している．中高年世代の学力が少し高かったとしても，大学時代の勉強ぶりを勘案すれば，学生の学力に大差はなく，中高年世代に大衆化した大学を揶揄する資格はないと私は思う．

　もうひとつの疑問がある．「学力が低いほど，大卒プレミアムが小さくなる」という思い込みである．学生も，そのように思い込んでいるふしがある．SSM 調査では，学力だけでなく，本人の学歴と年齢と所得のデータが調査されている．学歴については，SSM 学歴という変数が編集されているが，専門学校卒業者は高卒に含まれている．しかし，専門学校卒は短大と同じように扱うのが一般的なので，元データから高卒に含まれている専門学校卒業者を抽出して，短大と同じ扱いにした．

　これらのデータを用いて，常用一般労働者（男子 60 歳以下）の所得（分析では対数に変換している）が何によって決まっているかを計測した．具体的な推計は，ミンサーによる所得関数を基本にした（Mincer, 1974）．個人の所得分配は，学校教育と職場教育訓練の投資量によって決まるとする人間資本理論の代表的モデルである．学校教育は，教育年数として測定される．職場教育訓練の投資量は，経験年数に OJT（On the Job Training）の量が反映されると考える．そして，その訓練投資量は，経験年数の若いときに多く，経験とともに少なくなると仮定して，経験年数の 2 次式として近似される．つまり，人間資本理論から反証可能な命題を導き出したミンサー型所得関数の基本は次のようになる．

　対数（所得）＝ $\alpha + \beta$（教育年数）＋ γ（労働経験年数）＋ δ（労働経験年数）^{2}

　教育年数の係数 β は，1 年間の教育で所得が何％増加するかを表している．

表7-4 教育プレミアムの推計：男子常用労働者（60歳以下）の所得関数（2005年）

	モデル1	モデル2	モデル3	モデル4 成績上位	モデル5 成績中位	モデル6 成績下位
教育年数	0.090** (0.006)	0.073** (0.007)	0.056** (0.009)	0.075** (0.013)	0.069** (0.010)	0.071** (0.015)
学業成績		0.066** (0.014)				
成　績 * 教育年数			0.0051** (0.001)			
労働経験年数	0.066** (0.005)	0.067** (0.005)	0.068** (0.005)	0.082** (0.009)	0.068** (0.007)	0.047** (0.011)
労働経験2乗	−0.001** (0.0001)	−0.001** (0.0001)	−0.001** (0.0001)	−0.001** (0.0001)	−0.001** (0.0001)	−0.001** (0.000)
調整済み R^2 乗	0.309	0.321	0.322	0.284	0.284	0.170
有効サンプル数	1105	1097	1097	362	471	264

注：（　）内は標準誤差．**1%有意，*5%有意．従属変数は対数所得．

　これが，教育年数の収益率とよばれるひとつの計測法である．経験年数は，（年齢−教育年数−6）とし，学校卒業後に継続勤務していると仮定する．
　このモデルを基本にして，いくつかの推計モデルを計測した結果が，表7-4である．まず，基本になるモデル1の結果をみてみよう．学歴を教育年数に変換した係数は，0.090になる．これは，教育年数が1年増えると所得が9%増加するという意味である．教育の収益率，あるいは教育プレミアムといわれる．1年で9%増えるということは，大学4年間で高卒よりも所得が36%増えるという勘定になる．この収益率の値は，国によって異なるけれども，だいたい6%から12%の範囲にある．
　しかし，学力の高い生徒ほど教育年数が長いという相関関係にあるので，モデル1の収益率には学力の効果が重複して現れる．そこで，モデル2である．この収益率は，中学校時代の学業成績をコントロールした数値である．学力が同じ生徒の収益率は7.3%になる．9%よりも減少するのは，学力が及ぼす効果を除いた教育だけの効果を計測しているからである．教育の収益率としては，9%よりも7.3%の方が適切な推計値だといえそうだ．なお，学力の係数は，6.6%．成績が1ランク高くなると所得は6.6%上昇する．学校の学力水準は，

所得を上昇させる効果をもっている．「学業成績なんて，社会に出れば何の関係もない．何の足しにもならない」というような物言い（「関係ない仮説」）は棄却される．学力の高い層は，高卒でも大卒でも将来の所得が有意に高くなる．学力の高い高卒と学力の高い大卒を比較すれば，7.3％の所得増になり，逆に，低い高卒と低い大卒を比較すれば，同じ7.3％の所得増になる．それが，モデル2の意味である．

　もう少し分かりやすくするために，学業成績を上位，中位，下位の3グループに分けて，それぞれの収益率を計測したのが，モデル4から6の結果である．収益率の係数に若干の違い（6.9-7.5％）はある．しかし，それぞれの係数の標準誤差をみれば誤差の範囲であり，学力に関係なく，誰でも平均的な収益率を期待できる．しかし，成績下位のモデル説明力は，0.170にとどまり，他の2つに比較して小さい．彼らの所得の決め手は，他と比べてやや不安定だといえる．上位層の説明力も小さく，不安定だと思われるかもしれないが，個人の所得分配を説明するモデルは，どの国でも，30-40％の範囲でしかない．所得の6，7割は運（luck）で決まると考えておくのが健全だろう．

　こうしたモデルに対するいまひとつの疑問は，学力と教育年数の間にある相互作用だ．この相互作用の存在を仮定したのが，モデル3である．モデル2に〈学力×教育年数〉を加えた推計である．しかし，学力と学力×教育年数の2つの間の相関係数が高すぎる（多重共線性）ために，2変数を追加した推計値は，統計的に有意な結果にならない．説明力が高いのは，学力変数を除いて，学力×教育年数だけを追加した推計モデルである．それがモデル3の結果である．これによると，教育の収益率は，5.6％になる．収益率が調整されてさらに小さくなるわけではない．学力との関係で，収益率が変動するということである．つまり，学力別の収益率（％）= 5.6 + 0.51×学力になる．学力（5段階）の順に計算すれば，8.2％→7.6％→7.1％→6.6％→6.1％である．学力にかかわらず誰でも7.3％の収益率が期待できるとはいいがたく，学力別にみた収益率は6-8％の間にあるといえる．

　中学卒業時の学力変数を導入すれば，収益率のセレクションバイアス問題が解決されるというわけではない．さらに，この学力は，生得的な能力（IQ）を示しているわけではない．学力に教育ないし学習の成果が反映されているか

ら，この変数による調整は教育の収益率を小さく見積もりすぎているともいえる．不十分な推計であることは自覚しているが，学力の低い者は進学するメリットがないという通念を反省するには十分だろう．受験体制の中でつくられてきた偏差値信仰は，偏差値＝IQだとする観念を植え付けてきた．公然と断定されることは少ないが，「結局のところ，中学校時代の学力で学校選択と人生展望が決まる」と思っている教育社会学者は少なくない．こうした通念が，人間資本派よりもスクリーニング派が多い日本社会の実情を支えている．

　セレクションバイアス問題は，計量経済学のホットなテーマである．「アメリカの大学院の上級応用ミクロ計量経済学の教科書として最も頻繁に採用されている（大森義明の訳者あとがきによる）」アングリストとピスケの著書には，セレクションバイアス問題を解決する計量的方法が詳細に検討されている（アングリスト／ピスケ，2013）．その中で取り上げられている事例では，教育の収益率問題がかなり多く引用されている．それらによれば，調整された収益率は，7-13％ほどの範囲にある．

　アメリカの研究蓄積をときどき羨ましく思う．日本では，「学力の低い者は大学に進学しても意味がない」という根拠のない通念をもち続けて，大学の大衆化がしばしば批判される．それにもかかわらず，信頼できる計量分析に取り組もうともしない．人間資本論が教育を悪くするのではなく，こうした知的退廃が教育を悪くする．大衆大学を批判するよりも，「誰でも勉強すれば報われる」という，根拠がないとはいえない事実を共有して，教師と学生の信頼関係を醸成することが，今の大学教育の現場にとって大切だろう．

重大な欠落――非正規雇用／専門学校／大学院／女性

　本書では，男子の大卒に焦点をあて，しかも常用の一般労働者に限定している．非正規雇用の教育プレミアムも明らかにしたいと考えてきたが，残念ながら，「賃金構造基本調査」における「短時間労働者」については，学歴別に集計されていない．検証すべき雇用効率は，失業と非正規雇用と正規雇用の間でゆらぐ労働者のための教育だろう．不平等社会がさらに深刻になる国際経済情勢を考えれば，重大な領域の研究が欠落していることになる．教育と雇用の関係をさらに広げ，深めたいと考えているが，何よりもこの分野の研究に対する

社会的関心が大いに高まることを期待したい．

　非正規雇用問題に触れる分析成果をもちあわせていないが，最後に，いまひとつの欠落について，若干の補足をしておきたい．一般労働者における専門学校・短大・大学院の学歴問題，および男女の違いである．「賃金構造基本調査」の学歴分類は，短大・高専・専門学校が一括（本書では，「短期卒」と表記）され，大学院が大卒に含まれている．「就職するなら大学よりも専門学校に行くのがよい」と言われたりするが，専門学校のキャリアについての統計データはまったく整備されていない．

　短期卒の経済的位置については，第1章の最初に述べた．男子の短期卒の位置は，大卒よりも高卒に近い．それに対して，女子の短期卒は，高卒と大卒のほぼ中間に位置する．女子の学歴間格差は，男子よりも大きく，短期卒が大卒と変わらない投資効果をもっている．この構造は，長期にわたって大きく変わっていない．男子のような大学本位制にならないのは，短期卒の経済力がかなり強いからである．かつて分析した経験によれば，1980年における短大と大卒の女子の収益率は，ともに15％だった（矢野，1987）．ところが最近では，短大が人気を失い，四大への進学にシフトし，その一方で，女子の専門学校は善戦している．こうした進路選択の背後にあるのは，学歴の経済的変容である．最近の女子の教育プレミアム，および進路選択については，濱中が詳しい検証を重ねている．とくに，男子の専門学校と女子の専門学校の違いが顕著に示されていて興味深い（濱中（淳），2013）．

　女子の教育プレミアムが男子よりも大きいことは，SSM調査からも確認できる．女子の常用労働者の数は限られるが，男子の場合と同じ推計法によると，所得関数は次のようになる（サンプル数542）．

$$\text{対数（所得）} = 3.6 + 0.119\,(\text{教育年数}) + 0.038\,(\text{経験年数}) - 0.0005\,(\text{経験年数})^2$$
$$\text{調整済み決定係数} = 0.146$$

　教育年数の係数だけに着目すれば，女子の収益率は11.9％である．男子の9％よりも大きい．説明力が低いのは，女子の労働経験が連続的に継続されないからである．その一端は，経験年数の効果（係数）が小さいところに現れている．男子の0.066に対して，女子は0.038にとどまっている．仕事が中断さ

れることによって，職場訓練投資が継続しないためだと解釈できる．

SSM調査では，学歴の詳しいデータが収集されている．先の男子収益率計測は，すべての学校教育年数を合算した上での平均値である．学歴段階による違いをみるために，学歴ダミー変数を用いたのが**表7-5**の所得計測である．

モデル7は，学力変数を含まないケースである．高卒を基準学歴としている．中卒ダミーがマイナスになるのは，高卒の所得が中卒よりも25.1%多いからである．高校の3年間教育による25.1%の増加は，1年間で8.4%．これが高校のプレミアムである．大学ダミーの係数は0.358．同じ計算をすれば，高卒基準に対する大学プレミアムは9%になる．際立っているのは，短大・高専ダミーと専門学校ダミーの違いである．短大・高専グループは，2年間で25.4%，つまり12.7%プレミアム．それに対して，専門学校のプレミアムは6%にとどまる．しかも，係数は危険率5%で有意であり，他の学歴の危険率1%有意と比べて，係数の説明力が低い．短期卒の中で最も数が多いのは専門学校卒である．「賃金構造基本調査」の短期卒プレミアムが低いのは，専門学校の影響だと推察される．

いまひとつの特徴は，大学院卒の係数が高いことである．大学院に進学してもあまりメリットがないと一般に理解されているが，6年間で58.8%の増加だとすれば，プレミアムは9.8%になる．したがって，大卒と大学院卒を合併した「賃金構造基本調査」の大卒は，大学プレミアムとして過剰推計になる．ちなみに，同じデータを用いて，「大学・大学院ダミー」を作り，その係数を再計算すると0.376．大学ダミーの係数（0.358）よりも1.05倍ほど大きい．1年あたりのプレミアムを比較すると，9%から9.4%の増加になる．

モデル8は，学力変数を追加したケースである．いずれの学歴ダミーでも，係数は下方に修正されるが，学歴の相対的関係に変わりはない．ただし，専門学校の係数は，統計的に有意でなくなる．

モデルの9-11は，学力を3つのグループに分けた上での推計である．グループ化すると，サンプル数が1ケタのケースが発生する．強引な計測だが，1ケタのサンプルの係数はすべて誤差が大きく，統計的に有意でない．分かりやすくするために，表では「─」を記しておいた．ここでの特徴として，2つ指摘できる．

表 7-5 ダミー変数による教育プレミアムの比較

	モデル 7	モデル 8	モデル 9 成績上位	モデル 10 成績中位	モデル 11 成績下位
中卒ダミー	-0.251** (0.050)	-0.184** (0.052)	—	-0.323** (0.087)	-0.148* (0.073)
短大・高専ダミー	0.254** (0.078)	0.204** (0.078)	0.330** (0.117)	0.045 (0.128)	—
専門学校ダミー	0.120* (0.053)	0.100 (0.053)	0.118 (0.119)	0.074 (0.067)	0.152 (0.124)
大学ダミー	0.358** (0.030)	0.296** (0.014)	0.309** (0.057)	0.241** (0.048)	0.342** (0.093)
大学院ダミー	0.588** (0.079)	0.490** (0.081)	0.460** (0.100)	—	—
学業成績		0.065** (0.014)			
労働経験年数	0.066** (0.005)	0.068** (0.005)	0.084** (0.009)	0.066** (0.007)	0.049** (0.011)
労働経験 2 乗	-0.001** (0.0001)	-0.001** (0.0001)	-0.001** (0.0001)	-0.001** (0.0001)	-0.001** (0.0001)
調整済み R 2 乗	0.308	0.320	0.285	0.284	0.163
有効サンプル数	1,105	1,097	362	471	264

　第1は,どの学力グループでも,大学ダミーの係数は統計的に有意だということである.なかでも,学力下位層の係数が大きい.それに対して,専門学校は,どの学力階層でも,有意な効果をもたない.この結果によれば,「進学するなら大学まで行く」のが合理的であり,「就職するなら大学よりも専門学校に行くのがいい」という説は支持されない.大学本位制の経済構造がここにも表れている.

　第2の特徴は,短大・高専ダミーである.成績上位の短大・高専ダミーの係数は0.330であり,1年間にして16%の増加になる.大卒よりも大きい値になっている.ただし,係数の標準誤差が大卒の倍以上もあるから,大卒よりも有利だとはいえない.ところが,中位学力グループの短大・高専ダミーモデルでは,係数が小さく,統計的に有意なプラスではない.この両極端の背後には,短大と高専(高等専門学校)の混在がある.高専卒業者数は16人だが,その

うちの 13 人が成績上位に含まれる．一方，短大卒 20 人の成績上位は少なく，半分以上が中位以下になっている．つまり，モデル 9 は高専卒，モデル 10 は短大を代表しており，高専は大卒並みの活躍，短大は専門学校に近いといえる．しかし，高専のサンプル数は対象者全体の 1.3％，短大は 1.6％，専門学校は 6.5％にすぎない．数の少ない分析結果から多くを語るのは危険だが，高専・短大・専門学校を区別せず，しかも証拠のない誤った言説が流布されている現状の方が問題であろう．

8章

誰のための大学か
費用負担の経済分析

公私負担の4類型と日本のポジション

　本章では,「大学は誰のためにあるのか」という基本的な問いを考える．その検討にあたって,「大学にかかる費用は,誰が負担すべきか」という経済視点を導入する．教育支出の財源は,公財政支出と家計による私費負担の2つに分けられる．見知らぬ他人から集めたお金を見知らぬ他人のために使う公の税金が大学や学生に投入されるのは,大学が「みんなのため」にあると考えるからである．一方,大学が「個人（学生や家族）のため」だけにあるなら,授業料を個人負担にするのが望ましい．義務教育が無償なのは,見知らぬ他人同士が助け合って,未来を担う子どもたちの成長をみんなが願うからだろう．もちろん,費用の公私負担だけで,「大学は誰のためにあるのか」という価値判断に属する問いのすべてに答えられるわけではない．経済視点と価値判断にズレが生じるのは確かだが,そのズレの所在が分かれば,それが「誰のための大学か」を考察する座標軸になる．

　OECDの教育システム指標では,第2部で「教育への支出」が取り上げられ,公私負担割合を中心にした国際比較と教育政策の課題が検討されている．初等中等教育は,どの国でも公財政の支出割合が圧倒的に高いけれども,高等教育は国によるバラツキが大きい．高等教育に対する価値判断と国の財政事情が重なって,多様な費用負担構造がもたらされている．OECDは,2つの要素に基づいて,費用負担の多様性を次の4つのモデルに分類している．ひとつは,授業料の水準が高いか,低いかの区分．いまひとつは,学生が利用できる財政支援制度の水準である．そして,それらが進学率に及ぼす影響について考察して

いる．そのまとめを引用し，公私の境界線が国によって大きく異なっている実態と日本の特殊性を理解しておきたい．

モデル1　授業料は無料もしくは低額であるにもかかわらず，学生支援が手厚い国々

このグループは，北欧諸国（デンマーク，フィンランド，アイスランド，ノルウェー，スウェーデン）からなっている．大学型高等教育の進学率は75％で，OECD各国平均の60％を大きく上回っている．授業料が無料であるだけではなく，学生に対して公的な給与補助も整備されている成果である．「高等教育へのこうした支出のあり方は，北欧諸国の社会的なビジョンを反映」し，「北欧諸国に特徴的な機会の均等や社会的公平性など，社会に深く根付いた価値観を表すものである」と総括している．税金の使い方に，北欧の価値判断が顕著に現れている．

モデル2　授業料が高く，学生支援体制がよく整備されている国々

オーストラリア，カナダ，オランダ，ニュージーランド，イギリス，アメリカである．授業料が高いけれども，政府と家庭だけでなく，私企業やNPOなどからの資金調達があり，学生支援の体制が整っている．このグループの平均進学率は76％であり，OECD平均をかなり上回る．「OECDの調査では，このモデルが，概して高等教育への進学率向上に有効であることを明らかにしている．しかし，経済危機の下では，高い授業料は学生とその家族にとって大きな経済的負担を強いることになり，……進学を断念する学生が生じかねない」という問題点も指摘している．

モデル3　授業料が高く，学生支援体制が比較的整備されていない国々

日本と韓国とチリがこのグループに属している．あわせて，日本と韓国は，高等教育に対する公財政支出の対GDP比が特に低い国に数えられる．北欧とは真逆のポジションにあり，高等教育は，個人的なもの，私的なものと認識されている．家計の経済的負担が強いられており，進学率は，日本（52％）とチリ（45％）で，OECD平均を下回る．ただし，韓国は69％．「近年，日本，韓国ともに，学生支援体制の整備のための改革を実施しており，……モデル2に近づきつつある」と述べているが，日本の現状は必ずしもそのように動いているとはいえない．

モデル4　授業料水準が低く，学生支援体制があまり整備されていない国々

上記3グループ以外の全ヨーロッパ諸国が含まれている．1995年以降に，オーストリアとイタリアをはじめ，いくつかの国で授業料水準を上げる改革が行われてきたが，それでもなお，モデル2と3よりも授業料の水準は低い．資金の多くを国からの支出に頼っているが，学生1人あたりの教育支出額はかなり低いという．そして，進学率は平均で56％と比較的低い．

欧米の近代大学の歴史は，モデル1（北欧型）とモデル4（ヨーロッパ大陸型）の2つを出発点にしてきたが，高等教育の大衆化と国家の財政難が重なって，その一部がモデル2に移行した．アメリカに代表されるアングロサクソン系のグループである．OECDの調査で，このモデル2が進学率の向上に有効だと報告されていることもあり，モデル2への方向がグローバルな流れになりつつある．「授業料と奨学金」に焦点をあてた国際比較と歴史的経緯については，小林らの研究が詳細な報告をしている（小林編，2012）．小林のいう「高授業料・高奨学金」タイプが，モデル2である．このタイプに向けた国際的潮流と「高授業料・高奨学金」政策の問題点，および8カ国（アメリカ，イギリス，スウェーデン，ドイツ，オーストラリア，中国，韓国，および日本）の現状について，詳しい情報が提供されている．

ここで確認しておきたいのは，授業料が高く，しかも給付型の奨学金がほとんどない日本の大学は，きわめて特殊なモデル3の一員だという事実である．ところが，日本が特殊だとはあまり認識されていないように思われる．しばしば驚かされるが，「北欧やヨーロッパ大陸の大学の授業料はタダです」と学生に話せば，「ウソー！」という反応である．学生だけでなく，授業料を負担してきた親の感覚も同じようなものだ．日本の高等教育の歴史は，その出発からモデル3だった．私立に依存してきた大学の長い歴史が，特殊を特殊と思わせない感覚を社会的に構成してきた．この感覚麻痺というべき感性が，費用負担をめぐる不思議な事柄を不思議でないものにさせている．それが，教育費用とその効果を実証的に分析してきた私の感想である．そうでも思わなければ，理解しにくい不思議な事柄がいくつかある．その具体例に触れつつ，順に説明を加えていきたい．

負担と受益の不透明な関係――利己・公共・奉仕・詐欺

　教育にかかる支出は，投資である．今日の教育支出は，今日のためだけにあるのではない．今が赤字でも，将来になんらかの利益が回収されれば，赤字ではなくなる．しかも，将来の時間は長く，生涯にわたる．今が赤字だからコストカットしようという発想ではなく，教育がもたらす生涯の投資効果（便益）を考慮し，今日の費用を評価しなければならない．本章では，長期的な時間を視野に入れて，大学教育の費用と便益を秤にかけ，誰が教育費を負担するのが望ましいかを考察する．

　経済の論理に従えば，費用と便益の比率を測定し，その大小に基づいて，投資するか，しないかを決定すればよい．ところが残念ながら，膨大な教育費を投入しても，その努力（＝投資）が報われるかどうかを事前に知るのはとても難しい．費用は目に見えるが，便益は見えないし，よく分からない．ということは，どんな便益でも自由に語れることを意味する．素晴らしい教育論を展開することもできるし，その一方で，大学に進学するのはムダ，こんな大学はいらない，という便益ゼロ説も立派に世間に通用する．

　これほどに融通無碍な話を展開するにあたって，あらかじめひとつの思考枠組を提示しておきたい．便益を検討するためには，便益そのものに先立って，その便益が誰に帰属するかを考慮する必要がある　受益者は誰かという視点を設定しなければ，誰が費用負担すべきか，という話に結びつかない．

　思考枠組として欠かせないポイントは，教育を受けた本人だけに便益が帰属するか，あるいは本人以外にも帰属するか，という判断基準にある．もし受益者が本人だけ（私的）であれば，便益が分からなくても，特段に困ることはない．教育の私的便益を本人が主観的に判断して，市場価格で提供される教育サービスを享受するか，しないかを意思決定すればよい．したがって，教育に税金を投入するか，しないかを検討する必要もない．

　その一方で，学校教育に税金を投入するには，本人以外にも便益が波及するという判断がなければならない．大学教育が学生本人の「私的便益」に加えて「社会的便益」をもたらす場合，この社会的便益が税金を投入するひとつの根拠になる．社会的便益の一例がスピルオーバー（漏出）効果とよばれるものである．費用を負担していない他人にまで便益が漏出する効果である．修得した

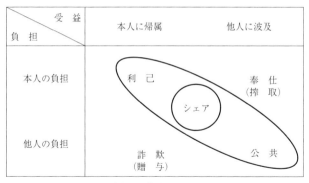

図 8-1 負担と受益の不透明な関係

知識・技術が一緒に働くメンバーに波及したり，技術やアイデアが広く市場に普及して経済成長を後押ししたりする効果などがある．経済用語でいえば，教育効果の外部性である．

結論を引き出す前に，「費用負担の問題とは何か」を理解しなければならない．その理解を際立たせるために，負担と受益の不透明な関係を図8-1のように位置づけておく．つまり，負担については，本人／他人の2区分．受益についても，本人だけに帰属／他人にも波及，の2つに分けて，それぞれの関係を示した図である．2つの組み合わせから構成される4類型を説明すると，まず，本人が負担し，受益者も本人に限定されるケースがある．個人の利己的利益のための教育になる．これを簡潔に「利己」関係とする．その対極にあるのが，「公共」関係．本人ではなく，税金によって教育費を負担し，受益者も他人に大きく波及すると考える類型である．利己と公共は，極端な表現だが，この2つを結ぶ直線上のどこかに，本人と他人が分かち合う「シェア」関係が想定される．

受益は不透明だから，利己と公共を結ぶ直線上から大きく外れるケースも生じる．ひとつは，本人負担であるにもかかわらず，受益が他人に波及する類型である．本人負担による教育が，結果的に他人のためになっているケースだ．本人が意図しているか，いないかにかかわらず，他人のためになっているという意味で「奉仕」関係にある教育である．奉仕している気持ちがまったくない場合を想定すると無自覚に「搾取」されている関係といえなくもない．逆に外

8章 誰のための大学か——177

れた関係も発生する．他人の負担によって享受した教育であるにもかかわらず，その成果が本人だけに帰属する場合である．他人のお世話になりながら，自分の利益だけになる教育だから，他人が負担した費用を「詐欺」した関係になる．あるいは，他人から「贈与」される関係もここに含まれる．奉仕と搾取，および詐欺と贈与は，表裏一体といったところだろう．

　税負担による公共サービスに国民が納得するためには，負担と受益の対応関係が明確になっていなければならない．国民に受益者としての自覚がなければ，目に見える税負担に対する不満だけが大きくなる．あらゆる公共サービスに共通して言えることだが，政府は，受益の実態を具体的に説明する責任がある．ところが教育は，便益も受益者もともによく見えないという困難をかかえている．見える費用と見えない便益という厄介な非対称性が，費用問題の所在を分かりにくくしている．そのために，論理的に考えると不可解な事柄が疑問視されることなく，放置されたりもする．限られたデータを手掛かりにしながら，費用負担の現状と問題点を探る道筋を描くように努める．

負担と受益の関係——社会的収益率・私的収益率・財政的収益率

　見えない便益を計測する有力な方法が，経済的便益である．この測定については，前章で紹介した．この考え方に基づいて，負担と受益がどのような関係にあるかをみてみよう．費用については，家計による私費負担と政府の財政負担の2部門に限定する．便益は，大学卒業後の所得と同年齢の高卒所得の「差額」である．この便益についても，本人と政府の2部門に分けて考える．今までに述べてきた所得は，税引き前の所得である．税金を支払った後の便益が本人の受益．納税額による便益は政府の受益である．

　受益を区別するためには，税金額を推計しなければならない．ここでは，2011年度『家計調査年報（家計収支編（2人以上の世帯））』の「世帯主の定期収入階級別一世帯あたり一ヶ月間の収入と支出」を用いる．世帯主収入と直接税（勤労所得・住民税等）の関係は，2次方程式で近似できるので，この算定式を採用する（直接税（1000円）= $0.0.318 \times$（年収）+ $9.82 \times 10^{-6} \times$（年収）^{2} + 13.7：調整済決定係数 = 99.7%）．2次式が適合的なのは，高所得層ほど納税額も高いという累進性があるからである．推計した2次式を用いて，各年齢の所

得に応じた直接税額および政府の便益を計測した．

　負担と受益の関係をひとつの数値に表現する合理的方法が，内部収益率（IRR：Internal Rate of Return）法である．この考え方については第7章で説明した．そこでの説明と異なっているのは，授業料などの直接費用を加えていることである．家計の直接費用と政府の直接費用の2つに分け，同時に，家計の便益と政府の便益に分けて考える．そうすると，負担者と受益者の組み合わせから，次の3つの内部収益率が計算できる．この3つは，OECD統計の定義に準じたものである．

　社会的収益率：家計と政府の費用総計額と税引き前の生涯便益の関係
　私的収益率：家計の費用負担額と税引き後の生涯便益の関係
　財政的収益率：政府の費用負担額と税収入額の増加による生涯税便益の関係

　内部収益率の計算は厄介そうだが，エクセルの関数にIRRというのが搭載されている．費用をマイナス表示，便益をプラス表示にして，IRRの範囲を指定してやれば，すぐに結果がでる．あらゆる投資活動（道路交通網や機械設備投資など）の費用・便益は，この手続きで計算され，政策決定の手がかりにされる．日本では教育を公共投資だと考える規範が存在しないから，内部収益率が政策論議の材料にされることはないし，このような計算手順が奇妙な発想だと思われたり，批判だけされたりする．OECD統計が国際標準であり，奇妙な発想だとするのは思い込みである．

「奉仕」する私立大学

　計算手順は面倒だが，結果はいたって単純である．単純だが，驚くべき結果だ．それを表8-1と表8-2にまとめておく．
　費用は見えると述べたが，実際のところ，学部学生1人あたりの教育費を割り出すのは，かなり難しい．学部による違いが大きいし，大学院や研究所および研究のための費用を分離して取り出すのは非常に厄介である．費用の総計を学生数で割り，適当に丸めた数値を用いるが，収益率の値および結果の解釈に大きな支障はない．表8-1の直接費用は，単年度の費用を4倍したものである．

表 8-1　国私別の費用（4 年間）と便益（男子／65 歳まで：割引率ゼロ）　（万円）

	国立大学			私立大学		
	家　計	政　府	計	家　計	政　府	計
直接費用	216	600	816	480	60	540
機会費用	977	65	1,042	977	65	1,042
便　　益 （参　考）	7,122 (6.0 倍)	1,258 (1.9 倍)	8,380	7,122 (4.9 倍)	1,258 (10.1 倍)	8,380

注：(参考) は，便益／費用の単純な倍率．

表 8-2　3 つの内部収益率　（％）

	国立大学	私立大学
私的収益率	7.4	6.4
財政的収益率	2.3	9.6
社会的収益率	6.0	6.7

たとえば，国立の年間授業料を約 54 万円として，4 倍している．私立の家計直接費は，授業料・納付金・施設設備費などの年間約 120 万円を 4 倍．私立の政府直接費用は，学生 1 人あたり換算の私学助成額を目途にした．

機会費用は，高卒者の 4 年間の所得から推計しているが，機会費用（約1000 万円）の方が直接費用よりも大きい．ただし，政府の機会費用は逸失税収入額が少ないので，65 万円にとどまる．それぞれの機会費用および便益は，国立も私立も同じものと想定している．

費用と便益から計測した内部収益率の前に，割引率をゼロとした費用と便益の大きさをみておこう（表 8-1）．その表の備考欄に，生涯便益が 2 つの教育費合計の何倍になるかを示した．国立の学生の生涯便益 7122 万円は，費用の 6 倍になる．高い教育費を負担しても，生涯に 6 倍の利益が回収される．一方，私立の学生は 4.9 倍．授業料などの国私負担格差による違いだが，ここで際立つのは，私立卒業生の納税額によってもたらされる政府便益の倍率である．政府は，所得の高い大卒者が 1 人増えると，生涯で 1258 万円の税収入増になる．累進税による再分配効果である．にもかかわらず，その学生に支給される私学助成額は 60 万円ほどにすぎない．したがって，費用対便益の数値は 10.1 倍になり，学生本人の倍率より大きく，国立よりもはるかに大きい．

参考欄の倍率は将来の便益を割り引いていないから，理論的に間違った計算だが，主観的な気分を表現する目安としては分かりやすいだろう．しかも，理論的に正しい3つの内部収益率から導き出される解釈とそれほど大きく変わるわけではない．そこで，3つの収益率をみてみよう．

　最も大事な指標は，社会的収益率である．家計と政府が資金投入する大学教育は，6％（国立）から6.7％（私立）の利息を産み出す投資だということが分かる．家計が苦しくても，財政難であっても，大学に資金を投入すれば，将来に利益が回収される．超低利の経済事情を考えれば，教育に投資するのが賢明な資金運用だといえる．OECDが「教育による所得の増加」を重視するのは，教育投資への誘因を明らかにするためである．国によって収益率は異なるが，いずれの国においても，人間への投資は，経済を活性化する要になっていることに変わりはない．

　次いで，教育投資政策の立案として考えなければならないのは，私的収益と財政的収益の均衡問題である．ひとつのメルクマールは，社会的収益率と等しくなるように，家計と政府の負担を均衡させることである．大陸ヨーロッパや北欧は，授業料が無償だから，社会的収益率よりも私的収益率が大きくなる．つまり，大卒者に有利な負担区分になっている．国立大学のように私的収益率（7.4％）＞社会的収益率（6％）という大小関係になるのが世界の平均値である．豊かな先進諸国の平均では，私的収益率（12.4％）＞社会的収益率（9.5％）という不等号関係にある（Psacharopoulos and Patrinos, 2004）．

　世界的な傾向と大きく異なるのは，私立大学である．最も大きいのが財政的収益率の9.6％．その次が社会的収益率であり，私的収益率は最も小さく，6.4％にとどまる．個人に帰属する便益よりも，政府に帰属する便益の方が多いのである．驚いてしかるべき結果だろう．

　ここで図8-1の枠組を思い出してほしい．若干の私学助成金があるとはいえ，私立大学の経営は学生本人（家計）の負担で成り立っている．そしてもし，受益が本人だけに帰属するなら，私立大学は「利己」関係の教育だといえる．しかしながら，高い財政的収益率から分かるように，所得の再分配効果によって，私大卒業生は，見知らぬ他人のためにより多くの税金を納めている．「シェア」関係ではなく，「奉仕」関係にずれている．経済的便益だけからみた「シェア」

関係は，社会的＝私的＝財政的の3つが均衡する場合である．私立大学の成長によって得をしたのは政府であり，奉仕している，もしくは搾取されているのは私立である．このような不思議な状態が，長く続き，放置されてきたのが，日本の私立大学である．

　同じ論法を使えば，国立も「シェア」関係にはない．私立とは逆に，私的収益率が最も高く，財政的収益率が最も小さい．政府からの支援が大きい国立卒業生は，納税による政府への返却分を上回るほどに私的便益を享受している．他人の費用負担分による便益を本人の受益に還流している部分が発生しているから，税金投入額の一部を「詐欺」する関係にありそうだ．とりあえず，そのように特徴づけてもいいが，負担と受益の「不透明」な関係は，こうした経済的便益で測れるほどに単純ではない．

社会的収益率は税収入効果よりも大きい

　大学に投資する価値があるか，ないかを総合的に判断する基準が社会的収益率である．しかし，「社会的」という言葉に込められた意味を理解しておく必要がある．ここまでの説明では，家計と政府の費用合計と税引き前の総便益の関係だけを計測してきた．これが国際的にしばしば利用される方法だが，本来の意味はこの計測範囲をはるかに超えている．OECD統計の用語解説では，「社会全体にもたらされる利益には，教育投資によってもたらされる生産性向上のほか，犯罪率の低下，健康増進，社会的結束の強化，市民の知識や能力の向上といった経済面以外のさまざまな利益が含まれる」と記されている．したがって，OECD統計には，「教育の社会的成果」として，平均余命，選挙投票率，社会参加，生活満足度などが取り上げられ，これらの指標が学歴と正の相関にあることを示している．

　こうした非貨幣的便益を含めて，社会的収益率を評価しなければならない．非貨幣的便益だけが社会的収益率から抜け落ちているわけではない．個人の所得データだけでは把握されないスピルオーバー効果という貨幣的便益も計測されていない．「上司は教師である」というのが日本的経営の強みだが，上司や同僚の知恵と知識に学びつつ，チームの生産性が向上する．あらゆる学習の成果は，人間関係やメディアを通して波及し，社会に共有財産化される．こうし

た外部効果の計測も非貨幣的便益も，ともに未開拓な領域だということを前提にして，計測された社会的収益率を解釈しなければならない．

したがって，ここで大事なことは，税込み所得による社会的収益率は，考えられる計測の中で「最小」の値だということである．最も少なく見積もっても，日本の大学の社会的収益率は，6％を下らない．国立大学の私的収益率は，7.4％であり，6％よりも大きい．これは「詐欺」関係にあるようにみえるが，そのように断定することはできない．試みに，次のような計算をしてみた．想定される各種の社会的便益のトータルは，ここで計測された社会的便益の2倍に及ぶとは考えにくいとしても，1.3倍，つまり3割増しぐらいにはなると考えてもおかしくはないだろう．そこで，社会的便益のトータルが，税込所得便益の3割増しだと仮定して，社会的収益率を計算するとどうなるか．国立7.3％，私立8.1％に上昇する．つまり，国立の3割増し社会的収益率は，ほぼ国立の私的収益率（7.4％）に均衡する．詐欺関係よりもシェア関係に近くなる．

こうした思考実験で際立つのは，「奉仕」する私立である．3割増しの社会的便益をベースにした8.1％は，私立の私的収益率（6.4％）との不均衡を先の**表8-2**よりもさらに大きくさせる．小さい政府を標榜する政治勢力が強い近年の世情においては，大学の民営化を唱える政治家・識者も少なくない．このような暴論がまかり通るのは，教育が税収入の増加をもたらしている事実，および社会的効果の広がりを無視しているからである．暴論に流されて被害をこうむっているのは，私立大学の多くの卒業生とその親たちである．

社会的収益率の正確な測定は困難だが，各種の統計を積み上げる努力が肝要である．OECD統計は，その努力の一端である．そのような努力を育てる土壌にない日本では，まっとうな大学政策の論議が成り立つことは難しい．

みんなのための大学を考える起点

3つの収益率を比較した結果からすれば，私立に対する国庫補助金の投入額を増やし，家計の授業用負担を緩和させるのが合理的だ．政治的な平等観による主張ではない．財政効率から判断して，私立大学に税金を投入するのが望ましいのである．「授業料が高く，学生支援体制が比較的整備されていない国々」（モデル3）に属する日本の特殊性が，私立の収益率の不等号関係に現われて

いる.

　ところが，私立への補助金額は，1980年がピーク．その後はほとんど増えていない．大学の経常経費は年々上昇してきたから，経常経費に占める補助金の割合は減少の一途をたどってきた．1980年には経常費の3割ほどの助成だったが，今では1割ほどにとどまっている．この35年間の変化は，経済視点から導き出される政策とは真逆である．とても不思議なことだと思うが，私立大学を支援する政治勢力は生まれてこない．子どもをもつ保護者ですら，私立の授業料は個人が負担するのは当たり前だと思い込んでいる.

　「誰が教育費を負担すべきか」という経済の視点は，「受益者負担」という言葉に回収されがちである．そしてその議論では，受益者が個人だけであるかのように限定される．しかし，税金の役割，および広い意味での社会的効果を考慮すれば，経済の視点は，個人の枠を越えた広がりをもっている．そして大事なのは，財政的収益率の大きさが所得税の累進性によって決まることである．高等教育を支える財源は累進性の強い所得税が望ましい．この20年間に緩和されてきた累進性を逆に見直し，大学教育の財源を確保すべきだろう．所得の再分配制度を検討しつつ，「みんなのための大学」を考える起点を提供しているのが，費用負担の経済学である．特殊な日本モデルは，家族と個人に過剰な教育費負担を強いている．大学進学率がOECD諸国の平均を下回っている理由のひとつは，ここにある．特殊なモデル3からモデル4のヨーロッパ大陸型に近づくように努力するのが，合理的な政策戦略である．モデル3からモデル2（アメリカ等のアングロサクソン系）に移行するのは適切な選択ではない.

温かい経済の勘定と冷たい世間の感情——日本の収益率は決して小さくない

　このような計算と論理について，政府も，教育界も，メディアも，残念ながらほとんど関心を示してこなかった．このように，経済の論理と世間の感情の間に認識のズレが生じる理由を考えてみると，4つのフェーズがある．第1のフェーズは経済論理排除説．大学教育の価値を経済論理で語ることに対する強い感情的不信がある．人格の陶冶や全人格の主体形成を主軸におかなければ，教育の語りは成り立たないと信じられている．そういうところで教育の経済価値の話をすれば，「教育価値の多様性を経済論理に閉じ込めてはいけない」「経

済に閉じ込めた論理には説得性がない」と上から目線で(自分でかってに閉じ込めて)論難するか,あるいは無視されるかのどちらかだ.費用負担の構造を変えてから自由に教育論を展開すればよいはずだが,我慢のならぬものらしい.

第2のフェーズは,教育無効説.学歴によって所得が異なるのは認めるとしても,その差異は教育の成果ではないとする考え方である.私立大学の社会的収益率が6.7%だとしても,それが教育による成果でなければ,表のような計算と論理は空疎になる.教育無効説では,高学歴ほど所得が高いのは,教育のおかげではなく,高学歴者の能力が高いからだと解釈される.スクリーニング仮説である.この種の考え方は,知識人や各界の偉い人の間で有力である.自分が成功しているのは,教育の効果ではなく,自分の高い能力の結果だと暗に示したいのかもしれない.

第3のフェーズが,大衆大学無効説.教育の効果を認める人の間にも残る不信である.効果を認めても,誰にでも認められるわけではないという思い込みである.優秀な学生にとっては効果があるかもしれないが,大衆化した大学の学生に効果はないとする大衆化無効説は根強い.このフェーズからすれば,収益率の発想はある程度受け入れられる.しかし,学歴別の平均所得によるデータが,大衆化した私立大学の収益率を測定しているとは認められないと考える.ましてや50%進学率の底辺にある大学の収益率はもっと小さいに違いない.効果の小さい大衆大学の教育に税金を投入する価値はないと訝る.

教育無効説と大衆大学無効説に対しては,学力変数を投入して,批判的検証を行った(第7章).学力に関係なく,誰でも平均的収益率を期待できる.

第4のフェーズがある.大学の非効率説である.収益率の計測を認める人の間に残る疑念である.データや計算によって異なるが,日本の収益率は,アメリカの収益率の半分ほどだったりする.そのような事実を引き合いに出し,日本の収益率が低いのは,教育の効率が悪い証拠であり,改革を断行すべきだと声高に叫ばれたりする.これが,収益率批判の最終兵器であるように思われる.最後に,この疑念を払拭しておきたい.

世界の収益率研究のパイオニアは,サカロプロスである(Psacharopoulos, 1973).1973年に名著を著して以来,国際比較データのアップデート版を何度か公表してきた.2004年のアップデートから世界の収益率をみてみよう(Psacharopoulos and Patrinos, 2004).

　それによると，1人あたり国民所得が豊かな国々（＄9266以上）における高等教育の社会的収益率は，9.5％になっている．このデータのアメリカの社会的収益率は12.0％．国民所得が低い諸国を含めた世界平均では，10.8％である．

　日本の国立大学の社会的収益率6.0％，私立の6.7％は，かなり小さい．国立はアメリカの半分になる．社会的収益率が6％台になる日本の特殊性の原因は何か．ひとつが，教育還元説．教育の質が悪い証拠だというのである．しかし，収益率を信じない人たちが，どうして収益率によって教育の質まで測定できると考えるのか．不思議を越えて，かなり怪しく，「為にする（ある目的を達しようとする下心がある）」物言いである．百歩譲って，教育の質が影響していると仮定すれば，2000年以降の収益率の上昇が教育改革の成果だということになってしまう．説得力のある理屈だとはいえないだろう．

　第2は，文化還元説．そもそも，所得分配は，事実判断ではなく，価値判断である．どこまでの不平等を是認するかという公正観は，国によって，文化によって，異なる．学歴間所得の格差が小さいのは，日本の会社の平等的処遇が他国と比べて広く浸透しているからだと考えられる．平等主義的な日本的経営を長く経験してきたことを考えれば，文化還元説を棄却するのは難しいと思う．しかし，あまり変動しない文化という要因に還元してしまうと収益率のダイナミックな変容は何も説明できない．

　第3の理由を考えた．計算技術の性質と年功制度の2つによる相互作用説である．本章で議論している内部収益率は，複利計算の逆算方式で，将来の収益を現在の価値に割り引いて計算する．この計算方法は，未来の貨幣価値を過剰に小さく推計する．10年後の100万円と30年後の100万円とは大違いである．ちなみに，割引率を5％とすれば，10年後の100万円は現在の61万円（＝100／$(1+0.05)^{10}$）．30年後の100万円は23万円の価値しかない（＝100／$(1+0.05)^{30}$）．ところが，日本の所得の学歴間格差（収益）は，20代で小さく，徐々に大きくなる．これが，学歴別にみた年齢・所得プロファイルの際立った日本的特質である．収益が最も大きいのは，50歳前後である（図7-2参照）．18歳の現在を起点にすると32年後である．収益の現在価値は非常に小さくなる．それに対して，欧米の学歴間格差は，若い時期から収益が発生し，それと同じ収益が長

く続く．

　内部収益率は，生涯にわたる収益をすべて現在価値に換算し，それらをすべて足し算して収益を計算する．この計算では，若いときに収益が高いほど大きく評価され，年がたつにつれて収益の価値は小さくなる．計算技術の特性と日本的年功制度の所得を重ねると，日本の場合は収益率が小さく計測されてしまう．

　この第3の理由を考慮すると，日本の収益率は決して小さくはない．その根拠を挙げておこう．収益率には，現在価値法による計測のほかに，ミンサーによる所得関数法がある．前章のSSMデータによる教育年数の係数である．学力変数で調整しない場合の係数は0.090．これが，すべての学歴を平均化した教育年数の効果であり，教育の平均収益率は9％になる．この計測では，現在価値法による計算技術の影響を受けない．

　サカロプロスの比較研究では，ミンサー型収益率の国際比較も掲載されている．それによると，豊かな国々の収益率の平均は7.4％である．アメリカが10.0％である．SSMデータによる日本の収益率9％は，豊かな国々の平均を上回る．

　しかし，SSMデータの事例だけでは説得力に欠ける．そこで，「賃金構造基本統計調査」のデータを用いてミンサー型の所得関数を推計してみよう．その推計にあたって，4つのケースを設定した．学歴別・年齢別の平均年収をそのまま回帰分析したケースと労働者数の重みづけによる回帰分析．その2つに，平均教育年数によるモデルと学歴ダミー変数によるモデルを重ねた．その結果を表8-3に示す．

　年齢別・学歴別の労働者数で重みづけした推計は，個票を用いた推計値と同じになる．このことについては，アングリストとピスケが「標本における学歴ごとの人数でウェイト付けした加重最小二乗法による推定値は，数百万人分の個人データを用いて推計したものとまったく同じになる」具体例を紹介している（アングリスト／ピスケ，2013）．重みづけによる教育年数の収益率は9％になる．偶然とはいえ，SSMのそれと一致している．重みづけをしない最小二乗法（モデル1）では，収益率が7.3％になる．小さく推計されるので，こちらの結果を採用して，豊かな国の平均よりも低いと判断すべきではない．

表 8-3 「賃金構造基本統計調査」データによる所得関数

	重みづけなし		重みづけ最小二乗法	
	モデル 1	モデル 2	モデル 3	モデル 4
教育年数	0.073**		0.090**	
	(0.006)		(0.007)	
中卒ダミー		−0.171**		−0.130*
		(0.040)		(0.063)
短期ダミー		0.097*		0.101*
		(0.041)		(0.042)
大卒ダミー		0.370**		0.392**
		(0.041)		(0.028)
経験年数	0.062**	0.062**	0.062**	0.063**
	(0.005)	(0.004)	(0.005)	(0.004)
経験 2 乗	−0.001**	−0.001**	−0.001**	−0.001**
	(0.0001)	(0.0001)	(0.0001)	(0.0001)
調整済 R 2 乗	0.910	0.928	0.907	0.928

注：** 1％水準で有意．* 5％水準で有意．（ ）内は標準誤差．

　ダミー変数による収益率では，中卒と短期卒の係数がやや不安定になり，5％有意に下がる．それに対して，大卒ダミーの標準誤差は小さく，係数は 0.392．高卒を基準にしているので，教育年数 1 年に換算した大卒の限界収益率は 9.8％になる．高校や短大と比べて，大学の収益率は大きい．サカロプロスのデータと比較しても，日本の大学の収益率は決して小さいとはいえない．

　4 つのフェーズに分けて説明したが，それでもなお，経済の論理と世間の感情のズレをなくすことはできないだろう．教育を語る人たちの多くは，第 1 のフェーズを頑なに信じて，そこにとどまっている人たちである．彼らにとって，教育はつねに「特殊」な世界なのである．教育の外にある社会論理や経済論理を受けつけない文化をもち続けている．教育界だけでなく，世間も教育における経済の勘定を嫌う傾向にある．しかし，損得勘定という利己的な冷たいイメージの経済視点は，教育の公共性を浮き彫りにする温かさを秘めている．その一方で，世間の教育感情，あるいは世論調査にみる意識は，教育を愛する温かい思いやりのイメージを醸し出していると思われているかもしれないが，本音は必ずしもそうではない．感情的な世論の背後にあるのは，かなり利己的で，わが子さえよければいいという狭い了見ではないだろうか．教育を支える経済基盤を整備するためには，「損得勘定」の先入観にとらわれずに，事実を踏ま

えた客観的な論争を豊かにすることが何よりも大事である．

9章
学習効率から雇用効率への接続
学び習慣仮説の提唱

学習効率の経済効果

　教育におけるいまひとつの効率基準は学習効率であり，学習の成果を測定する代表的なものさしが学力である．子どもたちの「学力低下」が社会問題になったために，学力問題については，大部なリーディングスが編まれている（たとえば，山内・原編，2010）．そこでは，学力の論争，展開，批判，さらには学力研究の最前線も収録されている．学力とは何かを問えば，争点は際限なく広がるが，「測定された学力」が何によって決まるか，という問い方をすれば，教育の生産関数問題になる．教育経済学のひとつの焦点はここにある．

　そこでは，アウトプットの学力とインプット（投入資源）の関係が定式化される．社会学と経済学とではアプローチが異なるけれども，人・モノ・カネの投入資源だけではなく，子どもの家族的背景や学校制度の変数をくみこめば，モデルの形式は同じになる．目的と方法はシンプルだが，教育のインプットとアウトプットの関係は，とても複雑である．この困難に挑戦し，学力の規定要因を解明する実証的分析は数多く蓄積されてきた．にもかかわらず，学力論争に決着はついていない．学力を向上させる術を普遍的に確定するのがとても難しいからである．典型的な例は，少人数クラスの効果である．40人学級から35人学級に変更すれば，学力が向上すると期待されるが，その効果の測定が一意的に定まらないのである．

　学力は，クラス規模よりも，親の社会階層によって強く規定されている．この種の研究成果は，教育社会学ではもはや常識になっている．さらに，生徒本人の意欲や努力が，親の階層と連動しながら，学力格差を再生産しているとも

報告されている（苅谷，2001）．「親と本人の努力が学力の決め手」ということになれば，教育に投入される資源の効果を期待する政策アプローチは役に立たない．

　最近では，日本の経済学者も学力研究に参入しており，経済雑誌が学力研究の特集を組んだりしている．この特集の中で，北条が学力生産関数の推定を行っている（北条，2011）．用いられたデータは，「国際数学・理科教育動向調査（TIMSS）」の日本の個票である．そこでも「生徒の学力を強く規定しているのは，家庭環境の要因であり，教師や学校の要因が学力に及ぼす影響は小さい」ことが示されている．同時に，少人数クラスの効果は確認されないという．

　教育の生産関数について多くの研究蓄積をもつアメリカにおいても，悲観的な報告が多い．もし学校の生産関数が分かれば，投入する資源を改善すれば何が起きるかを予測できるし，何をなすべきかを明らかにできる．しかしながら，「生徒1人あたりの教員数」，「教師の経験」や「給与」，「1人あたりの教育支出」や「施設」の効果についての先行研究をレビューした結果によると，政策の意思決定に有効な証拠が提供されているわけではない（Hanushek, 1995）．確たる証拠のない状況では，あるひとつの因果関係が過剰に喧伝されやすく，政治化しやすくもなる．複雑な因果関係のために生じる学力政策の政治的イシューについては，別の機会に触れたのでそちらを参考にしてほしい（矢野，2012）．

　本章の関心は，学習効率が雇用効率の向上に役立つか，という問いである．第7章で分析したように，中学校の学業成績（学力）は，将来の所得向上に有意な影響を与えている（表7-4）．5段階の学力変数によれば，学力が1ランクあがれば，所得が6.6％ほど増える．つまり，学力の収益率は6.6％である．学力の向上が，将来の経済生活を豊かにし，逆に，学力の低下は将来の雇用不安につながる．個人の傾向を集団の平均値の関係に還元すると誤謬になりかねないが，県の学力と県民所得，国の学力と国の経済力が結びつけられて，学力は政治問題化しやすい体質をもっている．学力低下をメディアが大げさに流通させるのは，学力の収益率の存在を暗黙に想定しているからだろう．

　SSM調査データによる分析事例は，学習効率が雇用効率の向上に役立っている証拠だといえる．ところが，大学教育の議論になると，大学の学習成果が雇用効率にリンクするとはほとんど誰も考えない．スクリーニング（教育は役に

立たない）派の大学過剰論者が，圧倒的に多い．本書ではここまで，大学教育無効説も大衆大学無効説も決して正しくないと説明してきたが，そのような論を組み立てても，人間資本派に宗旨替えするほどの説得力はないかもしれない．それほど大学不信が強いのは，大学の学業成績（学力）がまったく信頼されていないからだろう．学生を採用する企業人も，学生本人も，そして教師も，大学時代の学業成績が，その後の人生を規定するとは考えていない．しかし一方では，受験競争によって鍛えられた学力は，IQ の代理的指標であり，その IQ が所得を決めていると暗黙に想定している．

終わりのない大学改革が長く続いている理由のひとつは，根強い大学不信にある．この不信を取り除くためには，大学卒業後のキャリア調査が有益ではないか，と考えた．その意図と結果のエッセンスを紹介しておきたい．

キャリア調査の意義とその成果

そもそも，大学の教授＝学習過程が学術研究の対象にされるようになったのは国際的にみても比較的新しい．「高等教育の社会学」という研究分野が立ちあがるのは，1970 年代に入ってからのことで，クラークの論文がはずみになっている（Clark, 1973）．それまでの教育社会学の関心は School にあり，University ではなかった．大学が学校になったのは，高等教育が一般の人にとって重要な問題になったからである．大衆が大学に参加するようになって，大学の伝統的秩序がゆらぎはじめた．このゆらぎが「高等教育の社会学」を立ち上げた．それがクラークの見立てである．その論文の中で，学生に焦点をあてた主な 2 つの研究潮流と 2 つのささやかな研究領域（「大学教授研究」と「組織研究」）が指摘されている．

学生研究の 2 つの潮流というのは，「不平等研究」と「カレッジ・インパクト研究」である．前者は，大学進学機会の不平等問題．後者が，大学の教授＝学習過程に焦点をあてた研究である．カレッジ・インパクトとは，大学が学生に与える「社会心理学的効用」の研究である．主たる焦点は，在学期間中に学生の意識や価値観がどのように変容するかという「社会化」研究，および卒業せずに中退（ドロップアウト）する原因を解明する「中退」研究にある．クラーク以降における高等教育の社会学については，ガンポートの編集によるレビ

ュー論文と展望論文が的確な見取り図を描いてくれている（Gumport, ed., 2007）．クラークが示した4つの研究領域に即した30年間のレビュー，およびそれを踏まえた展望論文集は，今後の高等教育研究を考える上で有益である．

　最近，山田グループが，精力的に推進している学生調査の骨格は，カレッジ・インパクト研究の系譜である（山田，2012）．大学教育の質保証が改革の中心的課題になっている事情が，学習成果への関心と学生調査の必要性を後押ししている．大学の質を保証するためには，在学期間中の学習成果を社会的に説明する責任があるからである．ガンポートの著書を参考にすると日本の高等教育研究の遅れを痛感させられるが，大学における教授＝学習過程のブラックボックスが，徐々にではあるが確実に，解明されつつある．今後の発展を大いに期待しているが，学習効率と雇用効率の接続を考える立場からすると，カレッジ・インパクト研究は，大学の内部世界に閉じられ，外の社会との関係が希薄である．私が知りたいのは，学習の成果とその後の人生，および雇用との関係である．同時に，スクリーニング仮説と人間資本仮説の対立を解決したいという野心もある．

　そうした思いが重なって，卒業生のキャリア・アプローチを考えるようになったのは，1990年代後半からのことだった．小さな調査からはじめていたが，2002年には，科学研究費補助金による「大学生の知識・教養の獲得とキャリア形成に関する研究——理工系を中心に」を手掛けるようになった．

　同じ頃に，経済学者の松繁が，「社会科学系大卒者の英語力と経済的地位」という論文を発表している（松繁，2002）．英語力が所得を上昇させている事実を検証した論文だが，その分析データは，ある国立大学の卒業生調査である．この論文を含む全体の研究成果は，「大学教育効果の実証分析」として編集されている（松繁編，2004）．その著書のはじめに，「大学の教育効果に関する具体的な検証はあまり行われてこなかったようである．行われてもそれらの多くは，大学教育全体の収益率の測定にとどまっている．大学教育が個々人の人生にどのように影響を与えているかを探った実証分析は，極めて限られている」と述べられている．多面的な視点による彼らの研究成果を読めば分かるように，キャリア・アプローチによる教育効果の測定はかなり有効だといえる．大学の成績は将来のキャリアに関係ないといわれているが，こうした世間の通念に反し

て，さまざまな局面において，学業成績は卒業後の人生に有意な影響を与えている．

いまひとつの例を挙げておこう．「数学は社会では特別な職種を除いて必要ではなく，使わない」としばしば語られる言説のあやうさを実証的に告発した論文である（浦坂ほか，2002）．これも経済学部卒業生のキャリア調査である．その結果によると，基礎的な数学力を身につけた者が，大学教育においても高い学業成果をあげ，それらの相乗効果によって，生涯にわたってより高い所得を獲得し，より高い職位に昇進し，転職時でも収入面において有利な条件に恵まれている．

こうした先行研究が教えてくれるのは，何の証拠もないにもかかわらず，勝手な思い込みによって大学教育を非難する論調が多いという事実である．学業成績，英語力，数学といった教科的学習科目とキャリアの関係を浮き彫りにした先行研究の意義は大きいが，私たちのキャリア調査の分析は，これらの成果とはやや趣を異にしている．大学時代の学習成果が大きいのは，将来の所得に対する「直接的な効果」ではなく，職場の仕事経験と連動した「間接的な効果」にある．この間接効果の存在と重要性を明らかにしたのが私たちの研究成果のエッセンスである．この点に話を絞って，報告しておきたい．

教育無効説の検証

同窓会名簿を母集団にして，5つの大学から3000人ほどをランダム・サンプリングしたが，郵送法による回収率は平均して3割ほどだった．卒業したばかりの若い世代から60歳までの世代を対象にして，彼らの「大学時代の学習経験」と「現在の仕事」との関係を総合的に把握すれば，教育が仕事にどの程度役に立っているかが分かるのではないかと考えた．大学による違いだけでなく，同じ大学における卒業生の違いを追跡できる利点がある．回収率が低いという難点はあるが，そこから得られた研究成果の要点を紹介しておこう．アンケートによる調査だが，質問項目は，次の3つの柱からなっている．

(1) 大学時代の教育に対する「意欲」や「関心」，および「卒業時における知識能力の獲得」について自己評価をしてもらった．主な具体例を示せば，

①専門科目／実験・実習／語学／一般教育科目／体育・サークル活動／アルバイトの項目についての4件法評価（熱心だった／どちらかといえば熱心／どちらかといえば熱心でなかった／熱心でなかった）．
　②研究室に所属した後の教育（専門／卒業論文／実験／研究室メンバーとの交流）についての4件法評価（①と同じ）．
　③大学時代の読書経験（思想書／純文学／歴史小説／マンガ／ビジネス書／専門書／趣味娯楽書のジャンル別）の2件法（よく読んだ／あまり読まなかった）．この結果については，「よく読んだ」を1点，「あまり読まなかった」を0点にして，各ジャンルの合計点（マンガを除く）を「読書得点」とした．
　④大学卒業時点において，知識・能力がどの程度身についていたかを4件法で自己評価．知識・能力については，研究室で学んだ専門知識／学科における専門知識／工学全般の基礎的専門知識／基礎科学（数学・物理など）の知識・能力／英語などの語学力／社会・経済・政治に関する知識／対人関係能力／プレゼンテーション能力の8項目を設定した．この結果については，「十分身についた」（4点）から「身についてない」（1点）を得点化して，8項目の総合点を「獲得した知識能力」の指標とした．

(2)　仕事に対する「意欲」や「関心」，および「現在の知識能力の獲得」状況などについての自己評価．この柱を「現在の仕事ぶり」と呼んでおく．
　①就職先や現在の仕事に対する興味（非常に興味ある〜まったくない，までの4件法）と取り組みの姿勢（熱心〜熱心でない，までの4件法）
　②現在の読書経験（学生時代の項目と同じ）．先と同様に総合点を「現在の読書得点」とする．
　③現在における，知識・能力の獲得について（卒業時点における調査項目と同じ）．先と同様に，総合点を「現在の獲得した知識能力」とする．

(3)　現在の仕事のアウトプットとして，「所得」「職位」「仕事満足度」「業績」などを取り上げ，その現状と自己評価を質問した．

　以上の三本柱からなる調査だが，この枠組の意図を簡略化すれば，「学生時

代の経験(1)が仕事のアウトプット(3)に与える効果」，および「現在の仕事ぶり(2)が仕事のアウトプット(3)に与える効果」を解明することにある．つまり，「(1)→(3)」と「(2)→(3)」の因果関係に焦点をあてた．

　この因果関係を検証するために，所得の対数を被説明変数とする重回帰分析を行った結果の一例が**表9-1**である（ここでは，民間企業の男子だけに限定した）．モデル①は，年齢と学校歴（大学ダミー）を加えて，「(1)→(3)」の因果関係を分析したものである．モデル②は，モデル①に「仕事ぶりの変数(2)」を加えたものである．

　モデル①の説明力は，31.6％だが，年齢と大学による効果が大きい．大学時代の生活ぶりをみると，勉強に熱心に取り組めば，卒業後の所得が増加するとはいえない．それどころか，一般教育，および専門教育は，マイナスに有意な影響を与えており，熱心に取り組んだ者ほど，所得が低くなっている．大学の勉強は，ほどほどにやり過ごすのが賢明なようだ．だからといって，サークル活動やアルバイトに熱心に取り組めば，将来に役立つわけでもない．この2つと所得の関係は有意ではない．

　卒業生の同窓会や友人との飲み会では，勉強もせずに，いかに楽しく遊んだかという大学時代の思い出話しに花が咲く．しかも，出世した者ほど，勉強しなかったことを誇らしげに語るきらいがある．レジャーランドといわれ続けてきた日本の大学だから，「勉強はかえってマイナスだ」という**表9-1**の結果は，遊び自慢の出世組には微笑ましく，あるいは妙に納得して，受けとめられるかもしれない．

　モデル①で，何とか大学のメンツを保っているのは，「卒業時」の知識能力得点が，プラスに有意な影響を与えていることである．とはいえ，大学教育を擁護したい者からすれば，惨憺たる結果だ．この結果に現在の仕事ぶりの変数を追加すると（モデル②），さらに悲惨だ．説明力は42.4％にあがるが，企業規模の効果が大きく，「仕事の熱心度」，および「現在の知識能力」も有意な影響を与えている．ところが，この3つの変数が加わることよって，モデル①で何とかメンツを保っていた「卒業時の知識能力」の効果が消える．しかも，マイナスの有意になってしまう．大学時代の余計な知識はかえってマイナスだ，という企業人事課の声が聞こえそうだ．

9章　学習効率から雇用効率への接続——197

表9-1 所得関数の計測

	モデル①		モデル②	
年　齢	0.103**	(24.83)	0.096**	(21.94)
年齢2乗	-0.001**	(-20.44)	-0.001**	(-17.72)
A大ダミー	0.262**	(13.15)	0.172**	(8.45)
B大ダミー	0.137**	(6.65)	0.069**	(3.29)
C大ダミー	-0.042*	(-1.99)	-0.014	(-0.65)
D大ダミー	0.088**	(4.30)	0.044*	(2.11)
一般教育熱心度	-0.018*	(-2.11)	-0.015	(-1.73)
専門教育熱心度	-0.007*	(-2.13)	-0.009**	(-2.71)
研究室教育熱心度	0.005	(1.62)	0.002	(0.58)
サークル熱心度	0.003	(0.64)	-0.008	(-1.55)
バイト熱心度	0.009	(1.56)	0.005	(0.79)
卒業時の知識能力	0.008**	(3.71)	-0.006**	(-2.50)
企業規模			0.073**	(20.81)
仕事熱心度			0.094**	(10.28)
現在の知識能力			0.017**	(9.28)
定　数	3.66**	(34.50)	3.16**	(28.07)
調整済みR^2乗	0.316		0.424	

注：( ) 内はt値．** は1％で有意．* は5％で有意．

　モデル②の結果は，大学人にとっては，悲惨で深刻だが，企業人にとっては，常識だといえるかもしれない．まとめれば，こういうことになる．サラリーマンの所得は，第1に，年齢と学校歴によって決まる．そして，第2に，会社の規模と本人の仕事ぶりで決まる．仕事のやる気と職場訓練による能力の向上が大事．内部人材育成をメインルートとした日本型企業内教育の成果だといえそうだ．第3に，大学時代の勉強で決まるといいたいところだが，勉強の意欲は第3の変数になっていない．決定要因の圏外だ．むしろ，マイナスかもしれないという状況証拠になっている．

　表9-1からは，「いい大学を出て，いい会社に入って，仕事に励む」．それが，不確実な未来の所得を担保する確かなルートのようにみえる．年齢主義，学校歴主義，会社主義という通俗的な言葉がリアルに映る結果だ．この結果を喧伝して，大学の教育効果無効説を主張しても間違っていないように思える．

表9-2 大学別の知識能力効果

	A大学		B大学		C大学		D大学		E大学	
卒業時の知識能力	-0.006	(-1.42)	-0.007	(-1.39)	-0.008	(-1.46)	0.028**	(-4.84)	-0.022**	(-2.74)
現在の知識能力	0.030**	(8.32)	0.030**	(7.68)	0.027**	(6.08)	0.048**	(10.42)	0.036**	(5.50)
定　数	6.21**	(76.24)	6.09**	(71.37)	6.056**	(59.80)	6.07**	(60.07)	6.19**	(42.41)
調整済みR^2乗	0.071		0.075		0.053		0.110		0.055	

注：（ ）内はt値．**は1％で有意．*は5％で有意．

「学び習慣」は生涯の財産

しかしながら，データは丁寧に読まなければならない．重回帰分析に大量の変数を組み入れて結果を解釈する際には十分な注意を払わなければいけない．投入する変数の分布や変数間の関係によって，微妙な影響を受けるから，腕力的な分析よりも単純な検討が重要になる．

大学のダミー変数は，どのような分析をしても，安定的に有意な結果になる．学校歴に能力（＝高校までの学力）変数が組み込まれている結果だと推測されるが，学校歴ダミーだけによる所得効果の説明力は，6.6％である（ちなみに，年齢だけによる説明力は，23.8％）．すべての学歴を含む調査データの分析においても，学歴の効果はこの程度のものである．学歴や学校歴の効果に劣らず大事なのは，同じ大学の学生たちの勉強ぶりが，将来にどのような影響を与えるかという分析である．

そこで，「卒業時」に獲得した知識能力得点と「現在」の知識能力得点の2つだけに着目してみよう．**表9-1**の結果によれば，卒業時の知識能力だけであれば，プラスの効果だが，現在の変数を加えれば，マイナスに変わってしまう．**表9-2**は，この2変数の効果を大学別に分析した結果である．

2つの知識能力の説明力は，大学によって異なるが，5.3％から11％の範囲にある．同じ大学でも，現在獲得した知識能力によって，学校歴ダミー効果に匹敵する差異が生じていることになる．しかしながら，卒業時点の効果は，統計的に有意ではない大学とマイナスに有意である大学がある．卒業時の知識能力だけでは，現在の所得は決まらない．卒業後に知識能力を向上させるかどうかが，重要である．大学時代に勉強していても，卒業後に勉強しなくなると所得は向上しない．

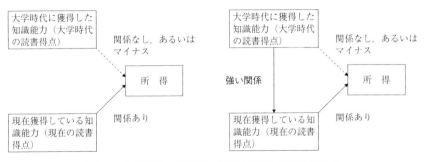

図9-1 大学時代の学習が，現在の学習と所得を支える

　こうした因果関係を理解するためには，パス解析を用いるのが有益である．簡単に要約すると，回帰分析によれば図9-1の左のような結果になり，パス解析によれば，図の右のようになる．卒業時の知識能力が所得に与える直接効果は，無関係だったり，マイナスの効果だったりする．その一方で，現在の知識能力は，所得に安定的な効果をもたらす．ここで重要なのは，卒業時の知識能力が，現在の知識能力に与えている効果だ．この関係はかなり強く，安定している．「卒業時→所得」の直接効果だけに着目してはいけない．「卒業時の知識能力→現在の知識能力→所得」という経路（パス）が，所得の向上をもたらしている．

　興味深いことに，知識能力の変数を「読書得点」に変更しても，大学によって効果がやや異なるが，関係の構図は，図9-1とほぼ同じになる．大学時代，および現在の読書についても質問したが，大学時代の読書得点は，所得に有意な影響を与えず，現在の読書がプラスの効果をもつ．しかし，現在の読書を支えているのは，大学時代の読書である．つまり，「大学時代の読書→現在の読書→所得」という経路が描かれる．読書をしているサラリーマンの所得は高いが，読書するサラリーマンは，大学時代も読書をしている．言い換えれば，大学時代に読書をしていないサラリーマンは，現在も読書しない．だから，所得も上昇しない．大学時代の学習や読書の蓄積が，現在の学習や読書を支え，その成果が所得の上昇となって現れる．こうした大学教育の間接的効果に着目して，私はそれを「学び習慣」仮説と呼ぶことにした．

　繁雑になるので，A大学（国立）とC大学（私立）だけについて，パス解析

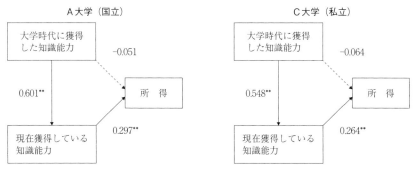

図 9-2　大学別のパス解析（数値は，標準化係数）

の結果を示しておく（図 9-2）．調査対象とした 5 大学は，国立／私立，都市／地方を勘案してなるべく多様に選ぶようにしたが，どの大学でも図 9-2 に似た構図になる．

　ここまで分かると，大学時代の教育熱心度が与える影響を検討してみたくなる．重回帰分析では，一般教育，専門教育，研究室教育の熱心度は，マイナスの効果だったり，無関係だったりして，惨憺たる結果だった．

　そこで，図 9-3 のような経路を想定して，パス解析を行った．図には，5 大学の全体を対象にした分析結果を示しておく．図の数値は，標準化係数で，点線で描いたパスは，関係がなかったことを示し，実線は統計的に有意．「一般教育」「専門講義」「研究室教育」の熱心度から「所得」に直接的に引かれた線は，無関係だった．熱心に勉強したからといって所得に直接的な効果をもたらしていない．

　ところが，一般教育，専門講義，研究室教育の 3 つは，「卒業時の知識能力」を向上させる．そして，次に大事なのは，一般教育，専門教育，研究室教育の熱心度によって上昇した「卒業時の知識能力」が，「現在の知識能力」を大きく向上させることである．この最も強い経路の成果が，所得の増加になって現れる．大学時代の学習熱心は，「直接的に所得を増加させない」が，学生時代の勉強と職場での勉強の蓄積が所得の増加をもたらしている．学び習慣は，大学教育に熱心に取り組むことによって培われている．

　ただし，卒業時の知識能力も，直接的に所得の上昇に結びついていない．小

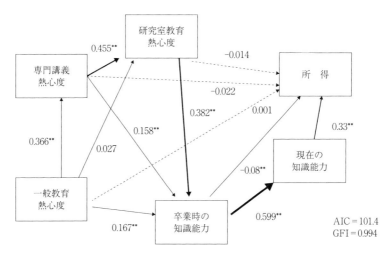

図9-3 学び習慣仮説の検証（パス解析の標準化係数）

さいながらも，むしろマイナスの効果である．学生時代だけ勉強して，卒業後に勉強しなくなれば，所得は減少する．学習は，継続し，持続することによって，力を発揮する．学習の継続は力なりだが，学習の断絶はマイナスである．

　大学時代に熱心に勉強したからといって，その成果が直接的に所得を向上させるわけではない．それが，世間の通念になっているが，教育に熱心に取り組んだ大学時代の経験と就職後の学習継続の蓄積が，現在の所得を左右する．変化の激しい時代に生きるサラリーマンは，毎日が勉強である．勉強しなければ，生き残れない時代に生きている．そして，この日々の学習を支えているのは，大学時代の学習経験である．

　さらに大事なのは，5つの大学を個別に分析しても，その結果はほとんど変わらないということである．大学別にパス解析を行っても，図9-3と相似形になる．学校歴のせいにしてはいけないし，いい大学を出たからといって，学習を忘れれば，教育の効果は縮小する．学歴や学校歴だけにとらわれず，教育の機会を真摯に活用し，学生の本分を忘れない努力が，将来のキャリアを豊かにする．

　人間資本理論に基づいて，個人の所得を計測する方程式を導き出したのは，ミンサーである．その具体例が第7章のミンサー型所得関数である．このモデ

ルの特徴は，学校教育投資（Schoolingモデル）と職場教育訓練投資（Post-schoolingモデル）の2つによって所得が決まると仮定しているところにある（Mincer, 1974）．学校教育に並んで職場の教育訓練が重要だという意味において，キャリア調査の結果と整合的である．ミンサーモデルは，学校と職場の教育投資効果を直接的に測定しているが，学び習慣仮説は，職場教育の投資量が学校教育の投資量に規定され，その結果の総量（人間資本形成）が所得を規定すると考える．

　学校教育と職場教育訓練の関係を実証レベルで把握するためには，さらに詳しい調査研究を必要とする．その現状分析を踏まえずに，学び習慣仮説という言葉でまとめてしまうのは，学習効率をきちんと説明していないと批判されるかもしれない．しかし，コロンブスの卵のような話だが，学び習慣仮説は，学習効率と雇用効率の接続を考える上で有益な視座を提供していると判断している．日本の大学教育論議の水準を考えると，まずは，「大学教育無効説」を排除できる証拠を集めることからはじめなければならない．それが現状である．松繁や浦坂らによるキャリア調査の意義もここにある．

　ひとつだけ，付記しておく．この調査は，工学部の卒業生を対象としているが，共同研究者の濱中が経済学部卒業生の調査と分析を行っている（濱中（淳），2013）．詳しくはそちらを参考にしていただきたいが，「学び習慣」仮説は，経済学部でも成り立つ．

III

ポスト大学改革の課題
経営と政策のシナリオ

10章
日本的家族と日本的雇用の殉教者
幽閉された学生の解放

日本の新人

　2011年1月号の『日本労働研究雑誌』が,「日本的雇用システムは変わったか」という特集を組んでいる．その編集にあたって私に与えられたテーマが,「日本の新人」だった．学校を卒業してはじめて,社会の新人になる．就職＝採用という社会的場面が,日本の新人の通過儀礼になっている．テーマ設定自体が優れて日本的だが,学生から社会人への生まれ変わりに焦点をあてながら,「日本的雇用システムは変わったか」という問いを考えてみたい．

　周知のように,大学生の就活は,3年生の後半からはじまる長期戦である．「大学時代の学習が人生を左右する」「学び習慣が大事だ」という話をしても,学生からすれば,教育の内容よりも,授業の出席よりも,就職が焦眉の大問題．就職に役に立ちそうもない授業は敬遠される．それどころか,将来に必ず役に立つスキルプログラムを準備しても,就職活動が優先され,授業を欠席する．出欠を成績評価の基準に組み入れていても,就職活動による欠席は出席あつかい．卒業研究の指導は細切れに分断され,教育の体をなしていない．大学が教育改革と就職活動に振り回されている．企業もこの混乱の共犯者だから,大学教育にあれこれ注文をつける前に,学生が真摯に勉強できる環境づくりに協力してほしいと思う．

　日本学術会議は,文部科学省からの依頼を受けて,「大学教育の分野別質保証の在り方について」を審議し,その回答を報告している(日本学術会議編,2010)．3つの分科会のうち,「大学と職業の接続検討分科会」が,「就職活動の在り方の見直し」を検討し,当面の短期的な対策と長期的な対策を提案した．

とくに注目されたのは,「採用を新卒者に限定すべきではない」という提案である.新規学卒一括採用という日本的雇用の根幹を緩和するのが望ましいと考えてのことで,卒業後3年間は,新卒一括採用と同じように処遇してほしいと提案している.

中央教育審議会でも,キャリア教育・職業教育特別部会が設置され,「高等教育の職業的実践的な教育に特化した枠組み」が審議された.「キャリア段位制度」といった外国の職業資格の焼き直し版や企業内教育実習を大学教育に組み込む提案などが議論されている.職業的教育や実践的教育にあまり熱心でなかった日本の大学も,新しい時代の転換期が来たような雰囲気である.

長く続く不況によって学生の就職活動が以前よりも深刻なのは事実だが,もう少し長いスパンからみれば,日本の大学と企業の関係はあまり変わっていないように思われる.まずこの点について説明しておきたい.

「大学と企業の関係」は変わっていない

大卒就職の変化については,苅谷と本田が,貴重なデータに基づいた分析を行っている(苅谷・本田編,2010).インターネットの普及と不況が重なって,就職のプロセス,就活の内容,採用の方針などに変化や進化がみられる.就活のさまざまな道具や学生と会社の意識に変化はみられるのは確かだが,大学と企業の関係をマクロ的に見れば,それほど大きく変わっていないし,これからも大きく変わることはないと私は思う.だからもし,これほど長い不況が続かずに,就職事情が好転していれば,改革も就活も沈静しているに違いない.

変わっていないと考えるのは,大学と企業の関係を長く観察してきた経験による.原芳男の研究助手をしながら,就職と採用状況のデータを私がはじめて分析したのは,1974年のことだった.大学別の就職先会社名データ,および会社別の採用大学名データを分析した結果には,就職=採用における大学と企業の関係が鮮明に現れていた.大学を入学偏差値によって分類するという当時にしてはかなり大胆なデータ処理をした(原・矢野,1975).

有名大学出身者ほど有名企業に就職し,有名企業ほど有名大学出身者を独占的に採用している実態が,世間通りというか,世間で思う以上に浮き彫りになった.とりわけ,文科系大学の集中と独占が顕著だった.技術系の就職・採用

は，相対的に多様化し，分散している．

それは，学歴社会・学校歴社会が教育を悪くしているという説が盛んになりはじめた頃のことだった．原と矢野は学歴社会を是正するためには，就職＝採用における集中と独占という状況から脱皮する必要があると指摘した．その必要性を強調するために，有名企業による人材の独占を禁止するという大胆な提案（人材独占禁止法）もした．禁止のような対策は「できない」「すべきでない」という人が多いのは十分に承知しての提案である．一部の有名企業への過剰な集中と独占に警鐘を鳴らすためのレトリックである．それだけではなく，採用する企業は，雇用税を支払い，教育費の一部を負担するのが望ましいとも提案した．

その後も，就職・昇進・所得などの指標を用いて，大学と企業の関係を多面的に分析してきた．1980年には，学歴社会が経済合理的に構造化していることを報告した（矢野，1980）．構造化しているということは，変わりにくいということである．だが一方で，学歴社会の病理と弊害が，多くの人によって指摘され，その解決策が望まれていた．その方法として，その論文で次のような意見を述べた．

ひとつは，就職＝採用における情報の不確実性をなるべく少なくする方法である．大学の入学難易度が便利な採用情報として利用されている現状を考えれば，入学時に導入されている「大学共通一次試験」よりも「就職共通一次試験」を導入するのが大切ではないかと指摘した．

さらに，教育機会の平等化を促進するためには，家計の費用負担よりも，本人の負担を考えるのが望ましいと述べた．家計の所得水準に関係なく，すべての学生が教育費の一部を負担し，その負担額を卒業後の所得から返済する方法である．

30年も前の話だから，いずれの提案も結果としては机上の空論だったことになる．経済的構造の転換がいかに困難であるかを示しているともいえる．

80年以降の分析経験からみても，就職からみた大学と企業の関係，あるいは学校歴社会の経済的構造は，その後も大きく変わっていない．こうした構造に乗って，日本の企業の人事課は，「学校の知識は会社で役立たない．学校の専門知識に期待していない．会社が期待しているのは，知識ではなく，個性であ

り，創造性であり，バイタリティーだ」と言いつづけてきた．人事課が公言してきたことだから，就職する学生が勉強熱心にならないのもやむをえない話である．工学部で育ち，工学部で長く教育に携ってきた私の経験からすれば，文科系の教育と企業の採用がより深刻な問題だといえる．日本の大学は，教育をおざなりにしてきたと批判されてきたが，工学教育は，決して悪くはなかった．昔から，よくやっていた．社会的発言は文系育ちの人に多いから，世間にはかなり偏った見解が流布されている．文系有力大学の就活と有力企業の採用方針が，日本の大学教育を形がい化させ，弱体化させた，と言ってもよい．

　企業は，相変わらず大学教育を無視して，採用だけを早期化させている．ところが，最近になって，採用を減らしてきた企業が，「即戦力を求む」「役に立つ教育をしろ」と言い出した．一方で，大学は，社会人基礎力や就業力といった言葉に背中を押されて，教育カリキュラムをいじくっている．そこで語られている「力」に特段に新しいものがあるわけではない．大学の教養と専門を真摯に学んでいれば，自然に身につく事柄である．私はそんな思いから，学生時代の学習経験とキャリア形成との関係を調査してきた．その結果が第9章で紹介したキャリア調査であり，学び習慣仮説の提唱である．

日本の大学の何が日本的か？

　以上が，就活の背後にある大学と企業の関係についての私の理解である．この理解を前提にして，日本の新人に焦点をあてた雇用システムを考えてみたい．
　日本企業の採用選考で求められている学生の能力を丁寧に追跡した研究として，岩脇（2006）がある．新卒者に求められる能力が，1971年からの30年間にどのように変わったかを分析したものである．それによれば，積極性，バイタリティー，意欲などは，どの時代にでも求められている普遍的な人材像だが，最近では，チャレンジ精神や何事にも目標を立てて実行するといった能力が重視されているという．長期安定勤務への適性に加えて，即戦力になる可能性を重視する傾向の表れではないか，とも指摘している．

　最近は，就活に関する本がたくさん出版されていて，企業の人事担当者からも発信されている．就職ジャーナリストや就職コンサルタントが急増したのは，最近の大きな変化だ．採用に至るプロセスは変わったようだが，就活マニュア

ルと人事課がイタチごっこをしている雰囲気でもある．面接重視によって，一緒に働きたい相手を探す採用政策に大きな変わりはない．即戦力を求めるといっても，特定の知識技術を求めているわけではない．精神論的な人物像を語る事例が多く，大学の専門的知識や学業成績には相変わらず関心が払われていないことは，昔も今も同じである．

　採用政策の変化よりも，むしろ，「なぜ変わらないのか」が現実的かつ重要な問いである．以下では，この問いに対する私の解釈を説明しておきたい．そのためには，「日本の大学の何が日本的か」を問う必要がある．大学と企業の関係が固く構造化されているという説明だけでは不十分である．日本的雇用に大学が拘束されているのは確かだが，日本的な大学の根っこは，もっと深い．大学の出口だけでなく，入口，および教育システム全体を支える経済基盤が深く関与しているからである．

日本的大衆大学の病

　大学が大衆化すれば，質が低下するのは必然である．しかも，世界中の大学が大衆化している．日本の大学進学率はOECD諸国の平均を下回り，決して日本だけが大衆化しているわけではない．日本だけが質の低下に悩まされているわけでもない．しかし，大衆化した世界の大学と日本を比較すると日本の特質がはっきりする．その特質は3つある．「18歳主義」「卒業主義」「親負担主義」である．この3点セットを総称して「日本的大衆大学」と私は呼んでいる．日本では誰でも知っている常識だが，この特質が，戦後の長きにわたって，ほとんど変わらず維持されてきた．しかしこれは，決して健全とはいえない．国際標準から遠く離れた病理的現象である．

　第1の特質は，大学入学者の「18歳主義」だが，長年にわたり，当たり前のことのように受け止められ，頑なに維持されてきたのは驚きである．OECDによる教育統計の国際比較データに，「新入生の年齢分布」という数字がある（OECD, 2007）．日本のデータは掲載されていないが，周知のように日本の大学新入生の80％ほどは18歳が占め，残りのほとんども19歳である．ところが，アメリカでは，80％に含まれる新入生の最高年齢は，26.5歳にまで上がっている．いいかえれば，新入生の20％は26.5歳以上だということである．この80％基

準の新入生年齢をみると，フランス26.6歳，イギリス25.2歳，ドイツ24.1歳．北欧になるとさらに高年齢で，フィンランド26.6歳，デンマーク28.3歳．スウェーデンやノルウェーになると40歳を超える．

　第2の特質は，出口にある．日本の大学では，中退者の割合にほとんど関心が払われていない．OECD統計では，大学の修了率を掲載し，「中退率は，大学システムの内部効率性を測定する有効な指標」だと述べられている．卒業の成績条件が厳格であれば，この定義も有効だろうが，日本の現状では，中退率が低いからといって効率的だとはいえないだろう．専門の大学教育を学ばずに卒業していくのは，教育機関として健全ではない．

　「大学修了率」は，「卒業者数を入学年の新入生数で除した」数値である．その国際比較データによると，日本の修了率は91％．世界で断トツの1位である．OECD各国の平均，およびEU加盟19カ国の平均は，71％．イギリス78％，ドイツ73％，アメリカ54％などとなっている．80％を超えるのは，韓国とアイルランドの83％だけである．

　日本の修了率の変化についてあまり関心が払われていないが，文科省の統計には，詳しい数字が報告されている．「入学年度別の卒業者数」という集計である．たとえば，2007年度卒業者についてみると，2003年入学者の79.7％が4年間で卒業している．1987年における4年修了割合は78％で，それほど大きな違いはない．この20年間でもっとも高いのは1996年の82.3％で，入学者の8割ほどが順調に卒業している．1年遅れて（留年）して卒業するのが1割弱．2年留年になると2％弱に下がる．留年を含めて卒業する割合は，90％から93％の間にある．

　この20年間の4年修了率（8割），留年した修了率（1割），中退率（1割）に大きな変化はない．学生の入口から出口への流れは，かなり安定し，定着している．最近の改革では，成績を厳格にすることが提唱されているが，卒業が難しくなったという話は聞いたことがない．

　文科省のこの統計は，古くさかのぼることができないので，次のような数値を計測してみた．近似的な修了率で，（卒業者数／4年前の入学者数）を計算した数値である．留年して卒業する割合が毎年同じであれば，この値が修了率と同じになる．図10-1にみるように，1953年から2008年の長期にわたって，

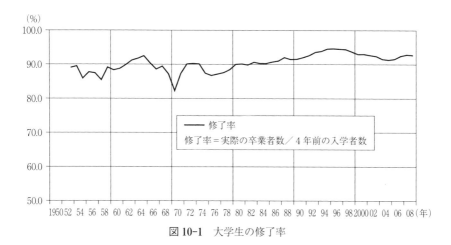

図10-1　大学生の修了率

90％前後を推移している．1970年だけ目立って低い（82.2％）のは，大学紛争の影響である．1990年以降に90％を上回っているのは，不況と就職のために，昔よりも真面目に卒業するようになったのだろう．

この図を作成してみて，改めて驚かされた．1950年代の大学進学率は10％に満たず，一部のエリートのための大学だった．その後，進学率は急増し，今では50％に達している．その間，修了率は，ほとんど変わっていない．入学すれば卒業するのが当たり前という時代が60年も続いてきたことになる．自明視された「卒業主義」が，日本的大衆大学の第2の特質である．

第3の特質は，大学教育を支えている経済基盤にある．75％を占める私立大学の経営は，学生が支払う授業料によって賄われている．1980年頃には，経常費支出の3割ほどの私学助成が支給されていたが，今では1割ほどにまで減少した．その一方で，国立大学の授業料は上昇し，私立の63％ほどに接近した．かつては，私立授業料の15％ほどにすぎなかったから，公的支出の低下は著しい．

大学に対する公的支出の割合が，世界で最も低いことはしばしば指摘されてきたことである．この第3の特質を教育費の「親負担主義」と私は呼んでいる．私費負担割合が多いのは周知のことだが，日本の費用負担の性質を理解するためには，親負担主義と表現しておくのが適切だ．同じ私費負担でも，親の負担

と学生本人の負担では大違い．本人がアルバイトや奨学金によって授業料を支払う場合もあるが，実際に負担しているのは，親であることが多い．わが子のために親が無理をしているところに日本的家族主義が顕著に現れている．家計調査の統計資料を見ればはっきりするが，子どもが大学に進学するようになれば，家計の貯蓄率はマイナス10％ほどにまで激減し，食費の割合（エンゲル係数）も小さくなる．20年ほど前に指摘した（矢野，1996b）ことだが，今ではさらに深刻になっている．

私立大学の拡大と高騰する授業料によって日本の大衆大学が支えられてきた．この根っ子にあるのは，親子が一体になった家族主義である．わが子のために親が無理するのは当然だと思っているし，子どもも当たり前のように親に甘えてきた．私立の国立化ではなく，国立の私立化によって，親負担主義が強化され，浸透したことになる．今の学生は，授業料の親負担を当たり前だと思い込んでいる．学生による授業料の値上げ反対運動が起きたのは1960年代後半のことだが，今ではすっかり忘れられ，授業料の値上げは当たり前になっている．

3点セットの日本的大衆大学

以上の3つの特質は，誰もが知っている事柄である．何も大げさに指摘することでもないだろう．しかし，日本の大学の暗黙の前提とされているこの特質は，国際標準からみて大きくずれた日本の病である．にもかかわらず，深刻に議論されることもなく，あるいは，仕方のないこととして素通りされている．大学改革の対象として取り上げられることもほとんどなく，歪みが指摘されることがあっても，是正できない事柄だと決め込まれている．是正しにくいのは，確かである．その理由には2つある．

第1は，3つの特質はそれぞれが独立しているわけではなく，相互に影響し合って，一体化しているからである．3点セットになってシステム化している．この3点セット化が，高度経済成長にともなう大学大衆化の帰結だった．1960-70年代の高度経済成長の時代に，日本の大学の規模は，ヨーロッパの大学をすぐに追い越し，トップ水準にあったアメリカに近づいた．この成長のほとんどは，私立大学の拡大の成果だった．その成果が，その後もずっと維持されてきた．

進学の決定は，18歳時点の親子関係で決まる．わが子のために親が資金を調達してくれるのは，18歳までに限られる．30歳近くになって進学したいといっても，親が負担してくれるとは考えられない．その歳になって自己負担して進学するには，授業料があまりにも高すぎる．

　最近の車内広告には，大学のオープンキャンパス（高校生に大学教育・学生生活の内容を紹介する展示会）の案内が目立つ．あるとき，こんな見事なコピーに遭遇した．「お母さん，大学を面接してみませんか」．大学が入学希望者を面接しているのではなく，大学がお母さんの面接を受けるのである．

　オープンキャンパスに保護者同伴で訪れ，入学式に父母が多数参加し，在籍中には保護者懇談会を開催され，卒業式にも父母が多数参加する時代である．親の援助で進学した学生は，何としてでも卒業しないわけにはいかない．いい会社に就職して，親を安心させたいと考えるのが普通である．それが日本人の親孝行．大学を中退したいという学生が相談に来れば，「ご両親は了解しているのですか」と教師は必ず質問し，「よく相談して決めて下さいね」と念押しする．保護者懇談会の話題のトップは，就職問題．教師は，就職のためのカリキュラムをどのように準備しているか，丁寧に説明しなければいけない．

　北欧の大学を訪問したときにしばしば耳にしたのは，「18歳までの教育は親の責任だが，18歳になれば，本人の責任」という言葉だった．大学に進学すれば，自宅通学できる学生も家を出て自活するのが普通だ．北欧だけでなく，18歳になれば，親から自立するのが欧米の親子関係だろう．ところが，日本では，18歳どころか，22歳になっても，親子が一体になっている．最近では，入社式や会社にまで足を運ぶ親がいる．親子が一体になった日本的家族システムが作動して，18歳主義，卒業主義，親負担主義の日本的大衆大学がワンセットになっている．

家族と会社に羽交締めされている大学

　是正しにくい第2の理由は，日本的大衆大学が，日本的雇用システムと連動し，たがいに他を補強しあう関係にあることだ．高度経済成長時代にあって，日本的経営が国際的に注目されはじめた．終身雇用・年功序列・企業別組合の3点セットが，日本企業の強さの秘密だとされた．大学との関係からすれば，

日本的経営の3点セットとともに，次の2つが重要である．新規学卒一括採用と企業内教育による内部人材育成のシステムである．中途採用よりも新規学卒者を重視し，会社が必要とする人材は，会社が育てるという仕組みが日本的雇用システムの根幹である．

　企業の人事課が，「大学の教育に期待していない」「何を学んだかよりもバイタリティーが重要」というようになったのは，そのためだ．日本の会社は，大学教育の質を問わなくなり，22歳の大卒者がまっさらの新人として採用される．大学を中退すれば，長期雇用の会社に不適応な人材だというレッテルを貼られてしまうから，何とか卒業しなければいけない．「浪人（留年）は2年までが限界」とまことしやかに語られている．就職が決まったと学生に報告されれば，大学は何とか卒業できるように工夫する．

　新規学卒一括採用に並行して重要なのは，初任給一律採用である．同じ会社の初任給は，みんな同じだ．しかも，企業間の初任給格差は非常に小さい．中国の会社の初任給は，高額会社から低額会社まで，5倍から10倍の開きがあるのを知って驚いたことがある．外資系会社のIT技術者の初任給が非常に高かったりするからである．新人の能力差は大きいはずである．にもかかわらず，日本は同じ賃金の一律採用になっている．ということは，有能者を採用すれば，企業にとって大きな儲けになる．少しでも有能な学生を確保したいと競争するのは，有能者を採用すれば企業が儲かるという経済的インセンティブがあるからである．こうして就職活動の早期化に拍車がかかる．

　日本的家族主義だから日本的大衆大学になる．日本的雇用システムだから日本的大衆大学になる．家族・大学・雇用の3つのシステムが，相補的に作用して，日本的大衆大学が形成され，当たり前のこととして受け止められ，動けなくなっている．家族と雇用の羽交締めになっている大学の様を描けば，**図10-2**のようになる．日本の新人は，日本的家族と日本的雇用の2つを変えることのできない文化的規範と受け止め，真摯に就活に取り組んでいる．黒いリクルートスーツをまとったその姿は，自己の信仰する宗教のためにその身命を犠牲にしている殉教者のような雰囲気である．「日本の新人」という観点からすれば，結局，日本的雇用の仕組みは何も変わっていないと思う．

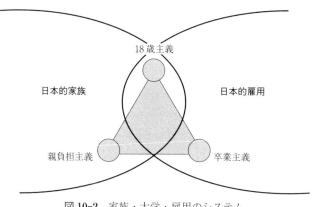

図10-2　家族・大学・雇用のシステム

幽閉された学生を解放する政策

　以上が,「なぜ変わらないか」の解釈だが, 現状を説明するだけではすまされない深刻な問題だと思う. 親子一体になった日本的家族は,「わが子さえよければいい」という願いをつのらせ, 不況にあえぐ日本的雇用は,「わが社さえよければいい」と考えるだけで精一杯. こうした本音が, 大学の隠れたカリキュラムになっている. その結果, 自分さえよければいいという自己中心主義の学生が育つことになる. 高校生の進路選択が「家族資本主義」に支配され, 進学機会の不平等が放置されてきた背後にあるのは, こうした日本的構造である. その一方で, みんなが助け合い, 社会に貢献する人材を育てるのが, 教育の使命だとされる. この使命が空疎になってしまうところに, 日本的大衆大学の貧しさがある.

　悲観的にすぎるといわれるかもしれない. しかし,「わが社だけよければいい」とは考えない「良心的な企業」と中教審の「職業的かつ実践的教育に特化した枠組」の協力によって, 日本の大学がよくなると考えるほどに私は楽観的になれない. 正直なところ, 日本的大衆大学の重い病に深く失望している. 雇用だけではなく, 社会全体の仕組みを議論しなければ, 日本の大学は救えない.「大学の卒業生が新人である」という現実が深刻な病なのだ. 3点セットに閉じ込められた日本の新人は, 日本的家族と日本的雇用の殉教者であり, 犠牲者である. 大学という機関に幽閉された学生は, 深い病に冒されている.

幽閉された学生を解放する方策はあるか．真剣に考えるに値する問いである．文化的に埋め込まれたシステムは変わらない，変えられない，と判断するのが世間の常識だろうが，変えられないわけではない．羽交絞めの図をみれば，ひとつの戦略が浮かぶ．3点セットの中で制御できる変数がひとつだけある．親負担主義，つまり教育費の負担方法は変えられる．学生を日本的家族から解放するためには，親負担主義を改めればよい．日本的家族から解放するというのは，30歳でも（＝大人が）大学に進学できるようにすることである．学生を親から解放すれば，本人の自立した責任によって，自由に進路を決定できるようになる．親から解放する教育費政策が，3点セットの構造を転換させる唯一の方法である．30年前に，「企業が雇用税を負担するのが望ましい」「学生本人が教育費の一部を負担するのが望ましい」と提案したのは，お門違いの発想ではないと今でも思う．

　みんなが助け合い，社会に貢献する教育システムを設計するためには，自己利益のマネー（家計）だけではなく，助け合いのマネーによって支えられなければいけない．何よりも助け合いのマネーである税金の投入が大切になる．見知らぬ他人の援助によって学ぶ機会が保証されれば，それが隠れたカリキュラムになって，見知らぬ他人に恩返しする教育が成り立つ．税金の負担だけではなく，学生本人の負担，企業の負担なども導入して，親負担主義から解放する道を探るのがよい．雇用効率，および費用便益分析の結果は，誰が教育費を負担するのが望ましいかを検討する素材である．

　社会人学生という新しい市場開拓の必要性が主張されたりするが，親負担主義という現在の市場原理を前提にして，18歳主義と卒業主義だけを変えることはできない．財政難の折から，「できない派」と「すべきでない派」がまたまた登場するに違いない．しかし，消費税1％ほどの税収で，大学の授業料がほぼ無償に近くなることを知っている人は少ないに違いない．そんなことを考えもしないのは，費用負担の大幅な変更を視野に入れて未来の大学を構想するという自由な発想が欠落しているからである．視野狭窄に陥っているから，「できない派」に終始してしまう．

　大学改革が長く続いている．うんざりしている大学人が多いと思うが，その一方で，これからが本格的な改革だと旗を振り続ける人がいる．しかし，いま

議論されている改革の直接延長上には素敵な未来は開かれない．これからの大学に必要なのは，法制度を変更する「改革」ではない．教育に投入する資源の配分を変更する「政策」である．そのための政策をつくる枠組を提供しているのが，「機会の平等」「学習効率」「雇用効率」という3つの基準である．この3つを考慮した教育費負担の新しい設計が，いま求められている高等教育政策の根幹である．このことを理解して，未来社会のグランドデザインを描かなければならない時点に私たちは立っている．

　続く2つの章では，長く続く大学改革と第Ⅰ部と第Ⅱ部の分析結果を対比させながら，幽閉されている学生を解放するために，大学と政府は何をなすべきか，何ができるかを構想する．

11章

制度改革から経営革新への転換
大学の使命──冒険・時間・仲間

「経営と政策」の協調を求めて

　大学に直接的に関係していない方はほとんどご存知ないと思うが，この20年あまり，政府と大学はおびただしい数の改革に着手している．ところが，「それで，大学は良くなったの？」と問われれば，「Yes」と元気に答える人はほとんどいない．だから今でも，終わりのない改革が求められ，続けられている．日本の大学を話題にすれば，ダメ論になる．それが習い性になっている．しかし，世間，とりわけメディアに流通する「大学ダメ論」は一面的にすぎるし，現場を知らない人，あるいは現場の一部をちょっとのぞいた人の発言が多すぎると思う．そう判断している私は，30ほどの大学の理事長・学長をインタビューしながら，改革現場の実践に学びつつ，残されている課題を抽出するように努めてきた．できる改革に着手して，それなりの成果を挙げている大学は少なくない．その努力と長所に学ぶところは多いが，ひとつの大学にできる範囲は限られる．訪問した大学の一部を紹介しつつ，改革の実践とそれを支援すべき政策のありかを探った報告もした（矢野，2005）．

　改革の事例から学ぶべき事柄を浮き彫りにするように心がけたが，大学の長所探しは，あまり世間にうけないようだ．弱点・欠点を暴露して，大学教育がいかにダメであるかを告発しないとうけないメディア環境になっている．メディアだけではない．「大学のこの欠陥を直します」という名目を列挙しなければ，文科省は文教予算を確保・維持できない．良いところを説明していては，予算は増えない．それどころか，削減される．そういう政治力学になっている．つまり大学は，改革しなければいけないとするメディアと行政の圧力に晒され

ている．

　大事なのは，制度の改革ではなく，「大学の経営」と「政府の政策」との協調にある．経営と政策の協調といえば，凡庸にして当たり前にすぎる言葉だと思われるかもしれない．ところが，日本の大学の経営と政府の政策は，ともにひよわだ．ひよわな体質が長く続いてきたのである．この体質を改善し，利害や文化も異なる大学と政府がたがいの役割分担を強化して調和を図る必要がある．そのように考える論理といくつかの提案を，「経営」（本章）と「政策」（最終章）の2つに分けて提起する．

　その議論の前提として，この20年あまりの改革の経緯を整理し，「改革の時代は終わった」ことを確認しておきたい．日本の教育界は，改革という言葉が大好きである．教育論議になると教育改革になる．良いところを探して伸ばすのが教育だと理念されながら，教育論議になると欠点を探して改革を語らなければならないと思念されている．語られる改革の内容は多種多様だが，教育を良くする術のすべてを改革という言葉で一括りにするのは適切ではない．偏った議論と提案になってしまうからである．混乱を避けるために，改革という言葉は，法によって定められたルールの束，つまり「法制度」の変更に限定するのが望ましい．実際のところ，政府の改革提案の多くは，法制度の変更として語られる．

　大学が改革に動きはじめたきっかけは，1991年の「大学教育の改善について」という審議会答申にある．この答申によって，大学設置基準という法律で定められていた細かなルールが大幅に簡素化された．授業科目・卒業要件・単位の計算方法・学士の種類などの規定を弾力化し，大枠だけを定めるようにした．教養課程（1・2年）と専門課程（3・4年）という（中高年世代には懐かしい）垣根が取り除かれ，情報・環境・国際という新しい時代のニーズに応えるカリキュラムを自由に編成できるようにもなった．

　同じ91年には，「大学院の量的整備について」が答申され，学部教育だけでなく，大学院教育の充実が提案された．この2つの答申が引き金になって，大学はカリキュラムの再編と大学院の重点化へと動きはじめた．それからも審議会の答申は何度も続いている．最近では，文科省の中央教育審議会答申だけでなく，内閣府の「教育再生実行会議」が大学教育のあり方についての提言を重

ねている．

　今の大学が素晴らしいと私も考えているわけではない．しかし，この20数年間のおびただしい答申の数と終わりのない改革主義は，どこかおかしい．しかも，昔の改革論を忘れて，代わり映えしない議論を重ねているところも少なくない．大学人の多くの本音は，「ついていけない」気分になっている．そんな気分を吐露すれば，「だから，大学はダメなのだ．自分の置かれている現状を理解していない」と叱責されるどころか，脅される．大衆大学にかなりの効用とメリットがある証拠を示しても，「今のような大衆大学はない方がまし，ムダだ」という思い込みにかき消される．

新制大学の制度的困難

　大学人の気分が大きく変わったのは，2005年以降のことだと私は診断している．1991年から動きはじめた大学改革の到達点は，04年の国立大学法人化と認証評価制度の導入である．ここにいたるまでの15年間の改革は，かなり真っ当な議論に支えられていた．これを15年改革と呼んでおくのがいいだろう．というのも，戦後の新制大学が発足した当初から抱え込んだ難問を解決する努力だったからである．大学設置基準問題も，大学院問題も，法人化問題も，戦後の長きにわたって議論されてきた懸案事項である．その制度的困難に取り組んだのが15年改革の柱だった．少し説明を加えておこう．

　日本の高等教育の発展と制度類型を歴史的に解明してきた天野は，戦前期の日本的高等教育システムを「二元重層構造」という言葉で特徴づけた（天野，1986）．二元というのは，戦前の官学と私学，いまの国（公）立と私立という設置主体の併存，重層とは，大学（旧制）と専門学校（旧制）が単に併存するだけでなく，ピラミッド的に序列化されていることである．この構造は，複線型の旧制高等教育機関だけでなく，単線型の新制大学においても解消されていない．それどころか，この構造が大学の大衆化を吸収できる装置にもなっていた．

　この日本的構造は，新制大学の制度的困難の所在を指摘する言葉でもある．5つの困難があった．第1の困難は，「旧制大学の学問的伝統と専門学校の職業教育」が同じ大学として画一化したことである．旧制の複線型高等教育を単線型に統一した「新制大学」に対する反対意見は，旧制大学だけでなく，旧制

専門学校からの批判も強かった．この制度的困難については，1963年の中教審答申以来，「大学の種別化」（大学院大学と大学の区別など）という言葉で何度も改革提案されてきたが，種別化は実現されず現在にいたっている．ちなみに，1962年に発足した高等専門学校は，旧制実業専門学校（高等工業学校・高等商業学校・高等農林学校）の大学化に対する反対論から誕生したものである．旧制実業専門学校が果たしてきた貴重な人材育成がアカデミズム志向の大学化によって損なわれると危惧され，大学とは別種の専科大学構想や専修大学構想などが提案された．財界などの強い支援はあったものの，新しい大学構想は実現せず，高等専門学校として発足した．

第2の困難は，学部の4年間に「高等普通教育（一般教育）と専門教育」を詰め込み，その設置基準をルール化したことである．この固い基準が，学内における教養セクターと専門セクターの亀裂をもたらしたり，教員のみならず，学ぶ学生の不満を鬱積させたりしてきた．こうした亀裂と不満を解決する方策としてたどりついたのが，91年の大綱化である．

第3の困難は，「大学院」の役割が曖昧なままに放置されてきたことである．アメリカ型の4年制学部教育を新制大学のモデルにしたものの，アメリカの優れた大学院制度（研究者養成の大学院と高度専門職のための大学院の併存システム）は導入されなかった．91年以降における，大学院の重点化と専門職大学院の設置は，その反省に立ったものである．

第4の困難が，大学の管理運営問題だった．多種多様な大学が新しく誕生したけれども，その大学を管理運営する意思決定機構が不統一で未分化なままに放置されてきた．この問題解決に取り組んだのが，国公立大学の法人化であった．文科省の直轄機関だった国立大学は，組織体制を変更しようとすれば，必ず文科省の許可を必要としていたが，ある面では不統一で曖昧に庇護されてもいた．こうした関係を改め，国立大学の自由なガバナンス（意思決定機構）とマネジメント（意思決定の執行）を可能にさせるための法人化である．同時に，大学の諸活動をチェックするための「認証評価制度」が導入された．学校法人の私立を含めたすべての大学が，文部科学大臣の認証を受けた評価機関による評価を受ける制度である．大学は，評価の結果を踏まえて，自らの改善を図らなければならない．ともに，04年からの発足である．

第5の制度的困難が，二元システムである国立と私立の格差，および対立である．戦前の専門学校を母体として新制私立大学がたくさん誕生したが，その私立に対する財政的援助は皆無に等しかった．1975年になって私立学校振興助成法が施行されたが，今では私学経営における経常支出の1割程度の補助にとどまっている．第8章で分析したように，日本の大学は，私立大学の「奉仕」によって支えられているが，この社会貢献は無視されている．

　この5つの困難に積極的に取り組んだのが15年改革だった．これらは，1949年の新制大学発足時から問題視され，その後の中央教育審議会においてたびたび議論されてきたテーマである．40年ほどたった91年から懸案事項の解決に取り組み，できることにはほとんど手をつけた．画期的な15年だった．長い改革の歴史と実践，および課題については，天野（2003），草原（2008）が詳しい．私自身も，大学改革の経緯を高校生にも分かるように書いてほしいという執筆依頼を受けて，5つの制度的困難と大学改革の歴史的経験を解説したのであわせて参考にしてほしい（矢野，2011）．

　5つのうちの最後の国私格差問題は，法的制度の改革によって解決できるわけではない．財政政策の課題として残されている．国立を私立に近づける施策であれば，財政負担が軽減できる．実際に，財政難を理由に，国立大学法人は，政府の運営交付金が削減され，大学が自主的に外部資金を獲得するように促されている．大学の自主・自律を目的とした法人化は，小さい政府（財政負担の削減）をねらいとした政治力学の帰結だった．しかし，この政治的判断と第8章の政策的含意は真逆である．国立を私立に近づけるのではなく，私立を国立に近づけるのが，合理的な判断になるからである．こうした財政政策の検証よりも，法制度の改革ばかりに着目されるのは，法律を変えれば，お金をかけなくても，大学がよくなると考えているからだろう．お金をかけずに大学がよくなる魔法の杖があれば幸いだが，それほど現実の問題は単純ではない．制度改革とは次元を異にする財政政策については，最終章で検討する．

改革は終わった──残ったのは経営とカリキュラム

　長年の懸案事項を解決した2004年の到達時点で，「改革は終わった」．終わったといえば，お叱りを受けるに違いない．2005年には「我が国の高等教育の

将来像について」(「将来像」答申),08 年の「学士課程教育の構築に向けて」(「学士課程」答申),12 年「新たな未来を築くための大学教育の質的転換に向けて——生涯学び続け,主体的に考える力を育成する大学へ」(「質的転換」答申)と矢継ぎ早の答申続きである.( )に記した答申の略称は,現在の大学改革を語る枕詞になっている.「大学再生実行会議」の文脈では,現在は「大学改革実行プラン」の「改革集中実行期」にある.

　しかしながら,05 年を境に,改革は終わり,経営の時代に移った.このように認識しておくことが,大学人にとって重要だ.そのように考えるのは,私の独断ではない.05 年の「将来像」答申は,改革が終わった宣言だと読める.「将来像」は,大学の「自由と競争」を強調した答申である(中央教育審議会大学分科会,2005).これまでの改革が着実に進捗し,実施されてきたという判断に立っている.その上で,「我が国の高等教育改革は,これら各般のシステム改革の段階から,各機関が新たなシステムの下で教育・研究活動の成果を具体的に競い合う段階へと移行する最中にある」と述べた.答申に書かれている「システム改革」が,ここでいう法制度改革にあたる.システム(制度)改革は終わったのである.

　いまひとつの例を挙げておこう.「アカデミズムと職業教育の共存」という第 1 の制度的困難については,「大学の種別化」という言葉で何度も改革提案されてきた.しかし,制度の種別化は 15 年改革でも実現されていない.05 年の将来像答申は,制度による種別化を提起せずに,大学が 7 つに機能分化する事例を示した.(1)世界的研究・教育拠点,(2)高等専門職業人養成,(3)幅広い職業人養成,(4)総合的教養教育,(5)特定の専門的分野(芸術・体育等)の教育・研究,(6)地域の生涯学習機会の拠点,(7)社会貢献機能(地域貢献,産学官連携,国際交流等)の 7 つである.その上で,「各大学の選択により,保有する機能や比重の置き方は異なる.その比重の置き方が各機関の個性・特色の表れとなり,各大学は緩やかに機能分化していくものと考えられる」と述べている.制度の種別化は,各大学の「経営戦略」問題として位置づけられたのである.

　「将来像」答申,およびその後に続く「学士課程」答申は,部分的な法律改正を含むものの,法制度の改革ではない.大学が自主的に経営戦略を構築し,自らの力で教育と研究を活性化する努力を求めている.大学をよくするための

ボールは，政府ではなく，大学にある．この自覚をもつことが何よりも大事だ．

08年の「学士課程」答申では，3つのポリシー（アドミッション・カリキュラム・ディプロマ），学士力，順次性のある体系的な教育課程の編成，単位制度の実質化，客観的な評価基準の適用，学習方法の改善，初年次教育の充実，教員・職員の能力開発，による教育力の向上など，教育改善方策の事例が列挙されている．ラーニング・アウトカム，学習ポートフォリオ，キャップ制，コア・カリキュラム，シラバス，セメスター制など，カタカナ用語の解説付きである．

4年後の「質的転換」答申になると，さらに詳細な授業改善が提案される．学士力の向上が求められる社会状況を「繰り返し」説明しつつ，ディスカッションによる双方向の授業，教室外学習プログラム，学習時間の確保など，学士課程教育の質的転換を求めている．アクティブ・ラーニング，サービス・ラーニング，ワーク・スタディー，ナンバリング，ルーブリックなどカタカナ語の用語解説はさらに増えている．

教える教師と学ぶ学生の協力体制が実現されなければ，教授＝学習過程の質は向上しない．向上しないのは，学生の学習を水路づけるカリキュラムの体系と内容・方法に問題があるのではないか．そんな疑問に収斂しているのが現在の改革論である．15年改革の後に残ったのがカリキュラム問題だった．しかし，それは政府の問題ではなく，大学の経営問題である．

大学のカリキュラムは，古くて新しい課題である．1968年前後の大学紛争を契機にして，カリキュラムに関する議論が活発だった時期がある．積極的な発言をしてきたのは，井門富二夫である．彼の著書を読めば，大学のカリキュラム問題の所在が分かるし，学際教育・国際教育・大学院教育におけるカリキュラム編成の要諦，および率先してカリキュラムの工夫を重ねてきた先駆的な大学の経緯も知ることができる（井門，1985）．紹介されているハーバード大学のカリキュラム6原則（コミュニケーション能力，批判能力，倫理的能力，世界文化との出会いを可能にさせる能力，深く考える力，自律的行動能力）は，答申に登場した「学士力」の指摘と大差はない．

カリキュラム研究をレビューした黄によれば，その研究の8割は「分野・学科別の専門教育と教養教育」のカリキュラム編成の問題で占められている（黄，

2014).カリキュラムのあり方は,現場において多種多様なのである.どの教育方法が有益であるかは,学問の性質によるだけではなく,学生の学ぶ姿勢・学力・性格,さらには教師の力量・性格によっても大きく異なる.ひとつの枠組,あるいはひとつの方法によって,教授＝学習過程の質が向上するわけではない.カタカナ用語の解説にウンザリする教師も少なくないだろうが,いま問われているカリキュラム問題の焦点は,個人の力を組織の力に転換する経営にある.

カリキュラムのマネジメント――個人の力を組織の力へ

　カリキュラムや教授法の改善がこれほど大きな話題になるのは,大衆化の影響だと考えられる.学ぶ意欲に欠ける,基礎学力がない,自ら主体的に学ぶ姿勢ができていない,そんな学生を前にすれば,教える内容と方法を変えなければならないのは確かだ.しかし,大衆化に対する「不信」がある限り,教育する意欲も,学習する意欲も湧いてこない.教師と学生は,ともに大衆化不信を払拭する必要がある.教師と学生の信頼関係が保たれなければ,教授＝学習過程は維持されない.

　第Ⅰ部では,学業成績別の進学動向を,そして第Ⅱ部では,学業成績別の教育効果を紹介した.その結果が示しているように,大衆化に対する否定的,悲観的反応は,必ずしも正しいわけではない.キャンパスの現場では,昔の学生よりも,今の学生の方がよく勉強している.そして,教師,とりわけ若い教師ほど,真摯に教育に取り組んでいる.学生の立場を考えずにすんできた古い世代の教師からすれば驚くべき変化である.勉強しなかった中高年世代が,若い世代に,「勉強しろ」と旗を振っている姿は見苦しい.

　しかし,そんな現場の気分や不満は少しおさえておくのが賢明だろう.教師1人1人が,それなりの工夫と努力をしているとしても,個人の力が組織の力になっているとはいえないからである.最近のカリキュラム改革の動向を知るには,日本高等教育開発協会とベネッセ教育総合研究所による調査報告書（ケーススタディ編）が有益である.カリキュラム構築と改善に向けて,4つの視点が取り上げられている.(1)何を問題と捉えてカリキュラムを改革するか（課題）,(2)改革のための体制構築はどうあるべきか（組織）,(3)主体的な学びを促

進するカリキュラムをどう設計すべきか（設計），(4)どのようにしてカリキュラムの評価・改善を実施すべきか（評価），である．この4つの視点に即した実態調査と事例が報告されている．

　昔のカリキュラム論と現在との大きな違いは，「組織体制」「設計」「評価体制」という水準でカリキュラム問題を捉えなければいけないところにある．個人の工夫と努力を組織的解決に結びつけなければならない．ポスト大学改革のカリキュラム問題は，大学経営の中枢課題になっている．

　カリキュラムの組織化は，教員のマネジメントであり，学生のマネジメントである．カリキュラムの成否は，教員の人事で決まるといっても言い過ぎではない．研究業績主義的人事が悪いわけではない．研究機能の放棄は，大学の死を意味する．しかし，研究は個人の自由だが，教育は個人の自由ではない．カリキュラムを体系化するには，教育と研究を分離できる教師の力が必要だ．大学教師には，自分の研究を切り離して，組織として教えるべき事柄を教えられる力量が求められる．同時に，研究と教育を統一して教えるプログラムも提供できなければならない．教師は，複数の顔をもたなければならないのである（矢野，2015）．

　教員のマネジメントを明確にするには，学生のマネジメントがしっかりできていなければならない．カリキュラムは，学生の学びとキャリアの指針である．したがって，カリキュラムや教授法の改善による効果を検証するためには，組織的な学生調査研究が不可欠になる．その研究は，学習に対する学生の関与と離脱の原因を提供してくれるはずである．ドロップアウトの研究であり，学習効率の研究になる．

　さらに学習態度と経験は，就職にも関係する．自大学における学習効率と雇用効率性の現実を客観的に把握しなければならない．入口の入試選抜をあわせて考えれば，本書の分析視点である「機会の平等と2つの効率」は，マクロの経済分析だけでなく，ミクロの経営分析に通じている．現場のデータの収集と分析がなければ，マネジメントは成り立たない．今の大学は，アドミッションポリシー（入口），カリキュラムポリシー（中身），ディプロマポリシー（出口）を言葉で表現するように求められている．言葉よりも大事なのは，学生の行動を実証的に説明する数字である．数字の解釈から，入口・中身・出口の経

営方針を説明できなければいけない．

　この4年間，桜美林大学の大学アドミニストレーション研究科というユニークな社会人大学院で教鞭をとってきた．主として大学職員を対象とした研究科である．彼らに語りかけてきたのは，自大学のデータを収集し，入学の経路・学習効率・雇用効率の3つを連動させる分析の重要性と必要性だった．学生はどこから来て，何を学び，どこに行くのか．自大学の学生のキャリア研究は，高等教育におけるキャリア研究の最先端である．学内に膨大なデータが集まっているのは確かだが，残念ながら眠ったままに放置されている．自大学のビッグデータを収集し，分析できる専門家は育っていないし，こうした調査研究は，それぞれの学問の専門家である教員の片手間にまかせることはできない．自大学のキャリア研究ができる専門家が必要とされている．

ガバナンス改革の登場

　ところが，考えてみれば当たり前の現場の研究が，今までなくてもすんできた．企画部門をもたない会社のようなものである．それが，日本の大学である．ひよわな経営体質の現れである．苦労しなくても学生が確保できる時代が長く，しかもレジャーランドといわれてきた．「大学の専門知識に期待しない」と採用する企業が公言してきたのだから，学生が勉強するはずはない．専門知識を教えている教員が，アカデミズムと実学の間に都合のいい線引きをして，安穏としていたのは確かである．経営体質がひよわになるのは必然だった．

　しかし，大学を取り巻く環境は大きく変わった．市川の言葉をかりれば，「学者共和国から大学企業体へ」の転換が求められる時代になった（市川，2001）．にもかかわらず，「大学の動きは鈍い」「経営の転換が遅々として進んでいない」「古い体質の教授団が経営の革新を妨げている」．こうした外野の声が大きくなった．ひよわな経営体質の責任の俎上にのせられたのが，教授会である．

　2014年2月には，中教審大学分科会が，「大学のガバナンス改革の推進について（審議のまとめ）」を答申した．ガバナンスというのは，意思決定機構のことである．答申では，「ガバナンス改革は，大学が自主的・自律的に行うべきもの」としているが，「権限と責任の所在が不明確」「意思決定するまでの時間がかかりすぎる」といった疑問が社会の各方面から寄せられ，「学長がリー

ダーシップを発揮して，機動的な大学改革を進めていく」ことを期待する声が出されているという．社会の各方面や財界が，大学の現在を心配し，未来に期待するのはとても健全だが，どこまで現場を理解してのことかと心配になる．

　政府の改革は，いつも法改正が中心になる．制度改正を通じて大学を支援するという思考形式になっているからである．法の改正は早かった．「学長のリーダーシップの下で，戦略的に大学を運営できるガバナンス体制を構築する」ことを目的として，学校教育法及び国立大学法人法の一部改正が，2015年の4月から施行されている．改正の要点は，学長がリーダーシップを発揮できるようにすること，および教授会の権限を明確にした（弱めた）ことにある．

　これまでの学校教育法（93条）では，「大学には，重要な事項を審議するため，教授会を置かなければならない」とされていた．しかし，「重要な事項を審議する」という規定が，経営の意思決定を混乱させているというのである．審議は決定ではない．教授会は，決定権者である学長等に対して「意見を述べる関係にある」ことを明確にする必要があると考えた．それが93条の改正である．新しい93条では，「大学に，教授会を置く」とだけ書かれ，第2項で次のように定めている．教授会は，学生の入学・卒業及び課程の修了，学位の授与，その他教育研究に関する重要な事項で，「教授会の意見を聴くことが必要であると学長が定めるもの」について，「決定を行うに当たり意見を述べるもの」とした．

　大学が動かないのは，教授支配の文化が根強く残っているからであり，教授会が，経営者（理事長・学長）の意思決定を妨げているからだという判断である．したがって，教授会の障害を取り除けば，ガバナンスがスムーズに作動する．これが，「制度改正を通じた，国の大学に対する支援」である．法律を変えれば，つまり改革すれば，大学がよくなると思う発想の典型である．意思決定機構に参画したこともなければ，邪魔をした覚えもない「ほとんどの教師」が，学長等に「ついていけない」気分にならないかと心配になる．

脱ビジネスランドの大学——冒険・時間・仲間

　大学経営の執行部に関与した経験もない私が，ここで大学経営の問題に深く立ち入ることは難しいが，教育と研究にエネルギーを投入してきた一教師とし

て，大学が良くなってほしいと願っている．そして，教師が教育と研究に専念できるようにすること，それが経営者の仕事だろうと思っている．

理事長・学長にインタビューしてきた経験から思い出すのは，折原の『日本の優良企業研究』である（新原，2003）．優良企業の原点となる6つの条件を挙げているが，その第6の条件に「世のため，人のためという自発性の企業文化を埋め込んでいること」がある．少し長いが引用しておきたい．

「企業統治（コーポレート・ガバナンス）が議論される場合，往々にして，問題が非常に狭く解されていて，さぼろうとしたりズルをはたらこうとする経営者を，株主がどう『監視』するかばかりが論点になってしまっている」．経営者と従業員の関係も同じである．企業経営でも，監視して規律をもたせることなど事実上困難である．そして，「経営者や従業員が自らを自己規律する『自発性のガバナンス』と呼ぶべきものをどう実現するかが大切になってくる．監視のガバナンスは補完的なものでしかありえないのである」と指摘している．

最近の大学は，企業経営に学ぶことを奨励して，コーポレート・ガバナンス型の統治，および金銭的インセンティブによる「成果主義」人事管理が求められている．そして，ガバナンス改革という名目で，学校教育法を改正し，法を順守しているかどうかを評価制度によって監視しようとする動きになってきた．監視のガバナンスと成果主義人事管理を無防備に導入することは，「日本の優良企業」に学ぶことを忘れている．優良企業の「世のため，人のためという文化」や「自発性のガバナンス」は，大学経営にふさわしい．

しかしながら，大学を合理的な経営体に変えるために，「選択と集中」「競争的資金配分」「成果主義人事管理」など経済的インセンティブと競争による合理化が必要だとされている．大学が，企業のように商業化・ビジネス化しているのは，日本だけでない．世界的な動きである．

大学の商業化を考えるについては，ハーバード大学の学長だったボックの著書が参考になる（ボック，2004）．商業化に対する大学人の偏見を避けながら，商業化の便益と代償を冷静に評価し，商業化の機会を活用しつつ，教育のあり方，科学研究，大学スポーツを深く真摯に考察している．外野からみれば，大学は無政府状態のように見えるかもしれない．しかし，「わがままで勝手な教授団のように見えるが，微妙な形で，やる気を引き出す誘因が存する．教員の

成功と報償，評判，業績，無能回避の圧力である」．「大学の市場は，企業経営よりもずっと不確実で曖昧だ．成功したかどうかの尺度になる目に見える測定可能な目標というものを持っていない」から，「会社のような達成度を測ろうとすると大学では著しく有害になる」とも述べている．

世界の時流に棹さして，今の大学は，レジャーランドからビジネスランドに変貌している．しかしながら，大学がビジネス界と同じになったら不幸である．伝統的な学者共同体でもなく，利潤追求の経営体でもない，新しい大学の経営革新が求められている．最終章で議論するように，マクロの高等教育システムを支えるのは，「精神と制度と資源」である．この3つの整合性を保つように検証するのが政府の仕事である．同様に，大学経営を支えるのも，「精神と制度と資源」であり，この3つの整合性を保つのが経営者の役割である．

私学に建学の精神があるように，大学にはそれぞれの精神，理念がなければならない．つまり，大学の使命（ミッション）である．大学のような非営利機関の目的は，企業のそれとは大きく異なっている．ドラッカーの言葉を引けば，「非営利機関は，人と社会の変革を目的」としており，その目的に対して「いかなる使命を果たしうるか」が重要になる．つまり，大学の目的は使命の達成にある．そして，使命は，「表現の美しさ」ではなく，具体的な行動に結びついていなければならず，非営利機関は，「行動の適切さ」によって評価される（ドラッカー，1991）．

それほどに大切な使命を定めるのがリーダー（学長等）の役割である．一教師の希望を述べれば，大学における教育と研究の使命を達成するプロセスで大事にしてほしいのは，「冒険と時間と仲間」である．

レジャーランドでもなく，ビジネスランドでもない，冒険（アドベンチャー）ランドになればいいと願っている．大学という空間に許されている特権は，失敗を恐れず冒険し，失敗に学ぶところにある．レジャーやビジネスが悪いわけではない．勉強も，レジャーも，ビジネスも，そして研究も，冒険あってこその大学である．失敗しないように勉強したり，遊んだり，研究したりしていては，面白くないだろう．冒険体験の数々の蓄積が，学生を学生らしく，教師を教師らしく，大学を大学らしくする．

冒険するためには，豊潤な「時間」と愉快な「仲間」が不可欠だ．教師が思

索にふけっていると暇人だと指弾されるご時世である．「研究のビジネスランド化」によって，競争資金の獲得に走り回っている教師ほど，資金を集めた教師ほど，偉いことになっている．お金集めに奔走し，業績稼ぎに追われて，教員の時間が劣化している．大学の時間は，産業の時間と同じではない．技術革新のスピードだけが大学の時間の尺度ではないし，短期に成果を挙げたい政治の時間とも同じではない．速い時間も，ゆったりした時間も，多様に流れているのが大学の時間である．教員の時間だけではない．学生も，大学時代だけしか経験できない事柄と時間リズムをもつのがいい．豊潤な時間があればこそ，失敗を恐れない冒険ができる．そして，冒険と時間を一緒に楽しむ仲間がいればなお素晴らしい．仲間は，自分の専門，自分の所属機関を越えているほど刺激的だ．グローバルに生きるということは，学生および教員が外国の仲間をつくることである．グローバル競争を煽ることではない．多様な冒険は，豊潤な時間と愉快な仲間とともにある．

　自分自身の大学生活を振り返って最も楽しかったのは，文系・理系の学問分野や年齢などの社会的属性を越えた仲間たちとの出会いだった．尊敬する第一線の研究者である仲間の言葉が思い出される．「研究者として困ることが2つある．ひとつは，お金がないこと，いまひとつは，お金がありすぎることだ」．大学現場の混乱を象徴する言葉である．それほど大きな研究資金を必要としない文系の仲間も，大型プロジェクトを立ち上げないと格好がつかなくなっている．その結果，お金の消化に苦慮することにもなる．消化の犠牲になっているのが，30歳前後の若い研究者だったりしているから深刻だ．

　もうひとりの工学者の友人は，「億のお金の責任者になると，失敗してはまずいという気持ちが先になり，失敗しない研究を優先してしまう．ほどほどのお金であれば，失敗してもいいという気持ちになれて，面白い研究ができる」．さらに，億単位の研究資金を動かしていた友人の言によれば，「いままでの研究の中で，最もオリジナルなのは，昔のささやかな研究ファンドの成果だった」．日本の学術研究の大きな問題は，研究者と資金の層が薄いところにある．インフラストラクチャーの層が薄いところで，資金の「選択と集中」（ビジネス化）が重なれば，お金のない困難とありすぎる困難に直面する．

　どのような使命を掲げるにしろ，冒険と時間と仲間を優先してほしいと願っ

ている．経済的に豊かな成熟社会の大学にふさわしい選択だと思う．ところが，冒険なし，時間なし，仲間なしの孤独な研究者の姿がリアルに目に浮かぶ．もちろん，大学の「精神」や「使命」は，多様である．それぞれの精神に照らし合わせながら，学内の「制度」ルールと学内の「資源（人，モノ，カネ）」配分を一体化させるのが，ガバナンスであり，マネジメントである．経営における精神・制度・資源の整合性とコンセンサスが，「自発性のガバナンス」を育み，それが大学教育の質を規定することになる．政府が経営に介入すれば，教育の質が向上するわけでは決してない．

終章

精神・制度・資源の再構築
みんなのための大学政策

精神と制度に偏った改革論

　「教育と経済」および「教育と社会」の実証分析を重ねるにつれて確認させられてきたのは，社会経済システムという扇の要に位置するのが教育だという認識だった．教育を変えれば，経済と社会が変わるのではないか．豊かな経済と社会を設計するためには，教育を豊かにすればよいのではないか．そして，よりよい教育システムを設計するためには，対象を計測し，制御する変数を特定しなければいけないが，教育の経済分析は，そのための情報を提供してくれる．このような感想をもってきた．素朴な設計主義だが，このような発想は，時代遅れであり，20世紀後半からの新しい風にまったく合わないのかもしれない．福祉国家が挫折し，設計よりも（自由市場による）生成が重視される時代である．

　20世紀は，経済の主導権をめぐる「政府と市場」の格闘の歴史であり，4半世紀の後半は，政府よりも市場重視という「考え方」の力が，国際政治ドラマの基底に据えられていた（ヤーギン／スタニスロー，2001）．福祉国家のような大きな政府と官僚規制が財政難をもたらし，経済の活力を弱体化させた．したがって，市場主義による小さい政府と規制緩和が，国家の財政難を救い，経済の活力を復活させるという論理である．

　1991年以降の大学改革を動かした背後にあるのは，この「考え方」の力である．新制大学の抱えた制度的困難の解決に取り組んだのが，15年改革だった．長く先送りされてきた困難の解決に着手できたのは，市場重視と規制緩和の政治力学があったからである．目に見えない「考え方」の威力には驚かされる．

ところが，大学改革の現場に身を置いていれば分かることだが，世界を動かす考え方の大状況と日本の大学という小状況とは同じでない．小さな政府を求めるのが大状況だが，日本の大学財政は，すでに世界に類をみないほどに「小さな政府」である．授業料が無償の大きな政府を小さくしたいというなら分からぬわけではないが，授業料に90％依存した小さな政府の私立大学をさらに小さくするのは適切ではない（第8章）．いまよりさらに市場に委ねるよりも，ベターな大学システムを設計するのが賢明である．

　市場重視という考え方の力よりも重要なのは，日本の大学を考える力である．この力を呼び起こすためには，2つのステップが必要である．第1は，「大学とは何か」という問いに立ち返ることである．最近になって目立つのは，教育学以外の専門領域からの発言である．今の大学に強い危機感を覚える大学人が増えたからだろう．社会学者の吉見は，この問いに真正面から向きあっている．多くの大学論が，この問いの答えを自明のものとして現状分析に進んでしまうことを疑念し，大学の理念の再定義を試みている（吉見，2011）．経済学者の猪木も，この問いからスタートした大学論を著している（猪木，2009）．ひとつの断面を切り取れば，両者に共通しているキーワードは「リベラルアーツ＝教養」である．キーワードは同じでも，その捉え方は異なっている．猪木は，古典との対話による教養教育の復活を待望している．吉見は，自由を志向するメディアとしての大学を歴史的に探訪し，専門分化した知の再編集をめざした新しいリベラルアーツ論を展開している．

　ひとつの切り口の紹介にすぎないが，「教養なき大学は大学ではない」という認識は，多くの大学論に共有されている．しかし，教養教育，一般教育，リベラルアーツという言葉は結構悩ましい．舘が指摘するように，アメリカの言葉と日本語の訳語とでは大きなズレが生じて，しばしば教育論議を混乱させる（舘，2006）．アメリカと対比させながら，日本における一般教育の変容過程を分析した吉田の『大学と教養教育』を読むと，教養教育を実践することの難しさがよく分かる（吉田，2013）．

　大学とは何かという問いも，教養とは何かという問いも，混乱するのが常態かもしれない．誤解を恐れずにいえば，この常態を積極的に肯定して，問いの開放性と多数性を許容するのがよい．世界中の大学の数ほどに，それぞれ固有

の建学の精神がある．マクロの大学システムを考えるためにも，多数の精神論があってよいと思う．理念的な問いの開放性は，大学現場を知らない外野の素人の参入にもしばしば寛容である．眉をひそめたくなる精神論が公の場で語られたりもするが，それすらも許されるほどに大学論は開放的である．

　しかしながら，考える力を第2のステップに飛躍させるためには，精神論を現実の世界に接続させなければならない．精神を形にしなければいけない．それには2つの方法がある．ひとつが法による制度化．いまひとつが，制度に投入される資源（人・カネ・モノ）の配分である．この2つを区別して，法による制度設計を「制度論」，資源の配分を「資源論」と呼んでおきたい．

　現実の世界に接続させるプロセスで，精神論の数々が淘汰される．多くの人に支持される，あるいは納得する正当性が担保されなければならないからである．そのためには，開かれた討議と現状分析による検証が不可欠になる．優れた精神論が提起されなければ，陳腐な討議と稚拙な現状分析になってしまう．第1ステップの重要性はここにある．

　精神論・制度論・資源論という分類枠組を設定したのには，2つの理由がある．ひとつは，改革という言葉と政策という言葉を区別しておきたいと考えるからである．改革は，制度の変更であり，政策は資源配分の変更である．よりよい大学の姿（精神）を求めて，法制度が変更されてきた．これが改革である．しかし，同時に，よりよい大学をつくるためには，大学に投入する資源の配分を変更する政策が必要である．資源の中でもとくに，お金の配分，予算の配分が重要だ．社会のニーズにあわせて，希少な資源を割り当てるのが社会政策の枠組である．

　いまひとつの理由は，大学改革のみならず，日本の教育改革が，精神論と制度論に偏っていることを指摘するためである．偏っているばかりか，2つの間に必要な討議と現状分析が不足している．吉見は，「（大学とは何かの）問いの答えを自明のものとして現状分析に進んでしまうこと」の疑念を述べているが，一番の問題は，現状分析をせずに，問いの答（精神論）を自明のものとして制度を改革するところにある．極端な場合には，あるべき姿を定義して，その実現のために法の改正を実施するという改革プロセスが登場する．愛国心を培うために教育基本法を変えるとか，学長等のリーダーシップを発揮させるために

学校教育法を変えるという発想である．文科省の「大学改革実行プラン」（2012年）をみても，「社会を変革するエンジンとしての大学」という精神的標語にさまざまな改革群が吸収されている．どのようなエンジンなのかを解明するのが現状分析だが，エンジンのメカニズムにはまったく触れていない．改革群を読んでいると，文科省の役人の忙しさが垣間見える．いままでに議論されてきた事柄が列挙されているのは，短期に成果（手柄）を挙げたがる政治の時間に追い立てられている証だろう．文科省は，他の省庁と比較して圧倒的に長い時間の住民でなければならない．「場当たり的改革から脱却して，原理原則を踏まえた改革にシフトしなければならない」（舘，2013）という指摘に向き合うゆとりが必要だ．

資源論からの政策──資源配分の原理と学生の行動

　法による制度設計が支配的なのは，文科省の長い歴史の積み重ねによる．官僚のほとんどが法学部出身者で占められる専門家集団だから，法の社会設計は得意技である．近代国家建設以来の伝統技になっている．しかしながらもちろん，資源論がないわけではない．それどころか，官僚の行動原理は予算獲得の最大化である．多くの予算を獲得できなければ，仕事の成果として認められない．したがって，審議会の答申，および改革提案では，必ず「財政措置」の項が設けられ，法と予算の2つを兼ね備えた形式になっている．文科省の概算要求をみれば，「学生が安心して学べる環境の実現」と「社会変革のエンジンとなる大学づくり」を目的として，各種の事業予算がきめ細かく組み込まれている．「きめ細やかなファンディング」（『将来像答申』2005年）による財政的支援が，政府の資源論である．

　精神・制度・資源の3つの整合性を考慮して改革を進めている．それが政府の認識だと思う．しかし，資源論からの政策を重視し，財政からの大学設計を構想する立場からすると，「法制度の改革案」を「財政的に措置する」あるいは「支援する」という発想がものたらない．「きめ細やかなファンディング」よりも「骨太のファンディング」が優先されるべきだろう．「改革と政策の統合」を理想モデルにすれば，日本の現状は，「法制度中心の改革」モデルになっている．「精神論」の措定を出発点として，法律を改正する．その精神と制

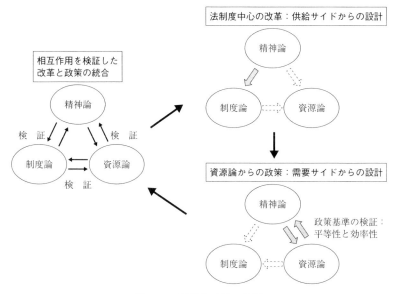

図 12-1　改革と政策の構図

度をサポートするために財政措置という資源論が連なっている．つまり，精神論→制度論→資源論という流れになっている．この関係を図化したのが図 12-1 の右上である．同時に，「法制度中心の改革」は，基本的に大学を供給するサイド（文科省目線）からの設計になっている．教育を享受する需要（学生）サイドの視点が希薄である．

現状のアンバランスを回復し，相互に検証された大学設計を構想するためには，大学論の焦点を資源論に移し，需要サイドからの政策を強化する必要がある．その意図を特徴的に描くと，図の右下のようになる．「資源論と精神論」の検証に基づいた政策を構築し，それを支援する制度を検討する道筋である．「資源論からの政策」モデルのポイントは 3 つある．

ひとつは，資源の配分によって学生の行動が変わることである．したがって，資源配分と学生の行動との関係が実証的に把握されなければならない．そうでなければ，精神論と資源論の関係が分からない．高校生の進路選択，および学生の学習と就職選択，つまり第Ⅰ部と第Ⅱ部の分析は，精神論と資源論の関係を認識するための作業である．このモデルは，学生目線の需要サイドアプロ

終章　精神・制度・資源の再構築──241

ーチになる.

　第2のポイントは，資源配分を判断する政策基準を数量的に明示することである．それが，機会の平等と2つの効率（学習と雇用）である．平等と効率の基準に基づいて，どのような資源配分が望ましいかを判断しなければならない．「計測」がなければ，「制御」できない．

　第3に，資源の中でも，お金が重要である．資金投入によって，学生の行動が変わる（制御できる）からである．学生の進路選択を規定する要因は，親の家計（経済資本）だけではなかった．親の文化資本，本人の生得的能力から大きな影響を受けている．しかし，文化資本や生得的能力は，自分の力でも，他人の力を借りても，変えることはできない．しかし，お金の多寡は，他人の協力や政府の援助によって制御できる．経済変数（所得や授業料）の有効性はここにある．制御という言葉に違和感を覚えるかもしれない．しかしあえて使っておきたいのは，「経済変数以外の変数で，他人の行動を制御するのは危険だ」という経済原理の長所を強調したいからである．経済変数以外というのは，政治権力や道徳的規範である．経済変数の変更は，強制を含意しない．資源配分の変更によってどのように行動選択するかは，本人の自由である．日本的家族と日本的雇用に閉じ込められた学生を解放する唯一の方法は，「親負担主義」からの解放である（第10章）．制御できるのは，親負担主義を改めることだけである．18歳主義，卒業主義を法律で制御するのは難しい．

経営と政策の協調を考える理由

　資源論からの政策設計が，本書のモチーフである．ところが，ここでの実証分析が大学改革を議論する土俵に登場することはこれまでほとんどなかった．改革の検証とは無縁になっている．不思議なことだが，現実が「経営と政策の協調」モデルになっていない証でもある．日本の大学経営がひよわだと述べたが，政策論議もひよわである．改革すべき制度問題が残されていないわけではないが，今までに十分な議論の蓄積がある．むしろ，法制度改革を一時休眠にしてでも，政策論議を活発にするのがよいと思う．

　経営と政策の協調を提起する理由を説明しておきたい．大学改革の目的は，教育と学習の質の向上にある．これを目的としたとき，精神・制度・政策のう

表 12-1　改革と政策と経営の効果

	教育の質的向上	学ぶ学生の量と属性
精　神	△	×
制度（改革）	△	△×
資源（政策）	△	○
経　営	○	△×

ちのいずれが有効かを考えてみよう．大学教育の精神を明示すれば，学生の学ぶ意欲を喚起させるかもしれない．その可能性がないとはいえないが，大きな質的向上をもたらすとはいいがたいだろう．○×で評価するのは乱暴だが，中間の△程度ではないだろうか．法制度の改革も，資源政策の効果も同じ△といえる．この評価表を示すと表 12-1 のようになる．

このように考えると質の向上に最も大きな効果が期待されるのは，マクロの精神・制度・資源ではなく，ミクロの経営革新だといえる．個々の大学の経営努力なくして，質の向上はない．質を向上させる可能性が最も高いのは経営である（○評価）．

しかし，大学をよくする目的は，質の向上だけではない．もうひとつの重要な目的がある．学ぶ学生の量的変容である．在学生の数と社会的属性を変える必要がある．学生数の規模を大きくしたり，場合によっては，縮小したりしなければならない．それだけでなく，誰が学ぶかが重要だ．貧しくて進学できなかった子弟が入学できるように，さらに，高卒・短大・専門学校を卒業して働いている社会人が，大学に行けるようにする必要がある．

「大学とは何か」という問いは，いつも肝に銘ずべきだが，同時に重要なのは，「誰のための大学か」という問いである．一部の優れたエリートを養成するためだけに大学があるのではない．大衆のための大学とは，誰のためなのか．学ぶ希望を持つ潜在的需要を把握し，需要に応じた教育を提供することが重要である．

「学生の量と社会的属性を変える」という第2の目的に対する，精神・制度・政策，および経営の効果を評価してみよう．機会の平等主義の精神を謳っても，精神論によって，学生の進路選択が変わるとはあまり考えられない．法

制度を改革しても，いま以上の効果はあまり期待できそうにない．ただし，入学資格を法的に厳しくして，進学を規制すれば，学生規模を減らす効果はある．市場競争に委ねられた現状では，入学規制が強化されるとは思えないが，論理的にはありうる選択である．その可能性を含めれば，△×の両論がありうる．精神と制度の効果と比較して考えれば明らかなように，資源配分の政策が，学生の量と社会的属性を変える唯一の方法である．したがって，資源論の効果は〇の評価になる．

この3つに対して，経営の効果は，やや微妙だろう．自分の大学の学生の量と社会的属性を変えることはできる．しかし，全体の学生に与える効果は小さいだろう．その意味で，△×の両論併記としておく．

評価の根拠は大胆にすぎるが，改革と政策と経営の効果をまとめて表示したのが，**表12-1**である．これによれば，政策と経営の2つが，2つの目的を達成する最も有効な組み合わせだといえる．2つが協調すれば，2つの目的を達成する効果が一番大きくなる．法による制度の整備は，大学を支援する有効な方法だが，それだけでは，教育の質の向上に結びつかない．政府が，何かと大学に改革圧力をかけているのは，「経営なくして改革なし」と考えているからだろう．政府の気持ちが分からないわけではないが，大学に圧力をかけるよりも優先すべき政府の仕事がある．誰のために大学があるかを考え，大学を支援する資源配分の政策を打ち出すことである．

平等と効率の政策的含意——教育投資が経済を変える，社会を変える

以上がよりよい大学を設計するための道具立てである．この枠組と第Ⅰ部と第Ⅱ部の現状分析を重ねて，資源論からの政策モデルを考察しておきたい．

分析結果の要点をまとめておくと次のようになる．

①大学教育は効率的な投資である（第7章）．

大学教育の経済効果は，減少するどころか，増加している．大学が大衆化すれば，進学するメリットは小さくなると思い込まれているが，決してそうではない．1960年から80年にかけて，経済効果は減少したが，2000年以降，上昇に転じている．スキル偏向的技術進歩が，大卒の労働需要を高めているからで

表12-2 学力別の収益率が等しいという関係図

	高卒の所得	<	大卒の所得	→	収益率（教育の所得増加率）
学力上位(1)	W（高1）	<	W（大1）	→	（W大1−W高1）／（W高1）
	∨		∨		∥
学力中位(2)	W（高2）	<	W（大2）	→	（W大2−W高2）／（W高2）
	∨		∨		∥
学力下位(3)	W（高3）	<	W（大3）	→	（W大3−W高3）／（W高3）

ある．この傾向は，アメリカでさらに顕著であり，OECD諸国で共通にみられる現象である．

②日本の収益率は世界の平均よりも大きい（第7章後半）．

教育年数が1年増加することによって所得が何パーセント増えるか，という収益率指標によれば，日本は9％になる．この数値は，豊かな国の平均値（7.4％）よりも大きく，所得格差の大きいアメリカ（10％）よりはやや小さい．

③中学校の学業成績を考慮しても，収益率は同じである（第7章）．

学力がないのに進学するのはムダだという思い込みが強いが，学力別の収益率を計測すれば，誰でも大学に進学すれば報われる市場評価になっている．シンプルな構造だが，分析結果の要点をまとめておくと表12-2のようになる．

学力が高いほど所得は高く，高卒よりも大卒の所得は高い．学力と学歴をクロスしてもこの大小関係に変わりはない．高卒グループの所得を比較すれば，高卒の上位(1)は，中位(2)よりも，中位(2)は下位(3)よりも高い．大卒も同じ．しかし，同じ学力の高卒と大卒を比較した収益率は，ほとんど変わらない．上位(1)の収益率は，進学による所得の増分（上位大卒と上位高卒の差）を上位高卒所得で割った比率になる．この比率（収益率）は，中位，下位の学歴間と比較しても変わらないという結果になる．

④所得税収入の増加を考慮すると，私立大学の収益率は，本人の私的収益率よりも，財政収益率の方が大きい（第8章）．

所得税の累進性により，大卒者は高卒者よりも生涯に1300万円多い税金を納めている．その税金額に比べると私学助成の補助金額は少なすぎる．税収入増は，教育の外部効果の最小基準である．チームワークによって仕事する場面を想定すれば分かるように，個人の知識はまわりに波及する．外部に波及する

効果を加味すれば，教育の効果は，自分のためだけでなく，みんなのためになる．

⑤教育の経済効果を考慮すると，進学機会の不平等を是正することは，精神論ないし政治上の課題ではなく，優れて経済効率的な判断である（第1章～第6章）．

第Ⅰ部の分析と考察で述べたように，育英主義（優秀者の進学機会を平等化する）的な平等観にとらわれず，「平均人の間にある機会の不平等」に焦点をあてる時代に入っている．それが大衆化した大学の機会問題である．社会学者のグループが，「教育機会の平等」がなぜ望ましいのか，どのように正当化されるのか，について理論的な再検討を重ねている（宮寺編，2011）．理論的検討は，多数の論点を知る上で有益であり，精神論の討議を活性化してくれる．機会の不平等をもたらす社会的・経済的・文化的要因は多様であり，不平等の原因のすべてを特定するのは不可能だろう．ありそうもない抜本的な解決よりも，部分的だが漸次的アプローチを優先する本書のモチーフからすれば，進路選択の「経済制約」を緩和する政策が多くの人に共有できる戦略になる．

⑥教育の効果測定については，スクリーニング仮説からの批判が根強い．日本の場合は，新規学卒一括採用と企業内教育による人材育成という雇用特殊性が，スクリーニング仮説の気分を助長している．世界の大学が大衆化している現状で，いつまでもスクリーニング仮説に固執するのは奇妙だと思う．完璧な証拠を挙げるのは難しいが，学力別の収益率計測はひとつの証拠になる．第9章の卒業生調査の分析では，「学び習慣」仮説を提示した．コロンブスの卵のような仮説だが，こうした調査研究の必要性と重要性を示すことはできたと思う．

⑦教育投資の拡大による収益率の低下は，豊かな平等社会の実現である．

技術進歩によって増加する大卒労働需要を上回るスピードで大卒者を供給すれば，教育投資効率は低下する．しかし，収益率の減少は悪いことではない．経済と社会の平等化という大きなテーマについては掘り下げられなかったが，紹介したG & Kは，技術進歩のスピードに負けない教育投資が，経済の平等化を促すことを明らかにしている（Goldin and Katz, 2009）．さらに重要なのは，所得の平等化が，社会病理の減少をもたらすという研究成果に注目することだ

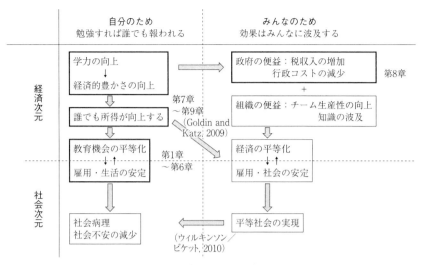

図12-2 教育の効果と社会の循環

ろう（ウィルキンソン／ピケット，2010）．ウィルキンソンとピケットは，社会の病理を格差のコストとして把握している．精神衛生と薬物濫用，肉体的健康と平均余命，肥満，子どもの学業成績，暴力など，社会病理の国際比較統計データが収集され，分析されている．それによると，各国の病理と所得水準との間に，統計的に有意な相関関係はみられない．つまり，経済的に豊かになれば，社会病理が減少するという法則性はない．ところが，各国の所得不平等を説明変数にすると有意な相関関係がみられる．不平等が大きい国で，社会病理が深刻になっている．よりよい社会を建設するためには，経済的豊かさではなく，経済的な不平等を是正するのがよいことになる．国レベルの平均値を比較した分析だが，思いのほかクリアな統計数字が並んでいて考えさせられる．教育と社会経済の平等化を考察する上で貴重な視点を提供している．

　本書ではそこまでの広い範囲を射程に入れていないが，大学教育の効果を測定する次元は，かなり大きな範囲にわたることは確かである．結果の要約をまとめたのが図12-2である．この図は，教育効果を解釈する2つの次元を示している．ひとつは，誰のための教育か，という次元（横軸）である．それを

「自分のため」と「みんなのため」の連続体として表示した．いまひとつは，経済次元と社会次元の区分（縦軸）である．この2つがそれぞれに相互浸透したものとして表示した．大学への投資は，自分のため，みんなのための経済的豊かさをもたらすだけではない．経済の平等化によって安心できる社会が形成される．ひとつの解釈図だが，大学政策を構想し，秩序立てる目安を提供している．「社会を変革するエンジンとしての大学」を表現した断面図だといえる．

世論の失敗——教育劣位社会日本の病

　このような社会の好循環は，絵に描いた餅ではなく，政府統計と社会調査に裏づけられた具体的な姿である．有能な生徒が，家庭の事情で進学を断念せざるを得ないのは，本人のためだけでなく，社会の損失だといわれることがしばしばある．この損失説は，能力が十分備わっているか，いないかにかかわらず，誰にでも通用する．最大限に譲歩しても，私立大学の授業料負担を少なくして，私学助成を拡大させるのが理にかなっているし，進学需要の分析からすれば，授業料を安くすれば，大学志願率はプラスになる．

　こういう分析結果を経験している立場からすれば，教育費負担に関する世論調査の結果には驚かされる．序章で紹介した「個人負担か社会（税金）負担か」の授業料負担の意識のことである．とりわけ驚くのは，ベネッセの保護者調査である．国立大学は税金で，私立大学は個人で，と明確に区分している．

　教育政策の意思決定に影響を与えているのは，経済合理性ではなく，社会意識の反映だといえる．経済合理性と社会意識がズレるという分析経験がいくつか重なって，私たちは「教育費の社会学」という研究プロジェクトを立ち上げた．その一環として，教育だけでなく，年金・医療・雇用などの社会保障政策を含めた意識調査を実施した（教育と社会保障の全体を，以下では生涯政策と呼んでおく）．一般市民（成人）の世論調査である．その研究成果の報告は近いうちに公刊する予定なのでそちらに譲るが，調査の一端を紹介して，日本の教育政策の特質を指摘しておきたい（矢野，2012）．

　限られた希少な資源を割り当てるためには，政策の優先順位を決めなければならない．「教育は大切だ」と誰もが言うけれども，生涯政策の優先順位が低ければ，教育に回す資金は増えない．そこで，税金が投入される生涯政策の優

表12-3 生涯政策の優先順位　　　　　　　(%)

～より (A)	教育政策	雇用政策	医療介護	年金政策
教育政策		68.1	79.6	66.0
雇用政策	31.9		57.5	45.4
医療介護	20.4	42.5		36.2
年金政策	34.0	54.6	63.8	
選好スコア	86.3	165.2	200.9	147.6

先順位の意識を調べた．取り上げた項目例は，次の4つである．

①必要に応じた教育を受けることができる環境を整備する「教育政策」
②働く意欲のある人が仕事に就くことのできる環境を整備する「雇用政策」
③十分な医療や介護の環境を整備する「医療・介護政策」
④年金の安定と高齢者の経済生活を保障する「年金政策」

　この4つを一対比較するために，6つの組み合わせを示して，「どちらを優先すべきだと考えるか」を調べた．4つの教育政策の選好順位調査である．2つのペア（AとB）項目に対して，タテのAよりもヨコのBを優先したいと考える人の割合（％）を示したのが，表12-3である．
　たとえば，教育政策と雇用政策のペアを比較した場合，68％の成人が，教育よりも雇用を優先すると回答している．逆に，32％の人は，雇用より教育を優先している．ヨコ（B）の教育政策をタテに見れば分かるように，いずれと比較しても低い数値になっている．このことは，教育を優先する割合が，他の3つと比べて低いことを意味している．4つの政策順位を簡便的に一次元化するために，％をタテに合計し，それを選好スコアとして表の下欄に示しておいた．各政策の選好得点（％）を単純に足し合わせた数値である．
　雇用・医療介護・年金の3つのなかでは，やや医療介護の優先が高い（201点）けれども，この3つはかなり拮抗している．ここで顕著なのは，教育政策の優先順位がきわめて低い（86点）ことである．2割から3割の人からの支持を受けるにとどまっている．子どもがいる30代，40代の世代だけを取り上げても，教育政策の低い優先順位に変わりはみられなかった．生涯政策の優先順

表12-4 「税金が増えてもいいから,積極的に進めるべきだ」の賛成割合

(%)

	賛成	どちらかといえば,を含む
①雇用環境の整備	13.0	62.7
②医療・介護	23.5	78.0
③年金	19.0	69.3
④子どもの学力	12.6	61.5
⑤公立中高の整備	13.1	52.7
⑥高校の無償化	6.3	33.2
⑦大学進学機会	5.6	24.9

位ということからすると,教育は二の次,三の次といった劣位にある.

こうした優先順位調査に加えて,生涯政策に対する関心の強さ,および税金負担の意識についても調査した.「あなたは,さらに多くの税金が課せられることになったとしても,それぞれの施策を積極的に進める必要があると思いますか」という質問項目である.「税金が増えるなら積極的に進めなくてもいい」「どちらかといえば,税金が増えるなら進めなくもよい」「どちらかといえば,税金が増えてもいいから,積極的に進めるべきだ」「税金が増えてもいいから,積極的に進めるべきだ」の4件法である.「増税してもいいから」に賛成する割合を表に示しておく(表12-4).

税金の投入は,医療介護と年金が優先され,雇用と子どもの学力がこれに続く.しかしここでも,教育政策に対する税金投入の意思は,義務教育＞中等教育＞高等教育の順に低下する.税金を投入する意思からみても,大学教育の優先順位は低い.

ここでの結果は,富山県の成人調査の例だが,東京都,および全国を対象としてWeb調査でも,優先順位の傾向は変わらない.世論の意識によれば,教育に税金を投入する意識は弱く,優先順位が低い.こうした意識調査を踏まえて,日本社会を教育劣位社会と呼んで特徴づけた.詳しい分析の報告は近刊に譲るが,教育,とりわけ大学教育に税金の投入を求める政治勢力はきわめて弱い.

親負担主義に支えられた日本の大学システムを「習慣病になったニッポンの大学」と表現した(矢野,2011).3点セット(親負担主義,18歳主義,卒業主

義）の習慣病を改めないと日本の大学はよくならないと私は判断している．ところが，教育劣位社会日本の世論は，この病を支持している．税金を投入して授業料を下げるという合理的な政策にストップをかけているのは，世論である．大学の無償化を公約に掲げて選挙したとしても，国民の心（票）を摑むことはできず，しらけるだけだろう．大学教育よりも医療・介護の政策支援を訴えた方が勝つ選挙市場になっている．世論調査は，シルバー優位のポリテックスを映し出している．3点セットの病は，政策の失敗だと思っていたが，必ずしもそうではない．世論の失敗である．

政策から世論を変える

　しかしながら，世論が政策を決めてきたと解釈するのは間違いだろう．この因果関係は倒錯している．政策が世論を形成してきたと読むべきだろう．戦前の私立専門学校と戦後の私立大学の100年を振り返ってみればよい．公私の二元構造という長い歴史の蓄積が，世論をつくってきた．私立の高い授業料負担は，当たり前のこととして深く世間に浸透している．ヨーロッパ大陸の大学の授業料が無償であることを知っている学生はほとんどいない．

　こうした世論の背後にあるのは，育英主義の大学観と教育優位の家族観である．大学に進学するにふさわしいのは一部の優等生に限られるという育英主義の残滓が国立大学信仰となって現われている．能力があれば低授業料の国立に進学すればいい．進学するメリットのない大衆大学に行くか行かないかは，個人問題であり，自己責任だと思い込んでいる．こうした気分が，教育劣位社会を支えている．

　そして，教育劣位社会は，教育優位家族と表裏一体になっている．食費を削ってでも，わが子の教育費を最優先して家計を切り盛りしている．教育熱心家族は，どこの国でもみられるが，教育費負担も親の責任だと考えるところが凄い．教育に対する「意志」と「責任」の2つをあわせもつ意味を込めて，教育家族とよんでおきたい．教育家族に支えられて創られたのが日本的大衆大学であり，家族資本主義に規定された機会の不平等をもたらしている．教育家族といえば，わが子を温かく育む優しさを醸し出すが，その実態は逆説的である．教育家族の内実は，温かいどころか，他人に冷たく，利己的である．わが子さ

えよければいいという狭い了見が透けてみえるし，他人を思いやる経済的・精神的ゆとりに欠けている．現状の教育システムを前提にすれば，自分で自分を守るしかない生き残り戦略である．現状に対する諦めの反映だともいえる．

　利己的，あるいは諦めの意識と行動が，教育機会の不平等を見えにくいものにし，しかも，不平等の是正に向けた政治回路を切断している．その一方で，教育の経済分析は，利己主義的な教育観であり，教育を冷たくみる非人間的思想だと思い込まれている．しかし，教育における経済原理は，教育の公共性を浮き彫りにするあたたかさを秘めている．教育家族と経済原理は，ともに世間の通念とは真逆であり，逆説的である．

　時代は大きく変わった．学歴による所得格差が縮小した高度経済成長期は，平等化社会の実現であり，総中流社会を産み落とした．しかし，長い不況下にある経済は，不平等社会（格差社会）を深刻にしている．不況下の知識基盤経済はスキル偏向的技術進歩の時代である．スキルによる所得格差の拡大が所得の学歴間格差を大きくさせ，経済の不平等化をもたらしている．この不平等を是正するためには，大衆レベルのスキルを向上させなければならない．経済を元気にさせるためにも，格差社会を是正するためにも，新しい大学政策を展望し，政策によって世論を変えるという視点を強く意識する必要がある．世論に委ねていると，日本の大学はよくならない．

教育家族から教育社会へ──費用負担のパラダイムシフト

　平等と効率の基準による政策的含意と親負担主義からの脱却，この２つを重ねて解く鍵がある．それが高等教育の財政政策であり，教育費政策である．大学は誰のためにあるか，この基本的問いに立ち返って考えてみよう．

　何よりも教育は，本人のためにある．教育効果の直接的受益者は本人自身である．親と子どもの一心同体家族を想定すれば，本人の便益は家族の便益である．だから，親負担があたり前，という気持ちになる．しかし，誰が教育費を負担するかを考えるためには，親と本人は区別するのが道理である．奨学金による借金を返却するのは，本人である．

　その一方で，教育の効果は，みんなのためにもなっている．みんなのためになる教育を支えるためには，助け合いのマネーである税金を投入するのが理に

かなっている．無償の義務教育だけでなく，大学もみんなのためにある．

　したがって，費用負担は，本人・家族・政府の３つの主体のシェア関係として理解できる（図12-3）．大陸ヨーロッパや北欧の授業料は無償であり，政府責任主義の費用負担である．大学はみんなのためにあるという理念に支えられている．一方の極に，家族責任主義がある．日本の親負担主義であり，大学は家族のためにあると考えている．もうひとつの想定が，学生本人が負担するという自己責任主義である．奨学金（借金）とアルバイトで生活しながら卒業する苦学生のケースになる．日本では特殊なケースとされるが，オーストラリアでは，自己責任主義をベースにした高等教育拠出金制度（Higher Education Contribution Scheme：通称HECS（ヘックス）と略称）が導入されている．教育費の一部を本人が負担する契約をして，その金額を卒業後に本人が返却する方式である．貧しい学生だけでなく，すべての学生が借金する形になるが，その返却額は卒業後の所得によって変動する．失業の場合や最低所得水準に達しなければその年の返却は免除．イギリスの授業料導入も同じ方式の本人負担である．詳しくは，小林編（2012）を参考にしてほしい．

　親負担主義から脱皮するためには，３つのルートがある．オーストラリア方式を導入した自己責任主義へのシフト，北欧型の社会責任主義へのシフト，および２つをミックスしたルートである．図には，この３つを矢印で示したが，もうひとつ考えてよいのは，企業が費用負担に参加するケースである．教育の成果を享受するのは，卒業生を採用する企業である．そして，チームのメンバーが教え合って成長するのが組織の生産性であり，優秀な社員の知識は集団成員に波及する．教育の恩恵をあずかっている企業は，法人利益の一部を大学に投資してもいいはずである．政府の審議会や団体の報告書を通じて，財界はしばしば大学に注文を出している．大学に対する不満の声が大きいようだが，口だけでなく，積極的な資金援助によって，大学の発展に貢献してほしいと思う．産学連携によって素敵な教育プログラムを開発するのもいい．エリート教育が大事だというならば，財界の資金と力で，財界が求める素晴らしいエリート養成の大学モデルをつくってもほしい．エリート養成を目的とした中等教育学校を創設するよりも，新しい財界立大学をつくる方が，教育界に与えるインパクトは大きいはずである．

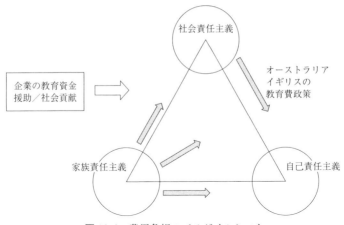

図 12-3　費用負担のパラダイムシフト

　私は，費用負担のパラダイムを大きく転換する必要性を強調して，授業料をタダにする提案をした（矢野，2012）．みんなで助け合う社会責任主義へのシフトである．極楽トンボの無謀な提案だと思われたかもしれないが，どちらが極楽トンボなのか，少し考え直してほしい．ひとつの極端なシフトを提起した理由は，次の3つを考えてほしかったからである．

　ひとつは，日本全体の教育費の規模感を知ってほしいということ．一般に私たちは，日常生活で使っているお金の単位の予算支出には敏感だが，日常生活に関係のない大きな単位の予算には鈍感である．この鈍感さが，国家予算に対する無関心として現われる．これはかなり危険なことである．大きい単位の金額は，おおよその理解で十分である．今の大学生の数は250万人ほどである．その学生たちが，1年間に100万円の授業料を支払っている．100万円×250万の総計はいくらか．1万×1万は1億だから，2.5兆円である．2.5兆円といえば，消費税1％分の金額である．消費税1％で授業料は無償にかなり近づく．

　教育費の問題を考えるには，こうした規模感をもっておく必要がある．しかし，実際には，消費税で教育費を賄うのは適切ではない．高所得ほど高い税率になる累進性の強い所得税をあてるのが望ましい．これが，大学の財政的収益率の源泉になる．ところが，日本の租税構造も，世界の潮流に棹さしながら，再分配機能を喪失しつつある．所得税による財源調達力が衰退しているからで

ある．佐藤と古市の推計によれば，2012年の所得税を1987年の税率に戻すと4.6兆円の増収になるという（佐藤・古市，2014）．

　高所得者層の支援と消費税によるみんなの協力を重ねれば，授業料をタダにすることは決して絵空事ではない．税金は，政府のお金ではない．みんなのお金である．みんなのお金は，みんなのためになる大学に使うのが望ましい．授業料を4年間にまとめて支払うから大きくなる．生涯の年数に分割すれば，負担感は小さくなる．税金は，長い期間に無償でお世話になった教育に対する後払いでもある．

　第2の理由は，いつでも誰でも自由に大学に入学したり，中退したりできる制度をつくるためである．学生を親から解放するためには，親負担主義を止めなければならない．そのためには，授業料をタダにするだけでなく，オーストラリア方式の自己負担を一部導入する方法も有力だろう．オーストラリアでは，18歳が成人．選挙権もあると同時に，税金を支払う番号が登録される．タックスナンバー制がなければ，卒業後の所得に応じた授業料の返還は不可能である．大学キャンパスは，親から解放された大人のためのものでなければならない．

　どのような費用負担が望ましいか．それを考えるためには，18歳主義を前提にしてはいけない．親が援助してくれるとは考えないで，25歳，あるいは30歳の社会人が，自立して大学に入学する場合を想定すべきである．社会人の学び直しが流行り言葉になっているが，その実現を図るためには，教育費の壁をできるだけ低くしなければならない．教育プログラムを開発したり，法制度を変えたりして，実現する話ではない．

　しかも，大学に進学しなかった社会人の数は，在籍学生数よりもはるかに多い．20代の高卒者総数は，およそ300万人．30代は600万人になる．短大・専門学校卒業者総数も，ほぼ同じ人数になる．40代以上の社会人が大学で学ぶことを考えれば，大学教育の潜在人口は膨大な数になる．彼らが学ぶ機会を準備することが，平等化政策の要である．18歳主義の平等化に限定してはいけない．

　第3の理由は，政策のグランドデザインを構想した上で，法制度の改革と整備が必要だということである．図12-1で述べた政策論→制度論の経路である．15年改革によって，主な制度改革は終わった．残っている課題を挙げれば，大

学の種別化構想だろう．すでに職業教育を担う新しい学校種を制度化する動きがみられる．大いに議論してほしいと思うが，基本的に政府の仕事は，制度論から政策論にシフトすべき時期にある．その上で，新しい政策論に基づいた新しい法の整備が必要になる．

　政府の資金を投入するということは，規制を緩和するのではなく，規制が重要になる．「市場化と規制緩和」のセットではなく，「公共化と規制」のセットがあってはじめて，大学教育の質が担保される．「お金があれば」「基礎学力がなくても」「誰でも」入学できる今の大学ではなく，「お金がなくても」「基礎学力さえあれば」「誰でも」入学できるようにするためには，基礎学力の選抜基準も明確に制度化する必要がある．勉強する意欲が湧かなければ，いつでも中退するのがいいし，やる気が出れば，いつでも復学するのがいい．出入りの自由化には，入学の経済制約を小さくするとともに，評価の厳格化が必要になる．納税者への説明責任が強く問われるからである．逆に，市場化を促進して規制を強化するのは，混乱するばかりか，規制が功を奏することはないだろう．

　人間資本理論の射程範囲はかなり広い．思いつきの幻想ではなく，平等と効率による政策を展開できるところが強みである．人間資本を見ないように，見えないようにするのではなく，あるいは，わが家・わが子の財産として独占するのでもなく，広く社会に広げる価値がある．子どもの教育を生活の中心においているのが教育家族．その教育を社会に大きく開いて，教育をみんなの人生の中心に据えるのが教育社会（Education-based Society）．教育家族から教育社会に拡大する戦略が費用負担のパラダイムシフトである．

みんなのための大学政策に向けて

　費用負担に特化した政策論に限定したが，個人の作業では，ここまでが限界だった．みんなのための大学政策を深く検証するためには，さらなる現状分析が必要である．精神論と政策論の相互作用を検証するために残されている課題は多いが，最後に，重要なポイントを3つだけ指摘しておきたい．

　第1に，ここでの分析には重大な欠落がある．非正規雇用・専門学校・大学院，および女性の研究である．深刻な格差社会の問題は，非正規雇用の増加にある．雇用機会と教育効果の関係には，未開拓な領域がたくさん残されている．

雇用と学歴の関係だけではない．雇用の多様性と学習効率の関係が解明されなければ，教育投資を積極的に支持する力にならないだろう．学習効率と雇用効率の接続については，学び習慣仮説を提起したにすぎなかった．学習のアウトカムが問われている現状に即して，アウトカムを高めるためには，どのような教育方法が効率的か．そして，そのアウトカムがどのような雇用効率にリンクしているのか．大学院，および女性の研究を含めて，ここまで深めた研究はいまだ暗黒大陸になっている．この分野は，教育の経営分析というべき領域と重なっている．経営と政策の協調を達成するためには，大学と政府の協力による実証研究の蓄積が不可欠になる．

　第2は，教育におけるマンパワー政策である．「不透明な時代」という枕詞が答申のタイトルに使われているが，不透明な時代を少しでも見えやすくするためには，未来の労働市場がどのようなマンパワーを必要としているかの指針を探らなければならない．サービス産業化とマンパワーの関係は，教育界ではとんど議論されない．文科省がこの領域に関心を持っていたのは，高度経済成長前夜の1950年代後半から60年前半に限られる．スキル偏向的技術進歩といってもそれがどのようなスキルを必要としているかは，まだほとんど分かってはいない．

　設置基準の緩和によって，福祉医療系，子ども教育系の学部学科が大量に設置されてきたが，その供給と需要のマッチングも，ほとんどチェックされていない．大学の自由選択に任せるにしても，産業構造の変容と労働需要の大きな流れを把握しておくのは，政策当局として欠かせない作業だろう．すぐに役立つ職業教育が必要だという声は大きいが，どのような職業が求められているのか，その実態が明らかにされている報告をみることはない．

　とくに大事なのは，地域別労働市場の変容である．地域レベルに応じて，学歴別労働市場の現在と未来を予測する必要がある．就職問題が深刻になって，中小企業と地方の就職開拓がさかんになっている．個別大学のミクロな就職情報とマクロの大卒需要を接続する実態把握がなければ，雇用政策も職業教育論も空転する．この問題の解明にも，（大学の）経営と（政府の）政策との協力体制が必要になる．

　第3は，学術政策である．本書は，もっぱら教育に特化した大学論である．

研究にまったく言及していない．研究を軽視しているからではない．「教養なき大学は，大学ではない」という考えに賛成だが，同時に，「研究なき大学は，大学ではない」．ただし，研究を狭く定義すべきではない．伝統的な学問のディシプリン（モードⅠ）だけでなく，マルチ・ディシプリンや知の応用研究（モードⅡ）も視野に入れなければならない（ギボンズ編，1997）．

　幅の広い研究の連続性を視野に入れて，学術政策を実のあるものにするためには，「人とお金と時間」の資源配分政策が最優先の課題になる．人もお金も時間も不足しているのが研究現場の実態である．教育よりも深刻な危機に直面している．この危機感は，大学人の間でかなり共有されている．しかし，大学人の思いを社会に説明するためには，研究の教育的・社会的・経済的効用を目に見えるようにしなければいけない．教育が社会を変える図式が成り立つのは，研究が教育と社会を変える力になるからである．研究の危機的問題を解決するためには，研究の理念（精神）と政策と制度との相互関係を検証する必要がある．

　科学技術政策のあり方については，科学技術振興機構による優れた報告がある（科学技術振興機構，2014）．研究資金の偏在，研究資金体制の不安定化，研究時間の圧迫という現状分析を踏まえて，日本の科学技術政策の問題点が明らかにされている．ここで提示されている改革が，実現することを期待したいと思う．しかし，科学技術の先端的研究に焦点があてられており，人文社会系の研究，および一般の大学の研究機能に対する検討までは含まれていない．みんなのための大学政策をさらに展開するためには，大学全般にわたる学術を視野に入れて，しかも，研究と教育の関連まで立ち入った検証が必要だろう．

　みんなのための大学政策を構想する道は平坦ではない．しかし，大学の教育と研究の経済的・社会的機能を浮き彫りにする作業が蓄積されなければ，日本の大学を考える力は湧いてこない．市場重視という考え方の力に流される先にあるのは，近視眼的な時間に追われたビジネスランドの大学である．冒険・時間・仲間は，ひとつの大学の話ではなく，みんながいつでも学べる未来の大学の使命である．教育世論が教育政策を決めるのではなく，新しい政策の提案と展開が新しい世論を引き出す．そのような新しい思考回路を説得的に水路づけられる政策研究が求められている．

参 考 文 献

阿部彩，2008，『子どもの貧困』岩波書店．
天野郁夫，1986，『高等教育の日本的構造』玉川大学出版部．
天野郁夫，1989，『近代日本高等教育研究』玉川大学出版部．
天野郁夫，2003，『日本の高等教育システム』東京大学出版会．
天野郁夫，2013，『高等教育の時代』（上・下）中央公論新社．
荒井一博，1990，「大学進学率の決定要因」『一橋経済研究』Vol. 40, No. 3: 241-249.
有賀健，2007，「新規高卒者の労働市場」林文夫編『経済停滞の原因と制度』（経済制度の実証的分析と設計1）勁草書房，pp. 227-263.
アングリスト，J. D.／J. S. ピスケ，2013，『ほとんど無害な計量経済学』（大森義明・小原美紀・田中隆一・野口晴子訳）NTT出版．
井門富二夫，1985，『大学のカリキュラム』玉川大学出版部．
石田浩，1989，「学歴と社会経済的地位の達成――日米英国際比較研究」『社会学評論』第159巻: 252-266.
市川昭午，2001，『未来形の大学』玉川大学出版部．
伊藤彰浩，1999，『戦間期日本の高等教育』玉川大学出版部．
猪木武徳，2009，『大学の反省』NTT出版．
今田幸子，1979，「学歴構造の趨勢分析」富永健一編『日本の階層構造』東京大学出版会．
岩脇千裕，2006，「高度経済成長以降の大学新卒者採用における望ましい人材像の変容」『京都大学大学院教育学研究科紀要』52．
ウィルキンソン，リチャード／ケイト・ピケット，2010，『平等社会――経済成長に代わる，次の目標』（酒井泰介訳）東洋経済新報社．
潮木守一，2008，「大学進学率上昇をもたらしたのは何なのか」『教育社会学研究』第83集: 5-21.
梅谷俊一郎，1977，「高等教育需要はなぜ増加するか」『ESP』12月号: 26-30.
浦坂純子・西村和男・平田純一・八木匡，2002，「数学学習と大学教育・所得・昇進――経済学部出身者の大学教育とキャリア形成に関する実態調査にもとづく実証分析」『日本経済研究』46号: 22-43.
OECD，2007，『図表でみる教育（2007年版）』明石書店．
OECD，2012，『図表で見る教育（2012年版）』明石書店．
OECD，2013，『図表で見る教育（2013年版）』明石書店．

太田聰一，2010，『若年者就業の経済学』日本経済新聞出版社．
太田聰一，2012，「大卒就職率はなぜ低下したのか——進学率上昇の影響をめぐって」『日本労働研究雑誌』No. 619: 29-44.
小椋正立・若井克俊，1991，「高等教育市場の量的規制に関する計量経済学モデル——なぜ受験競争はなくならないのか」『日本経済研究』No. 21: 14-33.
オルテガ・イ・ガセット，J.，1996，『大学の使命』（井上正訳）玉川大学出版部．
科学技術振興機構，2014，『我が国の研究費制度に関する基礎的・俯瞰的検討に向けて——論点整理と中間報告』科学技術振興機構・研究開発戦略センター（http://www.jst.go.jp/crds）．
金子元久，1987，「教育機会均等の理念と現実」『教育社会学研究』第42集: 38-50.
金子元久，1988，「受益者負担主義と『育英』主義——国立大学授業料の思想史」『大学論集』17: 67-88.
苅谷剛彦，2000，「学習時間の研究——努力の不平等とメリトクラシー」『教育社会学研究』第66集: 213-229.
苅谷剛彦，2001，『階層化日本と教育危機』有信堂高文社．
苅谷剛彦，2004，『教育の世紀』弘文堂．
苅谷剛彦・本田由紀編，2010，『大卒就職の社会学』東京大学出版会．
菊池城司，1982，「教育需要の経済学」市川昭午・菊池城司・矢野眞和『教育の経済学』第一法規．
菊池城司，2003，『近代日本の教育機会と社会階層』東京大学出版会．
吉川徹，2006，『学歴と格差・不平等』東京大学出版会．
ギボンズ，M.編，1997，『現代社会と知の創造』（小林信一監訳）丸善．
草原克豪，2008，『日本の大学制度』弘文堂．
クリステンセン，クレイトンほか，2008，『教育×破壊的イノベーション』（櫻井祐子訳）翔泳社．
黄福寿，2014，「大学カリキュラムに関する研究」『大学論集』第46集: 17-28.
国立教育研究所編，1974，『日本近代教育百年史』（全10巻）教育研究振興会．
小林雅之，2008，『進学格差——深刻化する教育費負担』筑摩書房．
小林雅之編著，2012，『教育機会均等への挑戦——授業料と奨学金の8カ国比較』東信堂．
櫻井宏二郎，2011，『市場の力と日本の労働経済』東京大学出版会．
佐藤滋・古市将人，2014，『租税抵抗の財政学』岩波書店．
島一則，1999，「大学進学行動の経済分析——収益率研究の成果・現状・課題」『教育社会学研究』第64集: 101-121.
島一則，2013，「教育投資収益率研究の現状と課題」『大学経営政策研究』第3号: 17-35.

島一則，2014,「大学教育投資の経済効果」『季刊個人金融』2014 春: 2-14.
スティグリッツ，J. E., 2012,『世界の 99% を貧困にする経済』(楡井浩一・峯村利哉訳) 徳間書店.
舘昭，2006,『原点に立ち返っての大学改革』東信堂.
舘昭，2013,『原理原則を踏まえた大学改革を』東信堂.
田中寧，1994,「戦後日本の大学教育需要の時系列分析——内部収益率理論の再考察」『経済経営論叢』第 28 巻第 4 号, 京都産業大学: 73-95.
中央教育審議会大学分科会，2005,『我が国の高等教育の将来像（答申）』文部科学省.
中央教育審議会大学分科会，2014,『大学のガバナンス改革の推進について（審議のまとめ）』文部科学省.
ドラッカー，P. F., 1991,『非営利組織の経営——原理と実践』(上田惇生・田代正美訳) ダイヤモンド社.
トロウ，M., 1976,『高学歴社会の大学』(天野郁夫・喜多村和之訳) 東京大学出版会.
トロウ，M., 2000,『高度情報社会の大学』(喜多村和之編訳) 玉川大学出版部.
長尾由希子，2008,「専修学校の位置づけと進学者層の変化——中等後教育機関から高等教育機関へ」『教育社会学研究』第 83 集.
長須正明，2006,「高校新卒者の就職状況——現状と課題」『日本労働研究雑誌』No. 557: 31-40.
中村二朗，1992,「大学進学の決定要因」『経済セミナー』No. 453: 37-42.
新原浩朗，2003,『日本の優秀企業研究』日本経済新聞社.
日本学術会議編，2010,『大学教育の分野別質保証の在り方について』日本学術会議.
日本学生支援機構，2006,『日本育英会史——育英奨学事業 60 年の軌跡』独立行政法人日本学生支援機構.
日本高等教育開発協会・ベネッセ教育総合研究所，2014,『大学生の主体的な学習を促すカリキュラムに関する調査報告書（ケーススタディ編）』ベネッセ教育総合研究所.
馬場浩也，2012,「戦後日本の男子進学率の分析——供給側の制約の影響を中心に」『日本経済研究』No. 67: 57-78.
濱中淳子，2013,『検証・学歴の効用』勁草書房.
濱中義隆，2013,「多様化する学生と大学教育」広田照幸ほか編『大衆化する大学——学生の多様化をどうみるか』岩波書店.
濱中義隆・米澤彰純，2012,「高等教育の大衆化は何をもたらしたのか？——グレーゾーンとしての『専門学校』」佐藤嘉倫・尾嶋史章編『現代の階層社会 1　格差と多様性』東京大学出版会.
原芳男・矢野眞和，1975,「人材の独占——企業と大学」『中央公論・経営問題夏季号』.
樋田大二郎ほか編，2000,『高校生文化と進路形成の変容』学事出版.
藤野正三郎，1986,『大学教育と市場機構』(一橋大学経済研究叢書 36) 岩波書店.

Benesse 教育研究開発センター・朝日新聞社，2013，『学校教育に対する保護者の意識調査』Benesse 教育研究開発センター．
北条雅一，2011，「学力の決定要因」『日本労働研究雑誌』No. 614: 16-27.
ボック，デレック，2004，『商業化する大学』（宮田由紀夫訳）玉川大学出版部．
松繁寿和，2002，「社会科学系大卒者の英語力と経済的地位」『教育社会学研究』第 71 集: 111-129.
松繁寿和編著，2004，『大学教育効果の実証分析——ある国立大学卒業生たちのその後』日本評論社．
三木義一，2015，『日本の納税者』岩波新書．
蓑谷千凰彦，1996，『計量経済学の理論と応用』日本評論社．
耳塚寛明，2007，「小学校学力格差に挑む——誰が学力を獲得するのか」『教育社会学研究』第 80 集: 23-38.
宮田由紀夫，2012，『米国キャンパス「拝金」報告』中央公論新社．
宮寺晃夫編，2011，『再検討 教育機会の平等』岩波書店．
ムーア，G.，2002，『キャズム』（川又政治訳）翔泳社．
諸富徹，2013，『私たちはなぜ税金を納めるのか——租税の経済思想史』新潮選書．
文部省，1962，『日本の成長と教育』帝国地方行政学会．
文部省，1980．『教育白書』．
ヤーギン，ダニエル／ジョゼフ・スタニスロー，2001，『市場対国家——世界を作り変える歴史的攻防』（上・下）（山岡洋一訳）日本経済新聞社．
矢野眞和，1980，「学歴主義の構造と転換」山村健・天野郁夫編『青年期の進路選択』有斐閣．
矢野眞和，1982，「入学と就職の経済学」市川昭午・菊池城司・矢野眞和『教育の経済学』第一法規．
矢野眞和，1984，「大学進学需要関数の計測と教育政策」『教育社会学研究』第 39 集: 216-228.
矢野眞和，1987，「女子教育の経済効果と地位」袖井孝子・矢野眞和編『現代女性の地位』勁草書房．
矢野眞和，1992，「教育計画」『教育社会学研究』第 50 集．
矢野眞和，1996a，『高等教育の経済分析と政策』玉川大学出版部．
矢野眞和，1996b，「家計の教育費からみた日本の高等教育」『高等教育の経済分析と政策』玉川大学出版部．
矢野眞和，2001，『教育社会の設計』東京大学出版会．
矢野眞和，2005，『大学改革の海図』玉川大学出版部．
矢野眞和，2011，『「習慣病」になったニッポンの大学』日本図書センター．
矢野眞和，2012，「学力・政策・責任」『教育社会学研究』第 90 集: 65-81.

矢野眞和，2015，「カリキュラム改革の動向からみたイノベーション教育の意義」『工学教育』63巻1号，日本工学教育協会．
矢野眞和・濱中淳子，2006，「なぜ，大学に進学しないのか」『教育社会学研究』第79集：85-104．
矢野眞和編，2012，『教育費政策の社会学』文部科学省科学研究費補助金報告書．
山内乾史・原清治編著，2010，『日本の学力問題』（上・下）日本図書センター．
山田礼子，2012，『学士課程教育の質保証へむけて』東信堂．
山野良一，2008，『子どもの最貧国・日本』光文社新書．
ヤング，M., 1958，『メリトクラシー』（窪田鎮夫・山元卯一郎訳）至誠堂．
吉田文，2013，『大学と教養教育——戦後日本における模索』岩波書店．
吉見俊哉，2011，『大学とは何か』岩波書店．
ロジャーズ，E., 2007，『イノベーションの普及』[第5版]（三藤利雄訳）翔泳社．

Becker, G. S., 1964, *Human Capital: A Theoretical and Empirical Analysis, with Special Reference to Education*, NBER, 2nd ed., 1975, 3rd ed., 1993（佐野陽子訳，1976，『人的資本——教育を中心とした理論的・経験的分析』東洋経済新報社（2nd ed. の翻訳））．
Blaug, M., ed., 1968, *Economics of Education 1*, Penguin Books.
Brown, Phillip, 1990, "The Third Wave: education and the ideology of parentocracy," *British Journal of Sociology of Education*, Vol. 11, No.1.
Clark, B. R., 1973, "Development of the Sociology of Higher Education," *Sociology of Education*, Vol. 46: 2-14.
Dore, R. P., 1965, *Education in Tokugawa Japan*, Routledge and Kegan Paul（松居弘道訳，1970，『江戸時代の教育』岩波書店）．
Foot, D. K. and B. Revin, 1983, "The Determinants of Postsecondary Enrolment Rates in Ontario," *The Canadian Journal of Higher Education*, Vol. XIII-3.
Freeman, R. B., 1976a, *The Overeducated America*, Academic Press（小黒昌一訳，1977，『大学出の価値——教育過剰時代』竹内書店新社）．
Freeman, R. B., 1976b, "Overinvestment in College Training," *Journal of Human Resources*, 10: 287-311.
Goldin, C. and L. F. Katz, 2009, *The Race between Education and Technology*, Harvard University Press.
Gumport, P. J., ed., 2007, *Sociology of Higher Education-Contribution and Their Contexts*, The Johns Hopkins University Press.（伊藤彰浩・橋本鉱市・阿曽沼明裕監訳，2015，『高等教育の社会学』玉川大学出版部）．
Hanushek, E. A., 1995, "Education Production Functions," M. Carnoy, *International Encyclopedia of Economics of Education*, 2nd, Pergamon.

Mincer, J., 1974, *Schooling, Experience and Earnings*, NBER and Columbia University Press.

Murnane, R. J. and F. Levy, 1993, "Why Today's Higher-School Educated Males Earn Less than Their Fathers Did," *Harvard Educational Review*, Vol. 63, No. 1: 1-19.

Nakamuro, M. and T. Inui, 2012, Estimating Returns to Education Using the Sample of Twins: The Case of Japan, RIETI Discussion Paper Series, No. 12-E-076.

Nakata, Y. and C. Mosk, 1987, "The Demand for College Education in Postwar Japan," *The Journal of Human Resources*, XXII, No. 3: 377-404.

OECD, 1998, *Human Capital Investment*.

Passin, H., 1965, *Society and Education in Japan*, Columbia University（国広正雄訳，1969，『日本近代化と教育』サイマル出版会）．

Psacharopoulos, G., 1973, *Returns to Education: An International Comparison*, Amsterdam Elsevier.

Psacharopoulos, G., 1986, "The Planning Education," *Comparative Education Review*, Vol. 30, No. 4.

Psacharopoulos, G. and H. A. Patrinos, 2004, "Returns to Investment in Education: A Further Update," *Education Economics*, Vol. 12, No. 2: 111-134.

Shultz, T. W., 1961, "Investment in Human Capital," *American Economic Review*, Vol. 51, No. 1.

Umetani, S., 1977, "The College Labor Market and the Rate of Return to Higher Education in Postwar Japan, 1954-1974," unpublished Ph. D Dissertation. University of Wisconsin, Madison.

あとがき

　よりよい社会を設計するためには,「教育と経済」を屋台骨にして，この2つをしっかり組み合わせないといけない．経済が教育を支援（機会の平等化）し，教育が経済に貢献すること（雇用の効率化）によって，安定した活力ある社会が形づくられる．教育を社会生活の中心にすえる Education-based Society を構想して『教育社会の設計』（東京大学出版会）を著したのは 2001 年のことである．日本の教育界の関心の外にある世界を描いた意義はあると思っているが，まだつめなければいけない曖昧な部分が残されていたし，そのことは十分に自覚していた．残される分析課題の多さに比べて一研究者のできる範囲は狭いが，自覚していた疑問のいくつかは自分なりに解決したいと考え続けてきた．

　この思いと今の大学改革に対する疑念を重ねて検証したのが本書である．いわば，Higher Education-based Society の構想になっている．実証分析（証拠）に基づいた政策的含意を議論したが，その直接延長上にあるのは，若者だけでなく，みんなのために大学を広く開く政策である．ロマンティックな精神論に回帰した主張だと訝られるかもしれないが，それは，教育の制度や規則の変更だけしか思い浮かばず，教育の資源論を忘却してきた悪弊だろう．資源論の忘却は，税金の忘却である．自己の利益のために使われる家計のマネーも，みんなで助け合うためのマネーである税金も，いずれも主権者である国民のお金である．国民のお金の使い方は，みんなで決める問題である．『私たちはなぜ税金を納めるのか――租税の経済思想史』（諸富, 2013）に学び，国家と国民の関係を深く理解し，税に無関心で，減税しか考えない『日本の納税者』（三木, 2015）から抜け出さなければいけない．よりよい社会を設計するためには，納税と高等教育財政の組み換えからはじめなければならないからである．みんなのための大学政策がロマンティックな精神論として回収されている限り，検証のない思いつきの教育改革が長く続くことになるだろう．

　「教育と経済」の学際研究は未開拓の領域としてさらに大きく広がっている

が，一研究者にできるささやかな作品を，ひとつの区切りとしてまとめておきたいと考えた．区切りの出版にあたって，マイナーな研究分野の学術書を引き受けてくださった東京大学出版会の宗司光治氏にこころから深く感謝したい．構想段階から執筆過程にいたるまで，丁寧なコメントをいただけたのはありがたかった．

執筆にあたっては，貴重な社会調査データを利用させていただいた．ひとつは，文部科学省科学研究費補助金（学術創成研究）「高等教育グランドデザイン策定のための基礎的調査分析」（代表者・金子元久東京大学教授（当時））のもとで実施された「高校生調査」である．いまひとつは，SSM 調査のデータである．この二次分析にあたっては，東京大学社会科学研究所附属社会調査・データアーカイブ研究センターから［「2005 年 SSM 調査」（2005SSM 研究会データ管理委員会）］の個票データの提供を受けた．本書を執筆できたのは，2 つの調査のお陰である．こうした調査の利用を広く社会に開いている社会調査・データアーカイブ研究センターのお仕事に敬意を表したいと思う．

なお，本書は 13 の章から構成されているが，そのうちの 10 章は，新たに書き下ろしたものである．3 つの章は，下記の既発表論文に基づいているが，全体の構想に沿うように，削除・加筆の大幅な調整を行っている．第 I 部は，タイトルにみるように，共著論文「なぜ大学に進学しないのか」（矢野・濱中，2006）の構想を継承している．とくに第 2 章の論理構成はこの論文に準拠している．あらためて共著者の濱中淳子さんに感謝したい．

　　8 章　「費用負担のミステリー――不可解ないくつかの事柄」（広田照幸ほか編『大学とコスト――誰がどう支えるのか』岩波書店，2013 年）
　　9 章　「教育と労働と社会――教育効果の視点から」（『日本労働研究雑誌』第 588 号，2009 年）
　　10 章　「日本の新人――日本的家族と日本的雇用の殉教者」（『日本労働研究雑誌』第 606 号，2011 年）

区切りの作品づくりを決心したひとつの理由は，大学勤務の終わりが近づいたからである．3 つの国立大学と 2 つの私立大学の勤務の最後を桜美林大学で

迎えたのは幸運だった．ここには，大学アドミニストレーション研究科というユニークな大学院がある．主として大学職員を対象とした社会人のための夜間通学課程と通信課程が開設されている．勉学意欲あふれる大人の職員たちにデータ解析の重要性と必要性を伝授しつつ，大学経営の諸問題を議論できたのは，とても有意義だった．講義やデータ解析のみならず，議論の痕跡が本書に数多く残されている．桜美林大学にお誘いいただいた佐藤東洋士理事長，舘昭研究科長（当時），および教職員の方々と卒業生の皆さんに，遅ればせながら，退職の挨拶とお礼を述べさせていただくことにする．

　私ごとながら，いまひとつの理由があった．定年退職と同じ3月の27日に母が百歳の誕生日を迎えるからだった．研究を持続できる体力と知力を授かったことに感謝しつつ，いまでも総合雑誌を愛読している母に，半年余り遅れた誕生日のお祝いとお礼として本書を届けたいと思う．

　　　2015年10月24日

　　　　　　　　　　　　　　　　　　　　　　　　　　　著　　者

人名索引

ア

天野郁夫　3-4, 7-8, 223, 225
阿部　彩　163
荒井一博　46
有賀　健　73
アングリスト, J. D.　168, 187
井門富二夫　227
石田　浩　99
市川昭午　5, 230
伊藤彰浩　6, 37
乾　友彦　164
猪木武徳　238
今田幸子　113
岩脇千裕　210
ウィルキンソン, R.　162, 247
ウォード, L. F.　156
潮木守一　122
梅谷俊一郎　151
浦坂純子　195
太田聰一　73, 144
小椋正立　46
オルテガ・イ・ガセット, J.　2, 21-22

カ

カッツ, F.　154-159, 246
金子元久　131
苅谷剛彦　100, 156, 208
ガンポート, P. J.　193
菊池城司　20-21, 84
吉川　徹　111, 113
ギボンス, M.　258
草原克豪　225
クラーク, B. R.　193
クリステンセン, C.　8
黄　福寿　227

小林雅之　119, 132, 175
ゴールディン, C.　154-159, 246

サ

サカロプロス, G.　161, 181, 185, 187
櫻井宏二郎　160
佐藤　滋　255
島　一則　46, 153
シュルツ, T. W.　139
スタニスロー, J.　237
スティグリッツ, J. E.　162

タ

舘　昭　238, 240
田中　寧　46
ドーア, R. P.　141
ドラッカー, P. F.　233
トロウ, M.　25, 27

ナ

長尾由希子　95
長須正明　72
ナカタ, Y.　46
中村二朗　46
中室牧子　164
新原浩朗　232

ハ

パッシン, H.　141
パトリノス, H. A.　181
ハヌシェク, E. A.　192
馬場浩也　44, 47
濱中淳子　96, 108, 169
濱中義隆　91, 93
原　清治　191
ピケット, K.　162, 247

ピスケ, J. S. 168, 187
樋田大二郎 99
藤野正三郎 45
ブラウン, P. 118
フリーマン, R. B. 142
古市将人 255
ブロウ, M. 139
ベッカー, G. S. 140
北条雅一 192
ボック, D. 232
本田由紀 208

マ

松繁寿和 194
マーネイン, R. J. 154
三木義一 265
蓑谷千鳳彦 54
耳塚寛明 118
宮田由紀夫 9
宮寺晃生 246

ミンサー, J. 165, 202-203
ムーア, G. 37-38
モスク, C. 46
諸富 徹 265

ヤ

ヤーギン, D. 237
矢野眞和 46-47, 151
山内乾史 191
山田礼子 194
山野良一 163
ヤング, M. 100
吉田 文 238
吉見俊哉 238
米澤彰純 93

ラ・ワ

レーヴィ, F. 154
ロジャーズ, E. 34-35, 127
若井克俊 46

事項索引

ア

アドミッションポリシー　229
育英主義　130, 246
移動確率　113
イノベーション　8
　——効果　17
イノベータ　35
VIF（Variance-Inflation Factor 分散増幅因子）　50
営利大学　9
SSM（社会階層と社会移動）調査　100
S字曲線　34, 38
エリート大学観　15
エリート段階　25
親が大卒なのに，なぜ進学しないのか　114
親負担主義　213

カ

改革　219
　ガバナンス——　230
懐疑派　36
会社主義　198
下位進学　109
学習効率　20, 137, 191
学術政策　257
学士力　227
学生を解放する　217
学力　191
　——資本　129
　——（メリトクラシー）信仰　15
　——説　101
学力があるのになぜ進学しないのか　108
学歴・学力マトリックス　123
学歴下降回避説　111
学歴ダミー変数　170
学歴別の生涯所得　29
学歴別労働市場　28
家計所得　45, 64
　——別の大学希望率と進学率　68
『家計調査年報』　49
家族資本主義　116, 121
　——の形成　97
家族資本モデル　121
家族責任主義　254
家族単位の力　118
『学校基本調査報告書』　48
学校教育投資　203
学校歴主義　198
カリキュラムのマネジメント　228
カリキュラムポリシー　229
カレッジ・インパクト研究　193
管理運営　224
機会の不平等　14, 63, 67
機会費用　150
技術進歩　159
　スキル偏向的——　156, 160
キャズム（深い溝）　37, 125
キャリア　1
　——・アプローチ　20-21
　——調査　193
教育家族　252
教育機会の平等性　20
教育経済学　139
教育財政　12
教育社会　252, 256
教育の生産関数　191
教育費の負担　12
教育無効説　185, 195
教育優位家族　119, 251
教育劣位社会　119, 248
教授における経済の原理　22

271

教養教育　238
グローバリゼーション　156
経営と政策　221
　　――の協調　242
経済資本　129
経済論理排除説　184
経常費補助　18
係数ダミー　56
現役志願率　50
限界人間　121
顕在化需要　44
現在価値法　29
合格率　45, 64
　　――効果　90
後期大衆化　25, 38, 125
　　――段階の機会問題　128
後期多数派　35
公共化と規制　256
公私負担の4類型　173
構造変容　53
高等教育階梯制　100, 104
高等教育機関進学率　41
　　大学型――　26
　　非大学型――　26
高等教育拠出金制度　253
高等教育の構造＝歴史理論　25
『高等教育の時代』　5
高等教育プレミアム　144
高等専門学校　171
高等普通教育　224
高度経済成長期　42
公と私　1, 9, 16
　　――の境界線　3, 22
交友因子　92
効率　244
国立大学史観　14
50％進学率　33
個人需要（Individual Demand）　11, 19
個人のため　16
国家の須要　12
雇用効率　20, 137
雇用不安の時代　60

サ

志願率　44
　　5分位階級別の――　67
　　飽和状態に達した――　63
時系列経済モデル　121
資源　237
資源論　239
　　――からの政策　241
自己責任　128
　　――主義　254
市場化　19
　　――と規制緩和　256
　　――のはじまり　7
市場重視　237
システム（制度）改革　226
失業率効果　90
失業率モデル　61
自動車普及率　41
社会階層　99
社会政策　11
社会責任主義　254
社会的必要（Social Needs）　11, 19
収益率　154, 166, 245
　　――法　150
　　財政的――　178
　　私的――　178
　　社会的――　178
就活　208
就職機会モデル　86
　　就職率の――　72
就職＋進学機会モデル　88
就職する理由　80
就職と進学のゆらぎ　76
就職と大学の狭間　83
就職率の「進学機会」モデル　75
18歳主義　211
授業料　45, 64
　　――の負担意識　14
種別化　226
上位非進学　109
生涯学習社会　27

生涯所得の現在価値　31
生涯所得の最大化戦略　30
生涯政策　13
消極因子　92
消費　45
消費者物価指数　49
初期採用者　35
初期多数派　35
職業教育モデル　161
職場教育訓練投資　203
女子の教育プレミアム　169
私立学校振興助成法　18
私立大学　16
　「奉仕」する――　179
進学需要　44
　顕在的――　41, 50
進学理由　82
新規学卒一括採用　216
親近性　36, 126
新制大学　223
新成長学派　143
慎重派　36
進路選択の社会学　98
スクリーニング（ふるいわけ）理論　142
スピルオーバー（漏出）効果　176
スプートニクショック　140
政策　219
　――的含意　244
精神　237
　――論　239
制度　237
　――的困難　223
　――論　239
セレクションバイアス　164
世論　13-14
　――の失敗　248
世論調査　248
前期大衆化　39
潜在需要　44, 71
全入ダミー　57
専門学校　4, 11, 43, 83, 168
　――史観　6

　――進学者のゆらぎ　91
　――進学率　84
　――入学率　85
専門教育　224
相対所得　146
相対賃金格差　62
卒業主義　213

タ

大学院　168
大学過剰説　26, 143
大学史研究　3
大学収益率　149
大学進学の学力分布　105
大学進学率　41
　学力別の――　107
大学の時間　234
大学の使命（ミッション）　2, 233
大学本位制　28, 100
　――の進路選択図　103
大学抑制策　43
大学予備教育　4
大学令　4
大衆化　105
　――のはじまり　3
　――の幕開け　6
大衆大学無効説　185
大卒者の子弟が危険回避しない理由　111
大卒プレミアム　137
多項ロジスティック回帰分析　101
多重共線性　50
ダービン・ワトソン比（D.W. 比）　52
誰が専門学校を志望するのか　93
逐次 Chow テスト　53
父学歴別の中学校成績　117
地方分散政策　43
チャイルドクラシー　118
中位非進学　109
賃金構造基本統計調査　29
帝国大学　11
　――史観　6
定数項ダミー　56

ディプロマポリシー　229
投資　45
　　──収益　45, 60
トラッキング　99
努力説　101

ナ

内部収益率　180, 186
二元重層構造　223
二元制度　2
『日本育英会史』　131
『日本近代教育百年史』　4
日本高等教育開発協会　228
日本的家族　207
日本的雇用　207
日本的大衆大学　116
　　──の病　211
人間資本理論　141-142
認証評価制度　224
年齢主義　198
能力分布　33

ハ

パス解析　200
非営利機関　233
非効率説　185
ビジネスランド　233
非正規雇用　168
ヒューマンキャピタル　139
費用　180
平等　244
平等社会　149, 162
費用負担　252
　　──政策　12
普及モデル　34
負担と受益　176

不平等研究　193
不平等社会　149
文化資本　129
ペアレントクラシー　118
ベネッセ教育総合研究所　228
便益　180
勉強因子　92
放棄所得　150
冒険（アドベンチャー）ランド　233
法人化　224
「法制度」の変更　222
保護者の意識調査　14

マ

マス段階　25
学び習慣　199
マルコフ連鎖　113
マンパワー政策　257
民営化　10
みんなのため　16
　　──の大学政策　256
メリトクラシー　118
モードⅠ　258
モードⅡ　258

ヤ

ユニバーサル・アクセス　27
ユニバーサル段階　25

ラ・ワ

ラガード（遅れた者）　35, 127
利己的家族主義　12
流動層　77
レジャーランド　233
ロジット変換　52
割引率　30

著者略歴

1944 年，東京都生まれ，三重県松阪市育ち．
東京工業大学工学部卒業後，民間企業勤務を経て，東京工業大学助手，国立教育研究所研究員，広島大学助教授，東京工業大学大学院社会理工学研究科教授，東京大学大学院教育学研究科教授，昭和女子大学教授，桜美林大学教授等を歴任．工学博士．
現在，東京工業大学名誉教授，東京薬科大学特命教授．

主要著書

『教育の経済学』（共著，1982 年，第一法規出版）
『試験の時代の終焉』（1991 年，有信堂）
『生活時間の社会学』（編著，1995 年，東京大学出版会）
『高等教育の経済分析と政策』（1996 年，玉川大学出版部）
『教育社会の設計』（2001 年，東京大学出版会）
『「習慣病」になったニッポンの大学』（2011 年，日本図書センター）
『教育劣位社会』（編著，2016 年，岩波書店）
『高専教育の発見』（編著，2018年，岩波書店）

大学の条件
大衆化と市場化の経済分析

2015 年 12 月 17 日　初　　版
2019 年 6 月 25 日　2　刷

［検印廃止］

著　者　　矢野眞和
　　　　　（や の　まさかず）

発行所　一般財団法人　東京大学出版会
代表者　　吉見俊哉
153-0041 東京都目黒区駒場4-5-29
http://www.utp.or.jp/
電話 03-6407-1069　Fax 03-6407-1991
振替 00160-6-59964

組　版　有限会社プログレス
印刷所　株式会社ヒライ
製本所　牧製本印刷株式会社

©2015 Masakazu Yano
ISBN 978-4-13-051332-6　Printed in Japan

JCOPY〈出版者著作権管理機構　委託出版物〉
本書の無断複写は著作権法上での例外を除き禁じられています．複写される場合は，そのつど事前に，出版者著作権管理機構（電話 03-5244-5088, FAX 03-5244-5089, e-mail: info@jcopy.or.jp）の許諾を得てください．

大学改革　天野郁夫	46・2000 円
若者と仕事　本田由紀	A5・3800 円
大衆化とメリトクラシー　中村高康	A5・4400 円
学校・職業・選抜の社会学　苅谷剛彦	A5・5000 円
大卒就職の社会学　苅谷剛彦・本田由紀（編）	A5・3200 円
教育と社会階層　中村高康・平沢和司・荒牧草平・中澤渉（編）	A5・4400 円
危機のなかの若者たち　乾彰夫・本田由紀・中村高康（編）	A5・5400 円
学校・職安と労働市場　苅谷剛彦・菅山真次・石田浩（編）	A5・6200 円
グローバル化・社会変動と教育（全2巻） H. ローダーほか（編） ［1］　市場と労働の教育社会学　広田照幸・吉田文・本田由紀（編訳） ［2］　文化と不平等の教育社会学　苅谷剛彦・志水宏吉・小玉重夫（編訳）	A5 各4800 円

ここに表示された価格は本体価格です．ご購入の際には消費税が加算されますのでご了承ください．